ÁNGELES DE LUZ DIVINA

ÁNGELES DE LUZ DIVINA

La extraordinaria historia de uno de los más destacados
sanadores angelicales y terapeutas espirituales

Aidan Storey

Traducido por Yuri García O'Doherty

ATRIA ESPAÑOL

Nueva York   Londres   Toronto   Sídney   Nueva Delhi

ATRIA ESPAÑOL

Una imprinta de Simon & Schuster, Inc.
1230 Avenida de las Américas
Nueva York, NY 10020

Copyright © 2009 por Aidan Storey
Publicado originalmente en 2009 en Gran Bretaña por Transworld
Publishers Ltd.
Copyright de la traducción © 2015 por Yuri García O'Doherty

Primera edición en rústica de Atria Español, abril 2015

ATRIA ESPAÑOL y su colofón son sellos editoriales de Simon & Schuster, Inc.

Para obtener información respecto a descuentos especiales en ventas
al por mayor, diríjase a Simon & Schuster Special Sales al 1-866-506-1949
o a la siguiente dirección electrónica: business@simonandschuster.com.

La Oficina de Oradores (Speakers Bureau) de Simon & Schuster
puede presentar autores en cualquiera de sus eventos en vivo.
Para más información o para hacer una reservación para un evento,
llame al Speakers Bureau de Simon & Schuster, 1-866-248-3049
o visite nuestra página web en www.simonspeakers.com.

Impreso en los Estados Unidos de América

10 9 8 7 6 5 4 3 2 1

Datos de catologación de la Biblioteca del Congreso
Storey, Aidan.
    Ángeles de luz divina: la extraordinaria historia de uno de los más destacados
sanadores angelicales y terapeutas espirituales.—Primera edición de Atria.
        páginas cm
2. Sanadores—Irlanda—Biografía. 3. Sanación espiritual—Irlanda—Biografía.
34. Ángeles. 5. Católicos—Irlanda—Biografía. 6. Víctimas de abuso infantil—
Irlanda—Biografía. I. Título.
    BL65.M4S76 2015
    203'.1092—dc23   2014024905

ISBN 978-1-5011-0067-3
ISBN 978-1-5011-0068-0 (ebook)

Dedicatoria

Dedicado a mi muy querida madre, Kathleen, quien fue, es y siempre será mi fuerza y la luz que me guía.

Gracias por ser la mejor mamá del mundo y porque me diste el hermoso regalo del amor incondicional. Fuiste y siempre serás mi más grande maestra y guía.

Y a mi adorada amiga Patricia Scanlan, eres la mejor amiga que alguien puede tener. Gracias por creer en mí y por tu invaluable ayuda con este libro, que no hubiera sido posible sin tu ayuda y tu dirección. Eres una en un millón.

Los débiles no son capaces de perdonar.
Perdonar es un atributo de los fuertes.

Mahatma Gandhi

Prefacio

Este libro es profundamente conmovedor y tiene la capacidad de sanarte y darte algo en qué pensar. Cuando empecé a escribir esta introducción, me pregunté cómo podría expresar la manera como la llegada de Aidan Storey bendijo mi vida. Y es que yo fui bendecida con el regalo de su querida y preciosa amistad.

Pensé en las palabras de Yeats: "Piensa dónde comienza y termina la gloria de un hombre, y di que mi gloria fue haber tenido tales amigos".

En las palabras de Coleridge: "La amistad es un árbol que refugia".

Y en las de Jalil Gibran: "Que en la dulzura de la amistad haya risa e intercambio de placeres".

Todas ellas reflejan sentimientos hermosos y evocadores, pero no son del todo precisas. Así que seguí pensando y luego recordé la descripción más perfecta del amor y la amistad que uno podría desearle a alguien. Aparece en el bello poema "El milésimo hombre", de Rudyard Kipling, y capta el carácter de Aidan en su totalidad y mucho mejor que cualquier palabra que yo pudiera escribir:

Un hombre hay entre mil, Salomón dice,
que será más tu amigo que tu hermano.
¡Vale la pena que se gaste tiempo
en el empeño de encontrarlo!
Novecientos noventa y nueve
te verán como el mundo te ha juzgado
pero el número mil será tu amigo
aun cuando tengas al mundo por contrario.

Por mucho que ofrezcas o supliques,
ten la seguridad de que te habrán juzgado
novecientos noventa y nueve
por tu porte, tus glorias o tus actos.
Pero si encuentras a aquel que será tu amigo,
el resto del mundo ya no importa
porque el número mil en cualquier agua
contigo se irá al fondo o te salvará.

Podrás usar su bolsa sin pedir permiso
y él la tuya usará para sus gastos,
y se reunirán y reirán en sus caminatas diarias
sin que nunca hablen de devolverse lo prestado.
Novecientos noventa y nueve hombres
sólo con plata y oro hacen sus tratos,
Pero el número mil vale lo que los anteriores
porque a él puedes mostrar tus sentimientos.

Su agravio es tu agravio y su razón es tuya
en cualquier caso
y serás ante todo por tu amigo,
con justicia o sin ella, respaldado
Novecientos noventa y nueve no pueden evitar
insultarte o ser sarcásticos
mas el número mil irá contigo
hasta el pie, y mas allá, ¡de tu cadalso!

Aidan y yo nos conocimos cuando estaba en un punto muy bajo de mi vida. Durante diez años estuve luchando contra un dolor de espalda crónico que empecé a sufrir luego de una operación. Temía que fuera a terminar en una silla de ruedas. Sufría espasmos constantes y una ciática, y estuve confinada a la cama por mucho tiempo. Afortunadamente pude escribir mis novelas en cama, por lo que no tuve que dejar de trabajar, pero mi espíritu estaba machacado e intentaba mantener alguna esperanza para que el Plan Divino de mi vida estuviera funcionando y para que todo fuera como debía ser.

Con la misma sincronización que ocurre cuando alguien con el que estás destinado a intimar llega a tu vida, una mujer que no conocía me envió un manuscrito para que lo leyera y la aconsejara. En el transcurso de la conversación por teléfono, cuando me preguntó cómo me sentía de la espalda, me dijo:

—Deberías ir a Aidan Storey en busca de sanación.

Una mujer maravillosa, Mary Flanning, me había sanado con Reiki unos años antes, y yo había disfrutado mucho de la experiencia. Así que pensé que sí, que tenía una buena razón para conocer a Aidan Storey. (Cuando envié este manuscrito a varias editoriales, un editor me preguntó cómo fue que Aidan y yo nos conocimos, y si yo tenía la esperanza de que él me sanara. Le expliqué que no, que no esperaba que me fuera a curar ni que eliminara mi dolor, y que cuando fui para "sanarme" lo que quise fue sanar mi espíritu y contar con ayuda para reconectarme con la dimensión espiritual de mi vida, que sentía que estaba en peligro de perder).

Llamé a Aidan y le expliqué que próximamente me sometería una cirugía de espalda muy complicada. Le confesé que estaba preocupada, incluso hecha pedazos, y le pedí una cita para verlo. Me comentó que tenía su horario lleno, pero logró darme una cita para tres semanas después. Le pedí su dirección y mi corazón se encogió apenas oí que vivía en

Palmerstown, pues tendría que manejar por la temida M50. (Esto debe evitarse a toda costa cuando uno tiene espasmos severos en la espalda). Hubo un silencio y luego me dijo:

—Me están diciendo que no puedes manejar, que debo ir yo a donde estás y que no puedes esperar tres semanas. Si estás libre mañana en la noche, puedo visitarte y darte la sanación.

Quedé sorprendida y sobrecogida por el hecho de que un completo extraño se entregara tanto a mí. Mientras fui conociendo a Aidan comprendí que esto era usual en él.

Conectamos instantáneamente apenas le abrí la puerta. En su hermoso libro *Anam Cara*, John O'Donohue escribe sobre "El Conocerse" (cuando dos almas se reencuentran), y eso fue lo que pasó entre Aidan y yo. Nos volvimos los mejores amigos y aprendí muchísimo de él. También conocí de primera mano lo respetuoso e íntegro que es con sus regalos de sanación. He conocido muchas personas a lo largo de los años que han sido bendecidas con el don de la sanación, pero tristemente algunos en el campo olvidan de dónde viene ese regalo y otros trabajan desde su ego. Aidan es completamente lo opuesto: a pesar de su éxito, nunca ha olvidado reconocer en todas sus sesiones de sanación que el suyo es un regalo de Dios. Nunca se pone por delante, nunca se presenta como alguien "especial" y nunca piensa que él es superior porque "ve" cosas. Él comparte su regalo con una humildad silenciosa, que es la marca del verdadero sanador.

Esa primera noche, hace cinco años, le dije:

—Deberías escribir un libro...

—Eso te lo dejo a ti —me respondió, pero yo insistí e insistí.

Finalmente, el pasado noviembre, cuando me estaba ayudando a recuperarme de otra operación que tuve, se sentó en la mesa de mi cocina y empezó a escribir este libro. Su plan era escribir unas pocas páginas para que yo dejara de "agobiarlo" con el tema y para mostrarme que, aunque lo había intentado, no era un escritor.

Yo pensé que conocía a Aidan muy bien hasta que leí este libro. Aunque yo sabía que había sido abusado, nada me preparó para el impacto de leer al respecto. Lloré por mi querido amigo y aplaudí su valentía para escribir sobre semejante experiencia tan devastadora. Tampoco estaba preparada para leer las asombrosas relevaciones angelicales que contiene este hermoso libro ni para la sanación que fluye en cada página. Este libro es un triunfo sobre la adversidad. Un triunfo del perdón y la esperanza.

Sé que muchas personas se sentirán reconfortadas cuando lean *Ángeles de luz divina*. Cualquiera que haya sido abusado encontrará consuelo cuando lea el momento en que los Ángeles llevan a Aidan de vuelta a la escena del abuso y borran para siempre las horribles palabras del cura que lo juzgó de manera cruel e imperdonable.

Cualquiera que haya perdido a un hijo, muy seguramente encontrará paz en el capítulo en el que Aidan ve al poderoso y amoroso Metatron, y a muchos otros Ángeles, que vienen a estar con el espíritu de una pequeña niña que muere en un accidente de tránsito.

Cualquiera que desee saber más sobre sus Ángeles y Guías, y sobre la forma como uno puede conectarse con ellos, podrá hacerlo leyendo las páginas de este libro.

Las preguntas y las respuestas sobre la muerte, las relaciones, el estado del planeta y muchas más, que vienen directamente de los Ángeles en la tercera parte del libro, son intelectualmente desafiantes y absolutamente reconfortantes.

También están las evocadoras descripciones de la infancia de Aidan en la Calle James, que con certeza despertarán los recuerdos de muchos. Desafío a cualquiera a leer la descripción de su Primera Comunión sin reírse.

No podría terminar este preámbulo sin mencionar a Kathleen, la madre de Aidan, a quien tuve el placer y el privilegio de conocer. Kathleen era una mujer increíble y puedo ver de dónde sacó Aidan su coraje, dignidad y fantástico sentido del humor. Ella estaría muy orgullosa de él si estuviera hoy acá con nosotros, pero sé que ella sigue con él en espíritu, a cada paso que da. Le agradezco por criar a un hijo tan maravilloso, valiente, bondadoso y compasivo. Me honra profundamente llamarlo mi amigo.

Patricia Scanlan

DESPERTAR

Dejad que los niños vengan a mí

Capítulo uno

Oh, Ángel de Dios, que eres mi custodio,
pues la bondad divina me ha encomendado a ti.
Mantente a mi lado todo el día.
Ilumíname, dirígeme, guárdame.
Amén.

Esta oración siempre me recuerda a mi madre. Es la primera
oración que me enseñó y también es uno de los primeros recuerdos que tengo de mi infancia. Cada vez que me arropaba
en la cama y me daba mi beso de las buenas noches, en su
dulce voz me preguntaba con un susurro:

—¿Ya dijiste tu oración del Ángel de la Guarda?

Después se sentaba sobre mi cama y la repetía lentamente
conmigo. Reemplazábamos la palabra "día" por "noche". A
veces me contaba la historia de mi Ángel de la Guarda. Me encantaba cuando me la contaba, y no me cansaba de escucharla.

—Antes de que vinieras a vivir conmigo, Aidan, vivías en
el cielo con Dios. Como eras muy pequeñito, Dios te mantuvo
en su bolsillo hasta que crecieras lo suficiente y pudieras venir a vivir conmigo. Una noche muy calurosa cuando todos

dormíamos, te sacó de su bolsillo y te dejó en la entrada de la parte trasera de la casa. Envió a un Ángel contigo para que te cuidara durante toda la noche hasta que nosotros te encontráramos la mañana siguiente. Ese Ángel todavía está contigo y él es tu Ángel de la Guarda. Es tu mejor amigo y siempre te cuidará y te mantendrá fuera de peligro. También se llama Aidan —me decía con una gran sonrisa en su rostro.

Esto me hacía sentir muy importante. ¡Imagina tener un ángel con el mismo nombre que tú! "Tu Ángel de la Guarda siempre tiene el mismo nombre que tú", solía decir mi madre. "El mío se llama Kathleen". Me encantaba escuchar esta historia porque siempre me hacía sentir seguro en las noches antes de dormir. Y por supuesto, no tenía razón para pensar que mi madre no me estuviera diciendo la verdad. Desde muy pequeño —tal vez desde los cinco o seis años— yo podía ver a los Ángeles, y siempre estaban a mi lado.

Siempre había muchos Ángeles. No sé por qué nunca le conté a mi mamá o a nadie más sobre estos hermosos seres, tal vez porque pensé que todos los podían ver como yo. Cuando tenía cuatro o cinco años, yo daba por sentado que ellos siempre aparecían una vez que decías tus oraciones.

Nací en 1958, y como era el más pequeño de siete hijos, era el niño mimado de la casa; todos mis hermanos mayores me cuidaban y protegían. Mi padre, que también se llamaba Aidan, trabajaba en la cervecería Guinness, era conductor de reparto. Le encantaba su trabajo y trabajaba mucho, como casi todos los hombres de familia de esa zona. Su jornada de trabajo era muy larga y a veces tenía que pasar la noche fuera de casa si tenía que hacer un reparto en un lugar muy lejano, especialmente en la temporada de Navidad, cuando la cervecería tenía muchos pedidos.

Mi padre era un hombre de complexión ancha y fuerte, de un caminar recto con aire de autoridad. Él era el sustento principal en la casa y cada jueves le entregaba religiosamente a mi madre su sueldo de la semana. Los jueves nos daban nuestra mesada, dulces y chocolates. La cantidad de dinero que nos daban dependía de nuestra edad y por supuesto, el más pequeño siempre recibía menos. El día de pago era un gran día en nuestra casa.

Nuestro papá era un católico devoto y llevaba a cabo sus obligaciones de la iglesia con gran fe, sin cuestionar nada. Para mi padre, cualquier cosa que dijera el sacerdote era la ley. Pero también creía en fantasmas, en la llorona y en el toque de la ventana cuando alguien moría. Nos contó cómo una vez vio a la llorona afuera de su casa justo antes de que muriera su padre.

Nos dijo que vio a una mujer vestida de negro sentada en la barda. Cepillaba su largo pelo, lloraba y aullaba como gato atrapado, como alma perdida. El chillido podía escucharse a kilómetros de distancia. Dice que vio a aquella mujer muchas veces justo antes de que alguien muriera. También nos contó que a veces escuchaba que alguien tocaba la ventana. Sucedía cada vez que alguien cercano moría. Su espíritu tocaba la ventana para decir su último adiós. Cada vez que mi padre escuchaba los toques en la ventana, poco tiempo después nos llegaban noticias de que alguien había fallecido. Yo heredé ese don: siempre escucho tres toques en la ventana cada vez que algún ser querido muere.

Mi padre nació en 1919, creció en Wexford en la granja de su padre y era el menor de seis hermanos. Su madre era la partera del pueblo. Cuando mi padre era adolescente, se mudó a Dublín y empezó a trabajar en la destilería Power antes de trabajar en la cervecería Guinness. Se alojaba en una casa de huéspedes, los propietarios eran los padres de mi madre, y es ahí donde ellos dos se conocieron, se enamoraron y más tarde, a principios de los años cuarenta, se casaron.

Papá no era una persona fácil. Era un hombre muy amable y callado cuando estaba sobrio, pero cuando bebía, la historia era completamente diferente. Iniciaba discusiones con los demás. Nadie se atrevía a tener una conversación con él cuando se encontraba en ese estado. Pero a pesar de eso, nunca privó a la familia económicamente, y aunque él no era un hombre malo y yo lo quería mucho, era un tanto difícil interactuar con él, a veces su presencia me ponía algo nervioso cuando era pequeño.

Desafortunadamente, nunca llegué a conocer a mi padre muy bien. Él era un tanto distante, incluso con mi mamá, por tal motivo siempre mantuve una relación más cercana con ella que con él. Dos años antes de que muriera, cuando yo tenía alrededor de veinte años, mi padre cayó enfermo y fue cuando empecé a conocerlo un poco más. Entendí que él había tenido sus propios problemas, había tenido una infancia difícil, pero nunca quiso hablar sobre su pasado con nadie; se refugiaba en el alcohol para bloquear el dolor que cargaba. En ese tiempo no era común que los hombres buscaran ayuda, se suponía que eran lo suficientemente fuertes para aguantar y seguir adelante, y es lo que mi padre hizo, y es eso lo que lo convirtió en un hombre duro y amargado, con el alcohol como su último recurso para esconder sus problemas. Su vida no fue fácil y es una pena que no llegué a tener con él el tipo de relación que tuve con mi madre. Sin embargo, ahora que los Ángeles me han regalado el don del amor y la compasión, he entendido que mi padre me quiso a su manera, y me da tranquilidad saber que ahora descansa en paz.

Por otra parte, mi madre era muy cariñosa y siempre estaba conmigo cuando la necesitaba. Era una mujer típica de su época. Trabajaba en casa, cocinaba y limpiaba desde muy temprano hasta altas horas de la noche. Con tantos niños a quienes cuidar, no le daba tiempo de sentarse a descansar, pero aún así, siempre tenía una palabra de aliento o una sonrisa para cada uno de nosotros. Era una mujer de gran carácter y al mismo tiempo una mujer dulce, llena de amor para los demás. Era una mujer muy respetada en el vecindario, era conocida por ayudar al que lo necesitara, fuera de día o de noche.

Mi madre nació en 1915 en Liberties, la parte más antigua de Dublín. Cuando tenía cinco o seis años, su familia se mudó a Mount Brown, justo al lado de lo que ahora es el hospital St. James. Su padre también trabajaba en la cervecería Guinness y su madre era cocinera. Mi madre era la mayor de siete hijos, era una mujer del campo atrapada en un cuerpo de una mujer de ciudad. Le encantaba la campiña y pasó gran parte de su adolescencia en Wexford con algunos de sus familiares. Decían que era una niña un poco frágil y necesitaba del aire limpio y fresco del campo para hacerse más robusta.

Era costurera de profesión, lo que le permitió trabajar en diferentes fábricas de costura en Dublín. Le encantaba hacer ropa, cortinas y cualquier cosa que llegara a su máquina de coser. A todos los hijos nos hizo ropa, también hizo ropa para mis primos, incluso para los vecinos. Cualquier tela o vestido viejo lo transformaba en una prenda para alguno de nosotros. Con su talento, era capaz de hacer cualquier cosa que se propusiera. De vez en cuando, llevaba trabajo de costura a casa para ganar unas monedas extras. Cosía hasta altas horas de la noche y a veces el sonido relajante de su máquina de coser me arrullaba hasta dormir. También era una católica devota, asistía a misa cada domingo y cualquier otro día de la semana si tenía tiempo. Hacía mucho trabajo voluntario sin esperar nada a cambio.

Los vecinos confiaban y respetaban a mi madre por su gentileza. Mi madre sentía especial afecto por los ancianos y hacía gran esfuerzo por ayudar a cualquiera que lo necesitara. Si algún vecino o familiar tenía algún problema, normalmente era a mi madre a quien acudían, ella daba el consuelo más tierno, el consejo más certero y sabio, como si algo la guiara y le proporcionara los elementos necesarios para ayudar a los demás. Siempre tuve la impresión de que mi madre tenía un gran poder para sanar y fue sólo con los años, cuando empecé a desarrollar mis propios poderes, que me di cuenta de que ella tenía una energía sanadora muy especial.

A diferencia de mi padre, a mi madre le encantaba la Iglesia pero nunca se dejó impresionar por ella. Solía decir: "una buena acción va más allá que rezar o ir a misa". Y también, a diferencia de mi padre, no siempre estaba de acuerdo con lo que los padres y párrocos decían. Solía decir: "no le hagas caso a esos padres, ellos no lo saben todo. Dios tiene la última palabra". Y creía firmemente en ello.

Mi madre tuvo ocho hijos: cinco niñas y tres niños. Su primer bebé fue una niña que murió horas después de haber nacido. Se la quitaron de los brazos y horas más tarde la enterraron en el cementerio de los Ángeles en Glasnevin, un cementerio especial para bebés y niños pequeños.

La terapia y la ayuda psicológica eran temas muy poco comunes en esos tiempos, sólo le dijeron a mi mamá que se fuera a casa y que tratara de tener otro bebé lo más pronto posible. Pero nunca olvidó a su pequeña niña y con frecuencia hablaba de ella. Con el pasar del tiempo, cuando empecé a tener más conocimiento sobre los Ángeles, me fue dicho por qué algunos bebés regresan a Dios horas después de haber nacido y por qué otros son abortados. Más adelante en el libro volveré sobre este punto y les compartiré lo que los Ángeles me dijeron sobre el tema.

Mi hermano Peadar fue el siguiente en nacer, en 1946; después le siguieron Breda, Jim, Mary, Rosaleen, Kathleen y por último yo. Mi madre siempre tuvo tiempo para todos nosotros, una tarea no muy fácil cuando eres madre de siete hijos muy diferentes. Nos decía que nos quería a todos, pero que a cada uno nos quería de una forma distinta porque todos éramos individuos diferentes y lo hacía de manera maravillosa. Fue gracias a ella que aprendí sobre el amor incondicional, el objetivo principal de cada alma que emprende la experiencia de la existencia humana.

Capítulo dos

Tu alma es la sacerdotisa de la memoria,
la que selecciona, tamiza y reúne tus días
fugaces hacia el presente.

John O'Donohue, *Anam Ċara*

Mi familia y yo vivíamos en Kilmainham, en una zona con un grupo de casas en la calle principal entre Mount Brown y Kilmainham. Era un barrio de clase trabajadora y la mayoría de los vecinos trabajaba en negocios e instituciones locales, en los hospitales, fábricas y por supuesto en la cervecería Guinness. Si mal no recuerdo, todas las esposas se dedicaban al hogar. No solíamos cerrar la puerta con llave, siempre la dejábamos con el pasador y nunca teníamos que llevar llave si salíamos. Todos los que nos conocían entraban a la casa sin tocar. Eso era muy común en esos tiempos, y no importaba si no había nadie, todo era muy seguro y nadie tomaba nada sin preguntar.

Teníamos muy buenos vecinos. Mi madre había vivido en la misma zona toda su vida y conocía a la gente del área. La mayoría habían sido sus amigos desde la infancia y, así como ella, nunca se habían mudado a otra parte ni después de haberse casado. En aquellos tiempos, la gente no solía vivir muy lejos de donde había crecido, se quedaban cerca de la casa de sus padres, y es lo que hacía que el vecindario fuera seguro y amigable. A seis puertas a la derecha de nuestra casa, estaba la fábrica de papel, a la izquierda estaba la miscelánea Camac Stores y al lado estaba la cremería.

Muchas de las jóvenes del vecindario trabajaban en la fábrica de costura. El Union, era el nombre con el que conocíamos al hospital de St. James. Era un hospital de maternidad y general, pero cuando yo nací se llamaba Hospital St. Kevin's. Ese lugar y el hospital del Doctor Steven eran importantes puntos de referencia en nuestra comunidad.

En nuestro vecindario había también una lavandería, Dunlop's, donde mi madre llevaba las camisas de mi papá para que les almidonaran el cuello. A pesar del alto costo, mi madre llevaba siete camisas cada sábado para recogerlas cada martes. Guinness exigía que todo su personal llegara bien presentado, y los cuellos limpios, frescos y almidonados eran obligatorios.

La cervecería Guinness era una de las empresas que empleaba a la mayor cantidad de trabajadores en el área. Las condiciones de trabajo eran excelentes, mucho mejores que en la mayoría de las empresas; al trabajar en la planta, asegurabas tu futuro. Guinness cuidaba muy bien a su personal, contaban con su propio doctor y dentista. Se le daba atención a toda la familia del empleado hasta que los hijos salieran de la escuela. Las prestaciones eran generosas, además de que Guinness fue una de las primeras empresas en ofrecer pensión para las viudas.

Recuerdo que las calles estaban siempre llenas de gente que iba o venía del trabajo. El panadero, el lechero, los carniceros y los repartidores iban en sus camionetas para distribuir sus productos. La hora pico, como ahora la conocemos, no existía en ese entonces, pero siempre había un ambiente vibrante que hacía que la energía fuera más amigable que cuando el área se hizo más próspera.

Otro elemento importante era la banda de St. James. El salón donde practicaban estaba a unos metros de nuestra casa. Cada miércoles por la tarde y los domingos por la mañana, podías escucharlos practicar. Me encantaba el sonido de la música, me confortaba y me daba un sentido de familiaridad. El día de San Patricio y en otras festividades, la banda salía marchando del salón para dirigirse a algún desfile o festival donde la gente se reunía para escucharlos. Con sus trajes negros, sus botones brillosos y sus instrumentos que brillaban con el sol, se veían muy elegantes. La banda hacía que hubiera un ambiente más vibrante en esos tiempos, y cada vez que los veíamos, sabíamos que el verano estaba por llegar.

Nuestra casa estaba situada en la calle principal. No teníamos jardín en la entrada, y a mi mamá no le gustaba que jugáramos fuera porque la calle era muy concurrida, pero teníamos un jardín trasero de buen tamaño, así que no nos molestaba no poder jugar en la calle. De hecho, el jardín se nos hacía muy grande y había mucho espacio para jugar con nuestros primos y amigos. A veces la pasábamos en el jardín todo el día, y al regresar a casa sentíamos como si hubiéramos estado a millas de distancia.

El jardín estaba dividido en secciones: el área donde mi mamá tenía sus plantas y flores, otra parte con arbustos, y otra con árboles y pasto. Al final del jardín pasaba el río Camac, un río sucio con basura que inundó la parte trasera de la casa en más de una ocasión.

En nuestro jardín teníamos un columpio, pero que no era un columpio de fábrica. Era uno hecho por nosotros, el lazo pasaba de un árbol a otro. Era muy divertido pasar el tiempo en él, y se balanceaba mucho más alto que los columpios que nuestros vecinos habían comprado en alguna tienda. Al otro lado del jardín había un viejo cobertizo de madera. Cuando mis hermanos mayores Peadar y Jim empezaron a criar pollos, se mudaron ahí, pero tiempo después, cuando abandonaron los pollos, mi madre transformó el cobertizo en una casa de muñecas para que mis hermanas jugaran. Hizo uso de sus habilidades como costurera y transformó el viejo cobertizo de pollos en un maravilloso lugar donde pasamos largos días de verano jugando muy felices. De vez en cuando mi madre nos llevaba galletas y jugo de naranja que disfrutábamos felices.

El jardín era nuestro espacio de juegos y aventuras; pasábamos horas ahí y a nuestros amigos les encantaba venir a jugar con nosotros porque era como tener un pedazo de campo en el corazón de Dublín.

En este lugar tan especial, cuando tenía cinco o seis años, los Ángeles me visitaban, pero solamente cuando me encontraba solo.

Al principio sólo se mantenían cerca, y en silencio me observaban cuando jugaba. Nunca les tuve miedo. Mirando en retrospectiva, me doy cuenta de que es por eso que le creía a mi madre cuando me decía que yo tenía un Ángel de la Guarda. "Fueron enviados para cuidarte", me decía, y por eso yo pensaba que venían a verme cuando estaba solo, para asegurarse de que no me pasara nada. Eran muy dulces y nunca hicieron nada que me causara miedo.

Aunque disfrutaba de la compañía de las personas, yo era un niño un tanto solitario, no sentía necesidad de tener a gente a mi alrededor. Era un niño reservado y tímido, dejaba que mis hermanos hablaran por mí y era muy feliz jugando solo. De alguna forma, los Ángeles hacían que me sintiera seguro, y nunca les tuve miedo.

Los Ángeles eran muy altos y tenían los colores del arcoíris, tenían alas grandes y eran casi transparentes porque podías ver a través de ellas. Con los años empecé a ver a los Ángeles de forma más definida. Aquellos eran días muy felices, era un niño feliz y me sentía muy seguro, no tenía ninguna preocupación de ningún tipo.

La casa siempre estaba llena de gente, siempre había ruido que venía de una habitación o de otra. A veces se convertía en una casa de locos con mis hermanas tocando su música en un cuarto, en otro cuarto la radio estaba a todo volumen mientras mis hermanos veían deportes en televisión.

Nos llevábamos bien la mayor parte del tiempo, pero como en todas las familias grandes, teníamos nuestros desacuerdos y pleitos, y cuando eso sucedía, la casa se convertía en un completo caos. Mi madre le ponía un alto a nuestros gritos. Ella era firme y exigente, y hacíamos lo que nos decía sin pensarlo dos veces. Nunca nos golpeó, pero nos castigaba prohibiéndonos salir a jugar o a pasear a algún lugar con nuestros amigos. Nunca flaqueaba, hacía lo que decía, así que nunca tratábamos de convencerla de lo contrario o de que cambiara de opinión. Todos teníamos nuestros quehaceres asignados en la casa y el jardín y los hacíamos sin protestar.

Cuando mi hermano mayor, Peadar, tenía nueve o diez años, se portó mal y, para castigarlo, mi madre le prohibió ir al cine con sus amigos. Cada domingo, el cine ponía películas para niños y siempre se llenaba con todos los niños del vecindario. Mi mamá le dijo que estaba castigado y que no iría al cine ese fin de semana, sin embargo, mi hermano tenía otra idea en mente. Si mis papás no le daban dinero para ir al cine, iría con nuestra abuelita, quien vivía a unos metros de nuestra casa.

Mi abuelita adoraba a Peadar y para ella, él era incapaz de portarse mal. Así que fue a verla, y sin pensarlo dos veces, ella le dio suficiente dinero para el cine y para que se comprara unos dulces. Mi hermano estaba muy orgulloso de sí mismo y se fue al Lyric —así se llamaba la sala de cine— con sus amigos. De camino a casa, al regresar de las compras dominicales, mi madre se encontró con uno de nuestros vecinos, quien le dijo que había visto a Peadar de camino al cine, y que iba "feliz como una lombriz". Mi madre se puso furiosa y se dirigió inmediatamente al cine. Le pidió al hombre de la entrada que la llevara adentro de la sala para sacar a su hijo de ahí. Ambos entraron a la sala, el encargado alumbraba el rostro de los asistentes mientras mi madre buscaba la cara de Peadar. Cuando lo encontró, mi madre lo tomó del brazo y lo sacó de la sala avergonzándolo frente a sus amigos. Fueron directo a casa y mi madre lo castigó por dos semanas prohibiéndole ir al cine, y esta vez mi hermano sí obedeció. Si mi mamá te decía que tenías que hacer algo, lo hacías sin pensarlo. Después de muchos años, mi madre y mi hermano recordaban esta historia con buen humor y ambos reían de lo sucedido.

Mi madre pasaba sus días cocinando, limpiando y haciendo compras. No había supermercados en aquellos tiempos, así que íbamos por el "mandado" a las tiendas locales. Comprábamos el pan, la leche y las verduras en Smith's, al final de la calle. La carne siempre la comprábamos con Bob Carroll, el carnicero que estaba enfrente del hospital San Kevin. Lo restante lo comprábamos en Conway's. Llevábamos el desperdicio de la cocina a la señorita Conway para el que se lo diera a el criador de cerdos.

Nos daba gusto llevarle el desperdicio porque cuando se lo dejábamos nos pagaba con una barra de chocolate. Los demás víveres los comprábamos en Camac Stores. Cada tienda tenía algo que la otra no vendía, y sabíamos muy bien dónde comprar cada cosa. Los fines de semana, después de la cena dominical, nos daban postre: helado con gelatina. En ese tiempo no teníamos refrigerador, así que cada domingo antes de la comida, nos mandaban a Camac Stores a comprar el helado. Cerraban los domingos, pero la señorita Coady vivía arriba de la tienda con su hermano. Así que tocábamos la gran puerta verde esperando que nos escuchara, y cada vez que escuchábamos girar la llave, respirábamos con alivio porque sabíamos que esa noche comeríamos el tan deseado postre. A veces se enojaba con nosotros por molestarla los domingos, pero creo que en el fondo le daba gusto vendernos el helado. Qué bendición que la señorita Coady viviera tan cerca de nuestra casa. Ese postre —helado de frambuesa con gelatina de fresa— era verdaderamente delicioso.

Mis recuerdos favoritos de la infancia son el olor de la cena dominical, el olor de la chimenea en las noches de invierno y el olor y la sensación de las sábanas blancas suaves y limpias. Esos recuerdos aún me dan sensación de calidez y bienestar cada vez que pienso en lo privilegiados que éramos al poder gozar de esos pequeños lujos.

Nuestra parroquia era la parroquia de St. James, justo al lado de la famosa entrada de la cervecería Guinness. En la parte ancha de la calle estaba St. James, era un lugar sombrío, nunca se sentía cálido, ni siquiera en los soleados días de verano. La iglesia era un edificio de cemento grande y gris, y no estaba decorada como las demás iglesias de la ciudad. Fue construida en la época de la hambruna y siento que eso le dio una energía pesada y triste. Inclusive hoy en día, cada vez que paso frente a la iglesia, aún siento esa energía gris.

Ahí es donde asistíamos a misa cada domingo, en Semana Santa y un sábado al mes con la escuela. Nos confesábamos al menos una vez al mes. Nunca podíamos faltar a misa, era algo que teníamos que hacer los domingos y nunca protestábamos. De hecho, disfrutábamos de ir a misa, era como un evento social y un día de paseo combinado en un solo día.

Todo el mundo se ponía sus mejores ropas y toda la congregación estaba siempre contenta, todos platicaban con todos y se sentía un ambiente agradable y feliz. Cuando mi papá hacía la colecta los domingos en la misa de las 12:15 yo siempre iba con él. Pasábamos por el pasillo de la iglesia saludando a todos mientras ponían sus monedas en la canasta.

Me gustaba mucho estar con mi papá porque normalmente no iba a muchos lugares con él. Solíamos entrar a la Iglesia, rezábamos, encendíamos las velas y nos sentábamos a escuchar la misa. De regreso a casa, me mandaba a Pauline's, la tienda de periódicos y revistas, para que le comprara el *Sunday Press* y el *News of the World*, además de un paquete de dulces para mí. Después regresábamos a casa a disfrutar de nuestro domingo y a disfrutar de nuestro día libre de la escuela y del trabajo.

La misa y la religión eran muy importantes, los hombres y mujeres religiosos eran respetados y admirados. Uno siempre hacía lo que los padres, sacerdotes y toda persona religiosa dijera sin cuestionarlo. Así que año tras año cumplíamos con nuestras obligaciones en la iglesia.

Todas las celebraciones en Irlanda, aún hoy en día, giran en torno a las festividades religiosas. La primera festividad del año es el 6 de enero, le llamamos "Pequeña Navidad", la cual marca el final de la época festiva y también el inicio de las clases. Después, en febrero es el inicio de la primavera y también es el mes en que celebramos la Cruz de Santa Bernadette, la cual todos teníamos colgada en nuestras casas. Poco después viene la temporada de Cuaresma y Pascua, y entre esas dos festividades, celebramos el día de San Patricio y el Jueves Santo. Mayo es el mes de Nuestra Señora y junio el del Sagrado Corazón, ambos meses eran notorios por las largas procesiones. Octubre, el mes del Rosario, noviembre el mes de todos los Santos y todas las Almas, y al final diciembre, el cual empieza con la Anunciación, más adelante el Adviento, las Cuarenta horas y finalmente Navidad.

Durante las seis semanas de Cuaresma, siempre dejábamos de comer algo como penitencia, ya fuera chocolate, dulces o el azúcar en el té —ofrecías como penitencia y como el perdón de tus pecados cualquier cosa que te gustara mucho—. También asistíamos a la Misa de las 7:30 de la noche. No era obligatoria, pero de todas formas asistíamos. Al final se convertía en una noche social donde veíamos a todos nuestros amigos. Durante toda la época de Cuaresma, el altar y todas las figuras religiosas eran cubiertas con mantas de color púrpura, lo que hacía que la iglesia se sintiera fría y sombría. Durante esa misma época íbamos a un retiro donde los misioneros nos hablaban sobre el pecado y sobre el trabajo de las misiones en el extranjero. Los misioneros eran mucho más amigables que los padres de nuestra iglesia. Me encantaba escuchar sus historias sobre la gente a la que ayudaban en lugares muy lejanos y exóticos. Cada vez que regresaba a casa del retiro, llegaba muy motivado y con ganas de ser misionero; su trabajo parecía muy gratificante. Las películas que nos mostraban en la escuela sobre las misiones, disparaban mi imaginación y yo soñaba con poder trabajar con ellos. Nos proyectaron *El lejano este* y *El Mensajero...* cómo me gustaron esas películas.

Yo llegaba a la casa antes que mis hermanos y mientras comía, mi madre se sentaba a leerme historias sobre los Santos y sobre el trabajo que los padres y las monjas realizaban en las misiones. Cuando terminaba de leer, cerraba la revista y hablaba con gran entusiasmo de lo maravillosas que eran estas personas y lo mucho que las admiraba.

En esos días, los viernes no comíamos carne porque era el día en que el Señor había muerto, así que los viernes cenábamos pescado con papas fritas. Me encantaban las papas fritas que hacía mi mamá, muy crujientes recién salidas del aceite.

Antes del domingo de Pascua, se celebraba el domingo de Palmas. Esa semana el Evangelio era más largo de lo usual. No era mi parte favorita de la misa porque teníamos que estar parados por un largo rato. Cómo envidiaba a los ancianos porque se les permitía estar sentados durante toda la lectura del Evangelio. A esa misa íbamos sólo mis hermanos y yo; mi madre asistía antes a la misa de las ocho para poder tener un rato de tranquilidad. Ese domingo marcaba el inicio de la Semana Santa y terminaba con el domingo de Pascua. En esa semana pasábamos gran parte del tiempo en la iglesia porque asistíamos a las diferentes ceremonias ofrecidas. La misa esa semana era muy diferente a la misa de los domingos. El Miércoles Santo o el Día de la Traición sonaba muy dramático para mí. Se le llamaba así porque fue cuando el pobre Judas traicionó a Jesús. El Jueves Santo era cuando se le lavaban los pies a los sacerdotes. El Viernes Santo era el día más solemne, inclusive la radiodifusora nacional RTE tocaba música fúnebre y todas las tabernas cerraban. A medio día, eran las Estaciones de la Cruz, y a las tres de la tarde la Pasión de Nuestro Señor y después el Beso de la Cruz.

Durante esos servicios me sentía muy cercano a Jesús, e incluso a mi corta edad, me sentía conectado con Su dolor y Su gran amor. Después de las Estaciones, cuando llegábamos a casa, tomábamos el té y comíamos un panqué con una cruz encima hecha de pan. A diferencia de hoy, esos panqués sólo los comíamos el Viernes Santo. Cuando terminábamos de comerlos, mamá decía:

—No más dulces hasta el domingo, todavía es Pascua.

El Sábado Santo el altar de la iglesia estaba vacío y ese día no se oficiaba misa. El Domingo de Pascua, la iglesia volvía a estar arreglada como antes. Las mantas púrpura eran removidas y el altar brillaba con el cobre de los candelabros y con las flores frescas y coloridas. La iglesia se sentía llena de vida y nuestro sacerdote se aseguraba de que nosotros también estuviéramos despiertos y llenos de vida al empaparnos con su agua recién bendita. Después de la misa, íbamos a casa inmediatamente para abrir nuestro tan deseado huevo de Pascua, era el único día del año que nos dejaban comer chocolate con el desayuno.

Una vez que terminaba la Pascua, la siguiente temporada que esperábamos con gran ilusión eran las vacaciones de verano. Días largos de verano, sin ir a la escuela, eso era lo mejor. Durante el verano pasaba cuatro o cinco semanas en Wexford en la granja de mi abuela. Mi padre tenía vacaciones las dos primeras semanas de julio y ambos nos dirigíamos al sur para ver a toda la familia y para ayudar en la granja. Al principio lloraba sin parar porque extrañaba a mi mamá y a mis hermanos. Cada año decía que me regresaría con mi padre cuando tuviera que regresar a Dublín, pero para cuando terminaban las vacaciones de mi padre, yo ya me había aclimatado y me la estaba pasando tan bien que siempre terminaba quedándome las semanas restantes. Me quedaba hasta que ya faltaba poco para entrar nuevamente a la escuela. Mis hermanos no venían porque trabajaban o porque habían conseguido trabajos de verano, así que mi madre se quedaba en Dublín con ellos.

Mi abuela vivía en una granja modesta, en una pequeña casa de campo situada en sesenta acres de tierra. Mi tío Tommy y mi tía Alice trabajaban allí también. Era la típica granja de esos tiempos, con vacas, cerdos, un par de caballos y muchos pollos. El trabajo empezaba desde muy temprano y terminaba hasta el anochecer. Me encantaba el aire libre y ayudar a mis tíos. Hacía trabajos pequeños y cuando terminaba, mis tíos me decían lo bien que lo había hecho.

Mi tía Alice era una persona de alma muy noble, le tenía gran respeto a la tierra y a los animales. Les ponía nombre a todos los animales de la granja, inclusive a los pollos, y siempre sabía cuando alguno estaba enfermo. También era muy divertida. Tenía dos perros y a ambos les llamaba Sheila. Siempre me pareció muy extraño, pero cuando le preguntaba por qué el mismo nombre, siempre se reía. Ella era muy amable y generosa conmigo, siempre me daba dulces y me pedía que no se lo dijera a mis primos, quienes vivían cerca de la granja. También era muy buena para relatar historias de fantasmas. Siempre hacía que se me erizara el pelo, y cuando llegaba la hora de ir a dormir, le pedía que durmiera conmigo porque tenía mucho miedo.

Mi tarea favorita en la granja era la de ir por las vacas al atardecer. Me gustaba mucho ese trabajo porque íbamos sólo mi tía y yo. Los perros agrupaban a las vacas y las llevaban hasta la granja. Una vez allí, mi tía las ordeñaba y después las regresábamos al campo. A las seis en punto decíamos el Ángelus lentamente, con gran fe y devoción. Cuando terminábamos, regresábamos a casa y nos daban una gran cena, generalmente consistía de pan hecho en casa, carnes frías o huevos con tocino, y nunca podía faltar la mermelada hecha en casa.

El domingo era el día más importante de la semana. Nos levantábamos temprano y sólo hacíamos las actividades que eran de absoluta necesidad. Después nos bañábamos y nos arreglábamos con nuestras mejores ropas. El domingo era considerado un día sagrado, así que lo pasábamos en paz y tranquilidad. Hasta los animales parecían estar más tranquilos que de costumbre. La energía que se sentía ese día era muy diferente a la del resto de la semana; se sentía especial. Todo era más calmado, el mundo parecía descansar. A las once de la mañana íbamos a misa a la iglesia de Oilgate; es ahí donde escuché por primera vez la palabra "sanador", una palabra que se quedó conmigo por el resto de mi vida. Yo tenía siete u ocho años, y mientras salía de misa de la mano de mi padre, un hombre se nos acercó. Charlaba de forma amigable con mi papá y justo antes de despedirse, dirigió su mirada hacia mí, estrechó mi mano, y me guiñó el ojo. Volteó a ver a mi padre y le dijo:

—Tienes aquí a un sanador muy poderoso, Aidan, más te vale que lo cuides.

Estrechó la mano de mi padre, se dio la vuelta y partió. No entendí lo que quiso decir, y tampoco le pregunté a nadie, sin embargo se me quedó en la mente y durante muchos años me pregunté qué es lo que había querido decir con esas palabras.

Cuando menos lo esperábamos llegaba agosto y teníamos que regresar a la escuela. Realmente disfrutaba de los veranos en Wexford pero también extrañaba mi casa y me daba gusto ver a mi familia, siempre me daban una gran bienvenida. Una vez que entrábamos a clases, todo cambiaba nuevamente. Los días se volvían más cortos y las noches más largas. El siguiente gran evento era Halloween, que era cuando nos vestíamos con ropas viejas, nos untábamos carbón en la cara y salíamos a tocar las puertas de los vecinos para recolectar frutas y nueces. Después nos sentábamos alrededor de una gran fogata a comer lo recolectado y a contar historias de fantasmas.

Una vez que llegaba noviembre, empezábamos a planear la Navidad. El pastel de frutas de Navidad se empezaba a preparar a finales de noviembre. Todavía recuerdo el olor a especias y cómo la casa se humedecía con el vapor porque los ingredientes se tenían que dejar hirviendo por ocho horas. Cuando el pastel de frutas inundaba la casa con su olor era cuando empezábamos a sentir la Navidad más y más cerca. Esperábamos el gran día con mucha emoción y con la ilusión de recibir un maravilloso regalo.

Por el 18 o 19 de diciembre poníamos el árbol de Navidad, le poníamos decoraciones brillantes de todos colores y formas.

No eran como las decoraciones caras y sofisticadas que existen hoy en día. Cruzábamos los dedos para que las luces de Navidad encendieran. Con el olor de pastel de ciruela y el olor a pino del árbol, Navidad era sin duda mi época favorita del año.

Estaba fascinado con la historia de Jesús y de cómo había nacido. Esta era la única época del año en que se mencionaban a los Ángeles, y siempre me ponía muy contento escuchar hablar sobre ellos.

Después de la misa en la mañana de Navidad, volvíamos a casa, jugábamos con nuestros regalos, bebíamos limonada y comíamos galletas. A veces visitábamos a nuestros tíos o a veces ellos nos visitaban en nuestra casa. Durante esa temporada teníamos muchas visitas, y en la casa siempre había mucha comida y todos se la pasaban muy bien. Pocós días después era hora de despedir el año viejo y le dábamos la bienvenida al año nuevo, y el ciclo volvía a empezar.

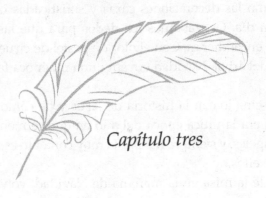

Capítulo tres

Los hijos son el regalo de Dios para la familia.
Cada hijo es creado a semejanza de Dios para
cosas grandes, para amar y ser amado.

Madre Teresa

Mi vida escolar empezó cuando yo tenía cinco años. En esa época yo era un niño muy feliz y estaba ansioso por explorar el mundo de mis hermanos. Era el mes de junio, la fiesta del Sagrado Corazón. Mi madre y yo íbamos de regreso a casa después de misa. Tomamos el rumbo del convento de la escuela Basin Lane. Era un edificio grande y gris de dos pisos con ventanas grandes y una enorme puerta doble verde. Todo el edificio estaba rodeado con unos altos barrotes verdes.

La escuela me era muy familiar, ya que muchas veces había acompañado a mi madre a dejar a mi hermana Kathleen a la escuela. En esta ocasión no entramos por la puerta principal, sino que entramos por la capilla del convento a través de una puerta lateral que llevaba a un pequeño patio. Ahí había un pasillo enorme, el cual olía a cera para pisos. Mi madre acicaló mi pelo, arregló mis ropas y después tocó la gran puerta de caoba. Detrás de la puerta podía escuchar a los alumnos tomando su lección.

La puerta se abrió lentamente con un crujido y apareció la figura de una mujer pequeña toda vestida de negro. Era de piel pálida, mejillas rosadas y portaba gafas sin marco. Su voz era suave y cálida y tenía una gran sonrisa. En cuanto me vio, puso su mano sobre mi cabeza y miró a mi madre con atención. Mi madre preguntó si era posible inscribirme en la escuela y empezar clases el siguiente ciclo escolar en septiembre. El nombre de la hermana era Imelda, era una persona verdaderamente maravillosa, de alma muy noble. Todos los que la conocían la querían mucho y se decía que los niños eran muy afortunados de tener a una hermana como ella en su primer año. Cuando mi madre terminó de hablar, la hermana Imelda me miró y me preguntó:

—Bueno jovencito, ¿qué opinas? ¿Te gustaría integrarte a las clases cuando terminen las vacaciones de verano?.

Asintiendo con mi cabeza y al mismo tiempo aterrado, logré decir las palabras:

—Sí, por favor.

Ella sonrió y dijo:

—Entonces hay que anotar tu nombre en la lista.

Entró al salón dejando la puerta entreabierta. Desde ahí podía ver a los alumnos, todos tenían la cabeza sobre su escritorio como si estuvieran dormidos. La hermana Imelda regresó con el libro más grande que jamás hubiera visto, y cuando lo abrió, parecía haber cientos y cientos de nombres. Con mucho cuidado tomó su pluma, la remojó en el tintero y anotó mi nombre, dirección y fecha de nacimiento.

—Ya está —dijo—. Ahora eres un niño grande. Sé bueno con mamá y nos vemos en septiembre. —Sonrió. Estrechó la mano de mi madre y antes de despedirse de mí, puso una medalla ovalada del Sagrado Corazón en mi mano y me dijo—: Usa esta medalla y Dios te cuidará.

Estaba fascinado con mi medalla y no podía esperar para empezar las clases. De camino a casa, mamá hizo unas compras en Smith's y me dijo que escogiera unas galletas para mí por haberme portado tan bien enfrente de la hermana Imelda. Como siempre, escogí una caja de galletas de crema con mantequilla y, con una gran sonrisa en mi rostro, dije: "Quiero esas, por favor".

Es todo lo que recuerdo hasta septiembre antes de mi primer día de clases. Recuerdo que iba de la mano de mi madre con mi mochila en la espalda. Estaba muy emocionado y ya quería llegar al salón de clases. No era el pasillo silencioso que recordaba, ahora estaba lleno de niños y padres de familia. Aunque ese no era el pasillo que yo recordaba: los niños lloraban mientras las mamás trataban de hablar unas con otras entre tanto llanto.

La hermana Imelda estaba sentada en su salón tomando lista mientras las madres dejaban a sus hijos. El ruido y los llantos me asustaron y repentinamente me di cuenta de que mi madre no se quedaría conmigo, me dejaría ahí en medio de ese caos. ¿Qué iba a hacer? Nunca me había quedado solo sin ningún miembro de la familia a mi lado. Las lágrimas empezaron a rodar por mis mejillas mientras mi madre forzaba mi mano para que la soltara; cuando lo logró, me besó y me dijo que todo estaría bien. Me dijo que estaría esperándome afuera de la escuela al finalizar las clases. Mi corazón palpitaba rápidamente, pensaba que ya no volvería a verla nunca más.

El pasillo me parecía enorme. Era un pasillo doble con cuatro ventanas grandes estilo victoriano, al fondo del pasillo había una gran tribuna. Había bancas largas en cada lado y había niños sentados en todo el salón. Algunos lloraban, algunos esperaban pacientemente, y otros jugaban entre sí. En la entrada del pasillo, detrás del escritorio de la maestra, había un gran altar de madera con la estatua de Nuestra Señora y otra del Sagrado Corazón, ambas tenían luces rojas frente a ellas. A cada lado del altar, había un gran florero con flores frescas. Las paredes estaban cubiertas con dibujos de canciones infantiles y con imágenes de muchos santos.

La imagen que más me llamó la atención era la de un hermoso Ángel volando en el cielo, llevaba a niños tomados de la mano, parecía llevarlos a salvo al otro lado del valle. Mi madre tenía razón. Mis Ángeles estaban aquí, y me mantendrían seguro en la escuela. "Nunca te desamparan", me decía una y otra vez.

No recuerdo lo que hicimos el resto del día, pero sí recuerdo la felicidad que sentí al ver a mi madre en la entrada de la escuela y el alivio que sentí al abrazarla con la esperanza de no tener que volver a la escuela y apartarme de su lado otra vez. Me tomó de sorpresa cuando me dijo que tenía que regresar a clases el día siguiente, y el siguiente y todos los demás.

Pero por supuesto, con el tiempo me acostumbré y la escuela se volvió parte de mi vida cotidiana. Iba sin mucha resistencia y adoraba a la hermana Imelda. Era una maestra adorable. Nunca nos gritaba, no recuerdo haberla visto enojada en ninguna ocasión. Pasábamos los días aprendiendo los números, el alfabeto y cantando canciones infantiles. Un par de veces a la semana, jugábamos con plastilina y coloreábamos dibujos con nuestros crayones.

Todos los días antes del almuerzo, decíamos nuestras oraciones tal y como la hermana Imelda nos había enseñado. Empezábamos con el Padre Nuestro, después con el Ave María y terminábamos con una oración fácil, la de Gloria al Padre. La hermana Imelda nos hacía repetir estas oraciones una y otra vez hasta que las aprendíamos de memoria. Cada día se las preguntaba a un niño diferente. Nunca se enojaba si se nos olvidaban, las decía junto con nosotros y cuando terminábamos, decía que lo habíamos hecho muy bien. El mejor día fue cuando nos dijo que nos enseñaría la oración del Ángel de la Guarda. Estaba muy emocionado porque yo me la sabía, y por alguna razón, ella sabía que yo me la sabía, así que me pidió que la recitara ante los demás.

Cuando terminé me dio unas palmaditas en la cabeza y me dijo que era un buen niño y que era muy especial.

—Tus Ángeles están contigo —me dijo con voz suave. Supuse que ella también podía verlos ya que estaban por todas partes en el salón. Al terminar las clases la hermana me dio una estampa de Nuestra Señora de Knock como recompensa por haber dicho la oración.

El siguiente día nos contó sobre nuestros Ángeles y sobre Jesús y su Madre. El cuarto se llenó de Ángeles cuando empezó a hablar de ellos, había uno al lado de cada niño. Nadie dijo nada, así que supuse que todos los podían ver. En ese entonces los podía ver de forma más clara: eran grandes, como de seis pies de altura, y eran tan brillantes como las estrellas de la noche.

Sus alas salían de sus espaldas y se expandían de forma firme y derecha. Parecían ser muy suaves, como plumas de aves. No temía a estos Seres de Luz, ya que emanaban una energía de calma y seguridad, nunca cuestioné nada de lo que veía. Estos eran los Ángeles de los que mi madre y la hermana Imelda me habían hablado, así que lo que veía *tenía* que ser real. Las religiosas y las mamás nunca mentían.

Pasé tres años muy feliz en la escuela Basin Lane y tuve la fortuna de tener a tres maestros extremadamente buenos y amorosos. Cuando llegó la hora de hacer mi Primera Comunión, estaba en el último año de preescolar, nuestra maestra era la señorita O'Dea —una maestra joven, nueva en la escuela— pero fue la hermana Imelda la que nos preparó para nuestro gran día. Por las tardes nos enseñaba las oraciones que debíamos saber para el día de nuestra Primera Comunión. No tenía obleas de comunión, así que practicábamos con una medalla plana y ovalada que colgaba de su rosario. Ella decía, "Corpus Christi", y nosotros contestábamos, "Amén". Después ella colocaba la medalla en nuestras lenguas, luego la retiraba y hacía lo mismo con el siguiente niño, y así sucesivamente hasta terminar con todos. También nos preparó para nuestra primera confesión.

Esa parte no la esperaba con emoción. El viernes antes del día de nuestra comunión, nos dirigimos a la iglesia, tomados de la mano de dos en dos, y esperamos a que llegara nuestro turno para entrar en el confesionario. Era terrible. Era un lugar obscuro, solitario y olía a humedad. Estaba yo ahí parado temblando, esperando no olvidar mis pecados cuando escuché un ruido detrás de la rejilla. El sacerdote abrió su ventanilla y balbuceó unas palabras. Su cara era arrugada y pastosa, se veía de mal humor, como si estuviera aburrido de escuchar los mismos pecados una y otra vez.

Cuando terminé, dijo algo así como que fuera buen hijo con mamá y con mis maestros, después agregó: "y no vuelvas a portarte mal porque hieres a Dios". Me dijo que rezara tres Aves María de penitencia, hizo la señal de la cruz y cerró la ventanilla dejándome nuevamente en la obscuridad.

Cuando todos hubimos terminado, los maestros nos llevaron al centro de la iglesia, y ahí todos rezamos nuestra penitencia. Ese día, las clases terminaron temprano y mi madre y yo tomamos el autobús para ir al centro a que me cortaran el pelo. Después nos detuvimos en la cafetería de Woolworth's a comer pastel y a tomar limonada. Más tarde regresamos a casa, tomé un baño y me fui a la cama más temprano de lo usual. Tenía que estar bien descansado para el día siguiente pues recibiría el Cuerpo de Cristo y después de eso ya nada sería igual. De ahora en adelante tendría que ser un niño bueno o Dios estaría muy enojado conmigo. Si decía mentiras o malas palabras eso lastimaría a Dios y lo clavaría en la cruz otra vez. Qué gran responsabilidad para un niño de seis años.

El día de mi Primera Comunión me desperté muy temprano, estaba muy emocionado. Todos se levantaron temprano para ayudar a alistarme y para verme partir a la iglesia bien arreglado. Llevaba un traje de lana a cuadros color gris con pantalones cortos, camisa blanca y corbata azul. Mi madre me dijo que me veía muy guapo y mis hermanos bromeaban y decían cómo todas las niñas iban a ir detrás de mí. Mamá y Papá me llevaron a la iglesia. Fuimos en coche y ese día mi padre me dejó sentarme en el asiento delantero.

La iglesia estaba repleta. Las niñas con sus velos y sus vestidos blancos estaban sentadas de un lado, y los niños con sus trajes de diferentes colores sentados del otro. Los padres de familia se sentaron detrás de nosotros. Había un ambiente de felicidad. Yo estaba sentado al lado de mi primo y de la hermana Imelda. La hermana Lucía, otra de las religiosas de la escuela, fue a saludarnos y a decirnos qué bien nos veíamos todos. Todos estábamos sentados bien derechitos, sintiéndonos muy orgullosos de nosotros mismos.

Cuando recibí la comunión por primera vez, no sentí como había sentido con la medalla de la hermana Imelda, tampoco sabía igual. Sabía a galleta de papel y teníamos que tener mucho cuidado de que no se nos pegara en el paladar, porque si se pegaba, bajo ninguna circunstancia debíamos tocar la hostia con nuestros dedos. Eso era uno de los peores y más temidos pecados y hasta podríamos morir en el acto porque sólo el sacerdote podía tocar el Cuerpo de Cristo. Sólo él era lo suficientemente puro. Lo único que podíamos hacer era tratar de despegarla del paladar con la lengua con la esperanza de que en el intento de tan difícil tarea no nos ahogáramos con nuestra propia lengua. Nunca debíamos masticar la hostia. "Nunca debe tocar tus dientes", nos decía la hermana Imelda.

Gracias a Dios mi día pasó sin ninguna eventualidad. Estaba a salvo. No había cometido ningún pecado y el Cuerpo de Cristo me haría bueno y fuerte.

Ese fin de semana la casa estaba llena de familiares de Dublín y de Wexford, todos hacían gran alboroto por el evento. Es una ocasión muy especial en la vida de todo niño. A donde fuera todos me daban dulces, galletas y limonada, y al despedirme, me daban dinero para que me comprara algo. Es una época que recuerdo con mucha alegría.

Después de mi Primera Comunión, me quedaba un año más en la escuela Basin Lane y primero de primaria fue otro año muy feliz para mí. En junio, antes de las vacaciones de verano visitamos lo que llamábamos la escuela de "niños grandes". Esta escuela era administrada por los Hermanos Cristianos y allí empezaría el segundo año de primaria en septiembre. La escuela estaba justo al cruzar la calle, pero cómo cambiaría mi vida cruzar esa calle.

Capítulo cuatro

Aléjate de la gente que trata de empequeñecer
tus ambiciones. La gente pequeña siempre hace eso,
pero la gente realmente grande te hace sentir que
tú también puedes ser grande.

Mark Twain

Esos no fueron los días más felices de mi vida; de hecho, fueron días de infierno, pero no tenía otra opción que ir a la escuela. Desde el primer día me sentía muy nervioso e inseguro. Tuve un par de buenos maestros, pero no era feliz. Dividieron las clases en diferentes grados de acuerdo a nuestras aptitudes, me colocaron en un grado alto, pero me separaron de la mayoría de mis amigos. En mi nueva clase no conocía a nadie, así que tendría que tratar de hacer amigos otra vez.

Siempre fui callado y tímido y no me acoplaba muy bien al cambio. Sin embargo, con el pasar del tiempo, aunque se me hizo difícil, empecé a hacer nuevos amigos y las cosas se hicieron un poco más fáciles. Eventualmente me acoplé a mi nueva rutina y al año siguiente me pusieron en el grado más alto. Mis padres estaban muy orgullosos de mí. El nuevo ciclo escolar inició, y una vez más tendría que acostumbrarme a los nuevos libros y al nuevo maestro. El maestro que nos asignaron para ese grado era un hombre mayor de cabello gris, era refinado y se vestía de forma inmaculada, casi elegante. Usaba un anillo de oro muy grande en su mano izquierda.

En ese año, empecé a tener un dolor agudo en la parte derecha de mi cuerpo. El dolor era tan fuerte que me ponía pálido y a veces hasta vomitaba. Nunca pudieron diagnosticar con exactitud el origen del dolor, pero cada vez que lo padecía, el maestro era muy atento conmigo. Cuando tenía el dolor, el maestro ponía mi silla al lado del radiador, después de su descanso me llevaba una taza de leche caliente con pimienta, me decía que la tomara lentamente. Cuando terminaban las clases, le pedía a alguno de los niños que vivía por mi vecindario que me acompañara hasta mi casa.

Como era un niño muy nervioso, me preocupaba mucho si no entendía alguna asignatura o si no entendía mi tarea. Me angustiaba tanto leer en voz alta en el salón, que mi madre tuvo que hablar con mi maestro para decirle lo alterado que estaba. El maestro trató de calmarla diciéndole que no se preocupara, que todo estaría bien, que trataría de hablar conmigo después de clases. Y sí que habló conmigo, de eso y mucho más.

Cuando tenía la tierna edad de nueve años, este maestro en quien mi madre y yo habíamos puesto nuestra confianza, y a quien yo consideraba un caballero, abusó de mí sexualmente de forma constante por todo un año.

Empezó cuando me pidió que me quedara después de clases porque tenía algo que decirme. Me dijo que mi madre le había pedido que hablara conmigo porque yo estaba muy preocupado por mis lecciones. Cuando ya no había ningún niño en el salón, se dirigió a la puerta, la cerró con llave y guardó la llave en su bolsillo. Después, fue de ventana en ventana cerrando las persianas hasta que el salón quedó casi a obscuras. Se inclinó sobre mí y me dijo que era muy especial, que era su alumno favorito y que no tenía nada de qué preocuparme. Empezó a besar mi cabeza, luego mi cara y mis labios. Forzó su lengua grande y húmeda dentro de mi boca, yo no podía respirar. Restregó su cuerpo contra el mío, una y otra vez, mientras tenía una mano en mis pantalones y la otra dentro de su bolsillo moviéndola rápidamente de arriba abajo. Tomó mi mano y la puso en sus partes privadas haciéndome que lo tocara.

Mi cuerpo estaba rígido mientras el maestro acercaba su cuerpo más y más al mío, asegurándome que todo estaría bien y que sólo hacía eso con niños muy especiales, con sus alumnos favoritos. Me advirtió que nunca debía contarle a nadie, al mismo tiempo empezó a moverse de forma violenta hasta que dejó salir un quejido. Cuando se detuvo, me miró fijamente a los ojos y me repitió que no debía contárselo a nadie, que sería nuestro secreto y que si hacía lo contrario, ya no sería su alumno favorito y se aseguraría de que la pasara muy mal en su clase.

Cada vez que abusaba de mí era lo mismo. Cuando terminaba, salía del salón, me decía que me quedara ahí, al regresar me daba unos golpes suaves en la cabeza y me decía que podía irme. En ese tiempo, yo no sabía lo que el maestro estaba haciendo conmigo. Sabía que no era correcto, pero ¿cómo podía explicárselo a alguien? No entendía lo que estaba sucediendo. Siempre nos decían que debíamos respetar a nuestros maestros, que nunca debíamos contestarles y que siempre debíamos hacer lo que nos dijeran. Y es lo que yo hice, pero desde ese día de horror y *shock*, odié ir a la escuela aún más.

Dejé de salir a jugar cuando llegaba a casa, ya casi no interactuaba con mis compañeros de clase. Estaba tan nervioso y tenía tanto miedo que le pedía a mi mamá que me acompañara a la escuela. En el camino rezaba y pedía que el maestro me dejara en paz y no abusara de mí ese día.

Cuando el abuso se hizo más regular, mis Ángeles comenzaron a estar conmigo de forma más regular, viniendo a mi rescate cada vez que el maestro abusaba de mí. Sucedía una o dos veces por semana. Cómo le temía al timbre de la campana. Inclusive hoy en día aún me da escalofrío cada vez que escucho el ruido de una persiana al cerrar.

Un día, cuando el maestro cerraba las persianas, temblando con lágrimas rodando por mis mejillas empecé a rezar: "Por favor Ángel de la Guarda, ayúdame". Mientras estaba parado ahí, la figura hermosa de un Ángel vino a mí. Llevaba una túnica brillante de color rosa y verde, tenía la piel blanca y ojos azules muy penetrantes.

—No te preocupes —me aseguró—. Toma mi mano.

Mientras lo hacía, algo muy extraño sucedió. Sentía cómo mi cuerpo se alejaba de donde había estado parado y empezaba a flotar. El Ángel me llevó a la puerta y me sentó encima de un armario. Podía verme a mí mismo parado al lado del pizarrón con el maestro, pero no podía sentir nada. El Ángel se quedó a mi lado, abrió sus alas y me cubrió con ellas. Me sentía seguro. Suavemente, me susurró: "Estás a salvo, todo va a estar bien". Esa fue la primera vez que escuché a un Ángel hablar, pero la voz no parecía penetrar el espacio del salón. Aún no encuentro la forma de explicarlo, pero las voces de los Ángeles parecen venir de fuera de nuestro espacio y energía, sus voces parecen caer en esta dimensión suavemente.

Esta fue una experiencia muy extraña, pero ahora sé que tuve una experiencia fuera de mi cuerpo. Me vi en el salón, pero sentía cómo estaba sentado sobre el armario y, por primera vez, no pude sentir lo que ese hombre me hacía. Era como si el Ángel hubiera aliviado el dolor de la experiencia, me llevaba lejos y ayudaba a que me desprendiera de mi cuerpo y de la realidad de lo que estaba sucediendo. Yo estaba asustado y muy confundido, pero podía escuchar al Ángel decir una y otra vez, "Ahora estás a salvo, no puedes sentir nada".

A partir de ese momento, cuando el maestro terminaba de abusar de mí, el Ángel me tomaba de la mano y me llevaba de regreso a donde estaba parado. Mis dos cuerpos se unían y una vez más me quedaba paralizado de miedo, incapaz de decir una palabra.

Siempre me sentía sucio y culpable después del abuso, corría al baño a lavarme las manos, la boca y la cara antes de caminar la corta distancia rumbo a casa, la cual se me hacía eterna. Para ese entonces, todos mis compañeros del salón ya habían llegado a sus casas, la calle estaba vacía y en silencio. Eso era una ventaja para mí. Al menos nadie podía ver la vergüenza que sentía, porque eso era lo que sentía: mucha vergüenza. Mis Ángeles eran los únicos que estaban conmigo, pero inclusive ellos iban en silencio.

Ese día un Ángel me había hablado por primera vez y casi al llegar a casa volvió a hablarme, puso sus manos en mis hombros y susurró: "Todo esto pasará, Alma Pequeña, y volverás a sentirte bien". Y sí me sentí mejor una vez que llegué a casa y mi madre me dio un abrazo fuerte y pude volver a respirar y sentirme seguro. En esos días, me quedaba cerca de mi mamá por más tiempo. Cuando llegaba a casa, me sentía a salvo y nada podia lastimarme. Mi madre no sospechaba nada, tal vez pensaba que era el mismo de siempre, preocupado y angustiado por el trabajo de la escuela. El maestro nunca me detenía en la escuela por mucho tiempo, por lo que mi madre nunca se preocupaba sobre mi paradero.

Ahora veo lo mucho que mi madre me apoyaba. Constantemente me preguntaba si estaba bien, si había algo que me preocupara, mientras yo evitaba darle respuestas concretas. Mi vocabulario era muy limitado y no encontraba las palabras para expresar lo que sentía, y por supuesto con el tiempo, el sentimiento de vergüenza empezó a torturarme.

En esos días las mañanas parecían llegar más pronto que antes, todos los días el terror y el miedo se apoderaban de mí. Vivía con la esperanza de terminar mis clases a salvo y poder irme a casa con mis compañeros de clase, pero mientras el año avanzaba, el abuso continuaba y yo me volvía cada vez más y más solitario, estaba más aislado que nunca. No quería salir a ninguna parte y sólo me sentía seguro cuando mi mamá o alguien de la familia estaban conmigo.

Durante los siguientes meses, los Ángeles estuvieron conmigo ya todo el tiempo, su presencia se volvió más fuerte cada vez que el salón de clases era cerrado con llave. Venían a mí y me llevaban fuera de mi cuerpo y me ponían sobre el armario. Me decían que me cubriera los ojos con las manos.

—Hay que jugar, vamos a volar y a ver todas las cosas hermosas que hay en el mundo.

Me llevaron a un lugar donde todos los niños están a salvo, los Ángeles hablaban más, me hablaban como a un niño, porque eso era lo que yo era: un niño. Nunca me decían cosas que no pudiera entender. Sabían lo afectado que estaba, así que me llevaron a lugares maravillosos para aliviar mi dolor. Me llevaron volando por los cielos mostrándome los maravillosos colores de la naturaleza, de los mares, los bosques, las praderas, de las montañas cubiertas de nieve. Me mostraron esos lugares gloriosos, señalando los diferentes colores y la belleza de, como ellos le llamaban, "La obra de Dios". Todos esos lugares eran iguales a la imagen que la hermana Imelda tenía en el pasillo del salón.

También me llevaron a lo que llamaban, "El jardín de los Ángeles". ¡Qué lugar tan hermoso! Era un jardín enorme lleno de flores, los Ángeles recolectaban las esencias de las flores para llevarlas a la tierra y llevar sanación y amor, eran flores de todas formas y colores. Era un lugar de paz, lleno de árboles, lagos y cascadas. Todo el jardín estaba cubierto de rocío. Parecía que sus pies nunca hacían contacto con el pasto mientras se movían con suavidad y sin dificultad, no chocaban unos con otros. No cantaban como lo había imaginado antes, había silencio y quietud. Mi Ángel, a quien yo llamaba Aidan, me dijo que ahí es donde los Ángeles se reunían y esperaban a que la gente en la Tierra los llamara buscando su ayuda y su guía. Todos estaban vestidos con diferentes colores, con túnicas largas y sencillas que parecían flotar, todas eran del mismo tamaño. Su cabello también era de diferentes colores, su piel era de color pálido y tenían ojos azules muy penetrantes. Mi Ángel me pidió que recordara bien este lugar y que no olvidara pedir ayuda cuando lo necesitara. ¿Cómo olvidarlo? Ni palabras ni dibujos podrían describir lo sublime que era este lugar.

—Es hora de que regreses. Todo está bien, todo pasará, Alma Pequeña. Eres muy fuerte y muy especial. No tengas miedo, nosotros siempre te ayudaremos.

Lentamente me llevaban de regreso a mi lugar de miedo y terror, y una vez más salía corriendo del salón rumbo a casa tan pronto como podía para sentirme seguro y amado de nuevo.

Nunca le conté a nadie sobre el abuso o sobre los Ángeles. No es que nunca hubiera querido hacerlo, sino que no sabía cómo.

El año llegó a su fin y cambié de clase y de maestro. El nuevo maestro era un hombre amable y sus clases eran buenas, pero no confiaba en él, así que me dediqué a estudiar lo más que pude tratando de pasar desapercibido haciendo siempre lo que el profesor pedía. Hacer lo que otros me decían me era muy fácil. Era un niño muy responsable y trabajaba duro en mis lecciones, lo cual me hacía sentir tranquilo y bien conmigo mismo. Poco a poco, comencé a disfrutar de la escuela una vez más, trataba de olvidar y dejar atrás la horrible experiencia del año anterior.

Pero esa tranquilidad duraría poco tiempo. Cuando pasé al año siguiente, nos pusieron un maestro nuevo, era uno de los Hermanos Cristianos. Era un hombre pequeño, tenía la reputación de ser un maestro antipático y muy exigente. Era de cara redonda, con manchas rojas, se peinaba el pelo con brillantina y lo llevaba de lado. Tenía ojos marrones, de mirada fría y vacía con lentes de marco grueso. Olía a nicotina y a ropa vieja y húmeda, sus hombros siempre estaban blancos, cubiertos de caspa.

No había nada de cristiano en este hombre, nunca se le debió haber permitido enseñar ni estar en un salón de clases con almas tan pequeñas. Su salón se encontraba al final del corredor en el primer piso. Durante los descansos nunca socializaba con los demás maestros, se quedaba arriba de los escalones viendo hacia el patio, fumando y haciendo comentarios crueles a todos los que subían por las escaleras, excepto a sus alumnos favoritos, aquellos que sacaban las mejores calificaciones y cuyos padres estaban en el comité de la recolecta de fondos.

Este era otro tipo de abuso, no era abuso sexual, pero era un abuso tan horrendo que te destruía el alma. Era abuso mental y degradante. Me robó mi espíritu, mi verdadero yo y dejó a un niño perdido, vacío y aterrado. A mis cortos once años ya no sabía quién era yo. Sentía, a mis once años, que era un fracasado y que no valía nada. Así es como este hombre de Dios nos enseñó a mí y a mis compañeros a pensar sobre nosotros mismos. Yo no era el único al que le hacía sentir esto, había otros, pero yo era al que más molestaba.

No le caí bien desde el primer día. No estaba seguro de qué era lo que no le gustaba de mí o si necesitaba de alguna razón, tal vez se ensañaba con los más tímidos y débiles como yo. No lo sé y nunca lo sabré con certeza, pero lo que sí sé es que hizo que mi vida fuera un infierno una vez más. Lo primero que nos dijo al entrar a clases es que estábamos ahí para aprender, y que si éramos lentos o estúpidos entonces deberíamos trabajar más duro o nos atrasaríamos, y luego agregó:

—Yo no trabajo con niños estúpidos.

Después usó un término que nunca olvidaré. Dijo que había dos tipos de niños, los brillantes, que eran los niños inteligentes, esos eran los niños que prefería tener en su salón; y los idiotas tarados, esos eran los que no lograrían hacer nada de su vida. Todos nos reímos. Una vez que la clase se hubo calmado, nos hizo algunas preguntas y estuvo muy satisfecho con nuestras respuestas. Nos dijo que tenía todos nuestros libros para todo el año en su salón. Nos pasó a cada uno la lista con el nombre de los libros que llevaríamos ese año. El único que faltaba era el de religión. Comenzó a hablar sobre este libro y nos dijo que siempre había un examen de religión al final de septiembre y que no sabía qué íbamos a hacer si no teníamos ese libro.

Levanté mi mano y le traté de explicar que lo mismo había pasado el año anterior con el otro maestro, que habíamos estudiado con el libro del año anterior. Me miró de forma furiosa y dijo:

—A esto es a lo que me refiero. Cada año me toca uno de estos, y aquí está... ¡el idiota tarado! Siéntate, niño estúpido y no me dejes volver a escuchar tu voz hasta que lo que digas tenga sentido.

Volteó a ver a todo el salón mientras movía su cabeza de un lado a otro de forma desaprobatoria y sonreía, dando así permiso a los demás de reírse, y todos se rieron. Una hora más tarde, el hermano del salón de al lado vino a nuestro salón a preguntarle sobre el libro de religión y qué es lo que harían para el examen al final de septiembre.

—¿Bueno, Storey? — gritó —. ¡Levántate!

Se giró hacia el Hermano y le dijo:

—Storey te va a explicar lo que tienes que hacer, porque él lo sabe todo. —Así que nuevamente traté de explicarle lo que había pasado el año anterior. A la mitad de mi explicación gritó que me callara y que me sentara. Volviéndose al hermano le dijo—: Este es mi idiota tarado del año, que Dios me ayude.

Una vez más todos se rieron, ambos maestros movían sus cabezas de un lado a otro y también reían. Yo me sentía completamente humillado y con ganas de vomitar. Quería salir corriendo del salón e irme a casa, pero no podía. Podía ver que mi Ángel estaba en el salón, entonces entendí que de nuevo me esperaban momentos muy difíciles. A lo largo del año anterior, la presencia de mis Ángeles no había sido muy frecuente. Mientras mi Ángel me observaba humillado, puso su dedo sobre sus labios como diciéndome que no dijera una palabra.

Al terminar las clases regresé solo a casa. Estaba muy avergonzado y no quería estar con nadie, tenía miedo de que se burlaran de mí. Eso me afectaría mucho y no quería que otros lo notaran.

Ese día y muchos otros días, mis Ángeles caminaron conmigo a casa y me aseguraron que todo estaría bien, que con el tiempo me daría cuenta de por qué me estaba pasando todo eso. Mientras caminábamos me dijeron que todo lo que tenía que hacer era pedirles su ayuda y ellos estarían ahí para mí y que no debía olvidar que ellos *siempre* estaban a mi lado. No comprendí muy bien lo que querían decir hasta algunos años más tarde.

Y así transcurrió mi primer día de clases. Y en los siguientes días y semanas, las cosas no fueron más fáciles. Según el maestro, nada de lo que yo hacía estaba bien. Abría la puerta de forma incorrecta, me sentaba de forma incorrecta, lloraba como niña y así sucesivamente con cualquier actividad que realizara. Sentía tanto terror en las mañanas antes de ir a la escuela que vomitaba antes de salir de la casa. Estaba tan nervioso que mi mamá empezó a acompañarme a la escuela otra vez. No me daba vergüenza, yo sólo quería un poco de seguridad antes de enfrentar el dolor y la humillación que experimentaba cada día.

A veces, durante la clase me sentía mal y pedía permiso para ir al baño y vomitar, pero después de hacerlo un par de veces, el hermano comenzó a pensar que sólo era una excusa para evitar hacer mi trabajo o que sólo estaba buscando llamar la atención, así que con el tiempo me prohibió salir al baño. En más de una ocasión vomité en mi lugar. El hermano se ponía tan furioso que se ponía rojo desde el cuello hasta la punta de su frente. Me ordenaba que fuera por una cubeta y un trapeador para limpiar el piso. Mareado y casi a punto de desmayar del miedo y la ansiedad, tenía que limpiar mi vómito mientras el hermano me apresuraba para que lo hiciera bien y rápido. Una vez que terminaba, me obligaba a quedarme parado frente a la pared durante un largo rato. Con mi suéter y mis pantalones manchados, oliendo a vómito y frente a toda la clase, el hermano me preguntaba qué tipo de animal era yo. Al finalizar el castigo me decía: "Ve y siéntate allá lejos. No eres digno de estar cerca de nosotros". Me sentaba lejos de los demás, solo y aterrado. Al llegar la hora del descanso, no me permitía salir.

Era sólo cuando íbamos a la casa a comer el almuerzo que podía cambiarme de ropa. Mi mamá veía lo alterado que estaba; ella fingía que no le afectaba tanto como a mí y siempre me aseguraba que todo estaría bien. "¿Ya le pediste ayuda a tus

Ángeles y a Santa Bernadette? A ella tampoco le gustaba mucho la escuela", solía decir. "Las religiosas solían hacerle la vida muy difícil". Me sentía muy cercano a Santa Bernadette. Me encantaba la historia de cuando la Virgen María se le apareció y nadie le creía porque era pobre y no era considerada muy inteligente en la escuela.

Ese hermano estaba arruinando mi vida y mi madre y yo vivíamos con la esperanza de que me cambiaran de maestro al año siguiente. Ese sería un año muy importante, porque sería mi último año de primaria y también cuando haría mi Confirmación.

En junio de ese año, justo antes de salir a vacaciones de verano, el hermano estaba sentado en su escritorio y con una sonrisa amenazante y cruel en su rostro nos anunció que el año siguiente continuaría siendo nuestro maestro y que si pensábamos que ese año había sido difícil, que esperáramos al siguiente, que todavía no habíamos visto nada. Mi corazón se encogió. ¿Por qué me estaba pasando todo esto? ¿Por qué tenía que pasar un año más con este hombre tan cruel? Estaba completamente horrorizado.

Desde el primer día de vacaciones, con miedo y terror en mi corazón, empecé a contar los días que faltaban para ese lunes de septiembre en que tendría que volver a enfrentar a es hombre horrible. El verano transcurrió rápidamente, y nada había cambiado. Desde el primer día, el hermano estuvo sobre mí atormentándome. Me dijo tantas cosas tan hirientes y crueles que perdí la cuenta. Mi madre iba a hablar con él regularmente y le suplicaba que dejara de ser tan duro conmigo, pero nada cambiaba.

El doctor de la familia le dio una nota a mi madre para que se la diera al hermano. La nota decía que yo no estaba bien y que estaba tomando pastillas para relajarme, que fuera un poco más flexible conmigo. El doctor también le dijo a mi

madre que hiciera una cita con un terapeuta en el Hospital
Crumlin, el cual recomendó que me cambiaran de clase pues
este maestro me estaba causando gran estrés. El terapeuta le
dio una carta para que se la diera al director de la escuela. Sin
embargo, cuando mi madre se la entregó, trató de convencerla
de no cambiarme pues mi Confirmación sería en unas pocas
semanas. Le aseguró que hablaría con mi maestro y le prometió que trataría de solucionar el problema. Pero su promesa
fue en vano. Lo único que sucedió fue que el director me llamó a su oficina y me dijo que no entendía por qué no estaba
contento en mi clase, que había hablado con mi maestro y éste
le había dicho que yo era muy buen alumno.

—Regresa a tu salón, todo va a estar bien —me dijo con
desdén.

Cuando estaba a punto de salir de su oficina, acercó su cuerpo al mío y trató de poner su mano sobre mis pantalones, pero
esta vez, a diferencia de la experiencia con mi maestro, retiré su
mano y lo empujé. Creo que no esperaba esa reacción porque se
quedó inmóvil, pálido y asustado, y me dijo que regresara a mi
salón. No iba a dejar que nadie volviera a abusar de mí de esa
forma. Después de ese incidente con el director, mis esperanzas de que las cosas cambiarían se disiparon. Y efectivamente,
nada cambió. Regresé al salón de clases a enfrentar la tortura
psicológica una vez más y a prepararme para mi Confirmación.

Ni siquiera en ese momento pudo dejarme en paz. Teníamos
que aprendernos el Catecismo de memoria. Eran como cien
preguntas, y si no contestabas la que el sacerdote te pregun-
tara, entonces no te confirmarían. Una y otra vez el hermano
me preguntó:

—¿Entiendes, Storey? La gente estúpida como tú no va a ser
confirmada si no contestas las preguntas que le haga el sacerdote.

El tan temido día llegó. Ese día me levanté temprano para

ir a la misa de las siete y para tomar la comunión. Deseaba que el día terminara pronto, mientras más trataba de recordar las respuestas de las preguntas, más las olvidaba. Después del desayuno, fui a mi habitación para alistarme. Me sentía tan angustiado que tenía ganas de vomitar. Miré la imagen del Sagrado Corazón que estaba colgada en la pared y le pedí su ayuda. Después le pedí ayuda a mi Ángel, a quien todavía llamaba Aidan. El cuarto se iluminó y apareció frente a mí. Puso sus manos sobre mí y me dijo:

—Alma Pequeña, ¿qué es lo que necesitas? —le comenté lo preocupado que estaba y cómo no lograba recordar las respuestas de las preguntas que nos harían en la Confirmación. Sonrió y dijo:

—No te preocupes, yo voy a cuidarte y a encargarme de que todo salga bien. Sólo relájate y observa lo que haré por ti. Disfruta de tu día, trata de estar feliz.

Esa fue la primera vez que me prometió algo en específico, pero siendo yo el niño nervioso que era, no pude dejar de preocuparme. Lo único que podía hacer era esperar y ver lo que pasaría, como me lo había indicado mi Ángel. Salí de mi casa y me dirigí a la escuela y a mi salón de clases.

Todos los niños estaban ahí, la mayoría llevábamos nuestra chaqueta color vino, pantalones grises, camisa blanca y boina color vino. Teníamos que formarnos en el patio y salir hacia la iglesia en parejas. Cuando llegamos a la iglesia, nos asignaron nuestros lugares en las bancas. Los niños a la derecha y las niñas a la izquierda. Me había tocado la sexta o séptima fila. No podía dejar de pensar cómo todos verían que me sacarían de la iglesia por no contestar las preguntas correctamente. Estaba aterrado, aunque en el fondo pensaba en lo que mi Ángel me había dicho de que todo saldría bien.

El sacerdote hizo su entrada caminando hacia el altar; al mismo tiempo, la música empezó a tocar y todos nos levantamos y empezamos a cantar el himno de entrada. En esos días, mientras el sacerdote entraba, las puertas de la iglesia se cerraban con llave y no se abrían hasta que terminara la misa. Mis piernas temblaban. Cuando me di cuenta, el sacerdote estaba ya en la primera fila haciendo las preguntas. Iba fila por fila preguntándole a cada uno, y hasta ese momento todos habían contestado correctamente. Pero todos los niños inteligentes estaban sentados en las primeras filas.

El sacerdote estaba ahora en la fila enfrente de la mía. Comencé a temblar. Si me hubiera preguntado mi nombre en ese momento no hubiera sido capaz de contestarle. Todo se volvió borroso. Cerré mis ojos mientras le preguntaba al último niño de esa fila. Cuatro niños más y llegaría mi turno. ¿Cómo explicaría que no me sabía la respuesta? Mientras estaba parado en el pasillo, el sacerdote se dirigió al padre que lo ayudaba y le dijo algo que no logré escuchar. En respuesta, el padre asintió con la cabeza y sonrió. Inmediatamente después el padre le indicó a nuestra fila que nos moviéramos a la banca de adelante. El sacerdote se saltó nuestra fila y continuó con la siguiente. Estaba tan feliz de que el Ángel hubiera hecho esto por mí. Era increíble.

Cuando el sacerdote terminó de hacer las preguntas, regresó a su asiento y de dos en dos nos fue confirmando. Nos hincamos frente a él, nos preguntó qué nombre tomaríamos —yo escogí Peter— y luego nos dió una palmadita en la mejilla y nos dijo que ya éramos soldados de Dios. Cuando terminó de confirmarnos a todos, nos dio una plática en la que nos dijo que hoy el Espíritu Santo había descendido sobre nosotros y nos había hecho más fuertes en fe y en espíritu y que como todos los santos y mártires, debíamos estar dispuestos a morir por nuestra fe. También hicimos una promesa de no ingerir alcohol hasta que tuviéramos veintiún años.

Las puertas de la iglesia se abrieron, el sacerdote se marchó y todos nos fuimos a nuestras casas. Pasé todo el día visitando tías y todos hacían mucho alboroto por el evento. Igual que en mi Primera Comunión, todos me dieron dinero para que me comprara algo. Nos invitaron a comer en una casa, el té en otra y al final la cena en otra casa más. Fue un gran día, y al final me la pasé muy bien. Esa noche los Ángeles estuvieron al lado de mi cama y sonreían, me fui a dormir tranquilo y feliz.

Al día siguiente teníamos que ir a la escuela a que nos tomaran la foto. No teníamos que llevar mochila o útiles escolares. Era un día feliz. Entre todos, le compramos al hermano un paquete de sus cigarros favoritos para decirle gracias. Le compramos Twenty Gold Bond, nunca se me olvidó la marca.

Fue la primera vez que ese hombre fue amable conmigo. Tomó el paquete de cigarros de mis manos, sonrió y me dijo:

—Gracias. ¿Tuviste un buen día?

Me sentía feliz, pensaba que después de todo ese hombre no era tan malo como parecía. Pero qué equivocado estaba. A la semana siguiente volvió a ser el hombre cruel de siempre. Cuando nos entregaron las fotos de nuestra Confirmación, enfrente de todos comentó:

—Mira qué mal te ves, y tu boina toda chueca.

Esos últimos meses, semana tras semana aguanté todos sus insultos. Había tomado la decisión de no asistir a la secundaria de los Hermanos, ya había tenido suficiente, así que para su desagrado, no presenté el examen de admisión. Había decidido junto con mis padres, que asistiría a la Escuela Vocacional en Inchicore en Dublín.

Cuando faltaban dos meses para terminar mis estudios en esa escuela, empecé a contar los días que restaban. Pero un día, el hermano decidió hacernos un examen sorpresa. Le encantaba hacernos exámenes. Cuando estaba a punto de terminar el examen de matemáticas, le pedí al niño de enfrente mi goma que había tomado prestada unos minutos antes. Cuando terminó el examen, el niño que estaba sentado al lado mío le preguntó a los niños que estaban sentados atrás si habían visto lo que yo había hecho, a lo que contestaron, "Sí, estaba copiando". No podía creerlo, los niños a los que había conocido por años y a los que llamaba amigos se dirigieron al hermano y le dijeron que había estado copiando al niño de enfrente. Yo estaba tan sorprendido que no sabía ni qué decir.

Al maestro casi se le salen los ojos de la ira, su cara roja como un tomate y las venas en el cuello casi se le revientan. Gritó con la voz más fuerte.

—¡Storey, ven aquí, niño tramposo!

Me puso en medio del salón y enfrente de todos me dijo que era un estúpido, un niño tonto bueno para nada. Estaba ahí, parado, llorando.

—¡Mírate nada más! —gritó—. ¡Temblando y llorando como un cobarde cuando te sorprendieron haciendo algo indebido! ¡Mira en qué estado te encuentras! —Después dijo unas palabras que nunca he olvidado. Me preguntó—: ¿Qué eres? ¿Un hombre o un ratón? —Esperó unos segundos a que le diera mi respuesta, pero no podía decir una sola palabra, no podía dejar de llorar. Lo que me dijo después fueron unas palabras que me perseguirían por veinte años—: Tú no eres nada, ¿me escuchas? Nada. ¿Y sabes una cosa, Storey? Nunca vas a lograr nada en tu vida. Regresa a tu escritorio, bueno para nada, perdedor.

Ese fue el último día que estuve en esa escuela. Cuando llegué a casa y le conté a mi madre lo que el hermano me había dicho, me dijo que no me preocupara, que ya no regresaría a esa escuela nunca más y que ella se encargaría de lo demás de ahí en adelante. Al día siguiente, mi madre fue a la escuela, al salón del hermano, y cuando mi madre apareció en la puerta, el hermano le dijo que no me quería más en su clase. Para su sorpresa, mi madre le dijo que no tenía la intención de dejarme cerca de él nunca más, que no era digno de usar el collar de Dios y que algún día pagaría por lo que le había hecho a un niño inocente. El hermano le contestó que se metería en problemas con las autoridades si no me dejaba asistir a la escuela por las siguientes seis semanas, a lo que ella le contestó:

—Pues entonces, mi querido hermano, usted tendrá mucho que explicar. Puede que mi hijo no signifique nada para usted, pero para mí es lo más grande en el mundo y lo amo. He visto cómo le ha robado su infancia, pero ya es suficiente. No más a partir de hoy.

Años más tarde, mi madre estaba en un evento de recolecta de fondos en la parroquia y el hermano estaba ahí. Cuando estaba a punto de partir, la mujer con la que mi madre estaba se detuvo a saludarlo. Cuando terminaron de hablar, mi madre le dijo.

—Soy la señora Storey, ¿me recuerda?

—No —le contestó.

—Vaya, vaya —dijo mi madre—, pues usted debería recordarme, fui a verlo varias veces. Soy la madre de Aidan Storey, ¿no se acuerda de él? Él sí se acuerda de usted.

—Oh sí, ya lo recuerdo. ¿Cómo se encuentra? —le preguntó.

Mi querida madre le contestó a este atormentador de niños:

—Está muy bien, no gracias a usted, si no a pesar de todo lo que usted le hizo pasar. Espero que Dios pueda perdonarlo cuando le llegue su hora —continuó diciendo—. Ya sabe lo que dicen sobre los Hermanos Cristianos, dales a tu niño y te lo regresarán todo un hombre. Yo le di a mi niño y me lo regresó roto y ¿sabe una cosa? A pesar de todo lo que le hizo, es un hombre más pleno de lo que usted nunca será.

Esa noche mi madre estaba muy orgullosa cuando llegó a casa y me platicó lo acontecido.

Capítulo cinco

El maestro que es verdaderamente sabio
no te prohíbe entrar a la casa de su sabiduría,
sino que te guía hasta el umbral de su mente.

Jalil Gibran

Mi vida empezó a mejorar cuando salí de la primaria. Ese verano no quise ir a Wexford, me quedé en Dublín para estar cerca de mi familia, quería descansar y llevármela tranquilo. Salía con mi hermana Breda, íbamos al cine o a las tiendas. Me sentía amado y apoyado por la familia. Sabían lo mal que lo había pasado en la escuela.

Ese verano me regalaron una perra, la nombré Trixie, era una cruza de razas con pelo negro y rizado. Me enamoré de ella desde el momento en que llegó a casa.

Dicen que las mascotas llegan a tu vida cuando más las necesitas, y sí que la necesitaba. Me llenó de amor y protección desde el día en que entró a mi vida. Ese verano, Trixie llenó mis días. Iba a todos lados conmigo y le encantaba ir de paseo y jugar en el jardín. Hizo que los eventos ocurridos en la escuela se me olvidaran por un tiempo y dejé de preocuparme por el inicio a clases en la nueva escuela en septiembre. La llevaba a caminar todos los días, lo cual me permitía tener tiempo a solas con mis Ángeles.

Mis Ángeles seguían siendo tan amables como siempre, caminaban a mi lado y me hablaban de cosas en general. De vez en cuando me aseguraban que me iría muy bien en la nueva escuela, que no debía preocuparme. Realmente quería creerles. En esa época les pregunté acerca de los Ángeles de otras personas, porque podía ver a Ángeles al lado de otras personas, aunque no siempre. Cuando era más pequeño podía ver a Ángeles por todos lados. Me explicaron que todavía tenía esa habilidad, pero como había pasado años muy difíciles en la escuela me había bloqueado y no era capaz de concentrarme, pero me explicaron que con el tiempo podría volver a hacerlo como antes.

Un día estaba con Trixie en el jardín St. Stephen's Green en el centro de la ciudad. Nos sentamos a descansar y a disfrutar del sol antes de regresar a casa. Era un hermoso día de agosto y a pesar de que el jardín estaba lleno, logré encontrar un espacio tranquilo para quitarle la correa a mi mascota y dejarla explorar por un rato. Me quedé sentado viendo a la gente a lo lejos. Había un silencio extraño pero reconfortante, y sentí cómo la paz inundaba mi alrededor. De repente aparecieron los Ángeles. Se sentaron a mi lado mientras reían.

Mi Ángel habló, y una vez más su voz no parecía entrar en el espacio en el que me encontraba, sino que parecía como si el sonido flotara dentro de mis oídos.

—¿Te gustaría ver a los Ángeles trabajando? —me preguntaron.

—Sí, por favor —contesté, sin saber exactamente lo que me habían preguntado.

Pero me sentía seguro. Trixie ya estaba de regreso y se sentó

51

a mi lado. Estoy seguro de que ella también podía verlos. Los Ángeles me dijeron que mirara hacia el parque, donde había mucha gente; algunos estaban sentados, otros acostados en el pasto, otros caminaban. Me pidieron que cerrara mis ojos y que unos segundos después los abriera nuevamente. Cuando los abrí, vi que usaban sotanas de colores diferentes. La misma gente estaba ahí pero con un mar de Ángeles. Todos se veían muy contentos. Cada uno tenía al menos dos Ángeles a su lado.

—¿Qué están haciendo? —pregunté.

—Los están protegiendo y ayudando, justo como lo hacemos contigo.

—Ah, qué bien. Esa de allá —dije señalando a una mujer de mediana edad sentada en una banca—, ¿qué es lo que le está haciendo el Ángel? —les pregunté.

—Esa pobre mujer no se siente bien. Tiene un dolor de cabeza muy fuerte y los Ángeles la están ayudando a sanar al colocar sus manos sobre su cabeza.

—¿De verdad? ¿Es así como se sana a alguien? —pregunté recordando la palabra "sanador" que aquel hombre me había dicho en Wexford cuando era pequeño.

—Bueno, no es así de simple. Te enseñaremos cómo se hace algún otro día —me dijeron mientras sonreían entre sí.

En el lago, un gran número de Ángeles caminaba o estaba parado en la orilla, casi dentro del agua.

—¿Qué están haciendo esos Ángeles allá cerca del agua? —les pregunté.

—¿Ves a los niños jugando? Los están protegiendo, cuidando que no se caigan al lago —me explicaron. Parecía como si los Ángeles jugaran con los niños corriendo detrás de ellos, a veces ayudándolos a atrapar una pelota o a amortiguar su caída para que cayeran suavemente y no se lastimaran.

Sus túnicas flotaban como arcoíris de seda en la brisa de

verano. Caminaban muy cerca de los ancianos; parecía como si los llevaran tomados del brazo y los ayudaran suavemente a caminar.

—Eso es lo que hacemos. Ayudamos a la gente y nos aseguramos de que estén seguros y a salvo. Te mostramos esto para que no te preocupes de nada y para hacerte saber que estamos aquí para ti. Pídenos cualquier cosa y te la daremos, siempre y cuando sea para beneficio superior.

No estaba muy seguro de qué es lo que querían decir con "beneficio superior", así que les contesté:

—Lo único que deseo es estar contento en la escuela nueva y que me gusten mis maestros.

—Te prometemos que así será, queremos que disfrutes de tu vida y que vuelvas a divertirte. Te amamos mucho y siempre estaremos contigo, somos tus amigos.

Con estas palabras, regresé a casa con una sensación de paz. Después de eso, dejé de preocuparme por el inicio de clases. Un par de semanas más tarde, inicié mis clases en la escuela en Inchicore. Me encantó. Todos los maestros se preocupaban de verdad por nosotros y nos ayudaban cuando no entendíamos algo. Estaba asombrado. Esta era la forma en que la escuela debería de ser. Poco a poco, empecé a confiar en los maestros de nuevo.

Poco después de haber empezado, llamaron a mi madre de la escuela ya que estaban preocupados por la gran cantidad de días que había faltado en mi último año de primaria en la escuela anterior. Cuando mi madre le contó a la maestra de carrera vocacional lo que había sucedido, esta le aseguró que todo el abuso psicológico perpetuado por el Hermano Cristiano, sería algo que jamás experimentaría ahí y que le diría a todos los demás profesores para que estuvieran al tanto de lo que me había sucedido y fueran sensibles a mi situación. A partir de ese día y hasta el día en que terminé la escuela, todos los maestros me trataron de forma maravillosa, y gracias a eso otra vez me empezó a gustar la escuela. Aunque nunca volví a tener la confianza que me hubiese gustado. Es algo con lo que he luchado toda mi vida.

Mi último año de secundaria es el que más recuerdo y uno que me hace sentir muy bien. Realmente debo agradecerles sinceramente a mis maestros por ello. Mis Ángeles me seguían visitando y me sentía más relajado con su presencia. Me hablaban sobre la importancia de divertirse y de no dejar que el pasado me detuviera. Siempre aparecían con sus brillantes y elegantes túnicas de color pálido. Todos los días a través de los años, estos hermosos Seres de Luz me visitaron y ayudaron con cualquier cosa que me preocupara.

Un día en la escuela cuando tenía catorce años, mis compañeros de clase empezaron a hablar de fantasmas, de espíritus, del diablo, de lo que te hacían, y todas esas historias de terror, de casas embrujadas y de cómo los espíritus podían apoderarse de tu cuerpo y hacerte hacer cosas que eran diabólicas. Les pregunté:

—¿Pero qué hay de tus Ángeles de la Guarda? ¿No te protegen y te cuidan de todo mal?

Todos me vieron y se carcajearon.

—Estás bromeando, ¿verdad? Nadie cree en eso, tonto.

Me reí junto con ellos como diciendo "Sólo bromeaba".

Eso se me quedó en la mente todo el día y toda la noche. El día siguiente era sábado y después del desayuno salí al jardín. Fui hasta el fondo cerca del río y llamé a mis Ángeles. Unos segundos más tarde, estaban de pie frente a mí. Una neblina blanca los envolvía y se veían más serenos que nunca. El Ángel a quien yo llamaba Aidan empezó a hablar.

—Buenos días Alma Pequeña, estás preocupado y nervioso

el día de hoy. Mira, tu energía está plana. Dime, ¿qué podemos hacer por ti?

—Ustedes son Ángeles, ¿verdad?

—Sí, lo somos.

—¿Todos pueden verlos, o sólo yo?

—Mi querida Alma, todos pueden vernos, pero muchos no quieren hacerlo.

—¿Por qué yo sí puedo verlos? ¿Por qué yo?

—Porque tú pides nuestra ayuda y porque tú siempre supiste de nuestra existencia.

—¿Qué es lo que hacen y de dónde vienen?

—Venimos del mismo lugar de donde tú vienes. Dios. El mismo Dios que te hizo a ti nos hizo a nosotros. Nos creó para ayudarte y cuidar de ti durante tu vida. Somos tus amigos.

—¿Así que no debo temerles?

—Nunca. Estamos aquí para protegerte.

—¿Por qué yo sí puedo verlos, y qué es lo que quieren de mí?

—Porque tú sí crees en nosotros y nunca has cuestionado nuestra existencia. Tú estás aquí para ayudar a otros a que nos vean y trabajen con nosotros. La gente nos ha olvidado y no pide nuestra ayuda.

—Entonces, ¿qué es lo que quieren que yo haga?

—Tú le vas a hablar a la gente de nosotros, sobre nuestro poder y sobre cómo podemos ayudarlos y hacerles la vida más fácil. Tú también ayudarás a la gente y el poder de sanación vendrá a ti.

Me quedé en pánico. No entendía lo que querían decir y estaba seguro de que no sería capaz de hacer todo lo que querían que hiciera. Y ahí estaba otra vez, la palabra "sanador".

—No puedo hacerlo. Nadie me va a escuchar. No, no —protesté.

Me miraron y sonrieron, y después mi Ángel me habló muy suavemente.

—Ahora, no. Pero con el tiempo vas a hacer este tipo de trabajo y nosotros nos encargaremos de enseñarte.

Abrieron sus alas y me cubrieron con ellas antes de irse.

Ese fin de semana, la soledad se apoderó de mí y no sabía lo que estaba pasando. ¿Eran producto de mi imaginación? ¿Realmente estaban ahí? Pero después recordé que estaban ahí para ayudarme, siempre estaban conmigo. Mi madre y la hermana Imelda siempre hablaban de ellos y siempre los mencionaban en misa. Trataba de darme una y otra explicación sobre su existencia.

No sabía ni qué pensar, sentía que la cabeza me explotaba, así que decidí preguntarle a un par de personas en quien yo confiaba. Primero le preguntaría a mi mamá. Así que mientras ella cocinaba en la cocina, empecé a preguntarle.

—¿Conoces a tu Ángel de la Guarda? ¿Está contigo todo el tiempo?

—Oh, sí claro —me dijo firmemente—. Inclusive cuando duermes, tu Ángel siempre está contigo.

Muy bien, pensé. Al menos sí están ahí y mi mamá cree en ellos. Ahora, la pregunta más importante:

—¿Hablas con tus Ángeles?

—Oh, sí hijo. Siempre hablo con ella. Siempre me ayuda y me mantiene fuera de peligro —me aseguró mi madre.

—Qué bien, y ¿ves a tu Ángel y te sientas a platicar con ella?

—Ah no hijo, nadie los puede ver. Ellos son espíritus, y nadie puede ver a los espíritus pero sabes que están ahí.

—Entonces, no los ves. Son espíritus… pero, ¿algunas personas sí los pueden ver?

—Bueno, algunas personas muy espirituales y algunos

santos los han visto, pero no todos. Pero no te preocupes, Aidan. No tienes que verlos, con que sepas que están ahí basta.

Decidí dejarlo ahí. ¿Quiénes eran? ¿Ángeles, espíritus o fantasmas? Me preguntaba de forma inquietante.

Después decidí preguntarle a un buen amigo cuya opinión respetaba. Un día, cuando caminábamos a casa de la escuela le pregunté:

—¿Crees en los Ángeles? —esperaba de todo corazón que me contestara que sí.

—¡Pero por supuesto que no! Todas esas cosas son de locos, Ángeles con alas volando a tu alrededor y que se supone que te cuidan de que no te pase nada. A ver, ¿dónde están cuando alguien es asesinado o muere en un accidente? No, esas son tonterías —dijo de forma convincente.

—Muy bien —proseguí a preguntarle—, ¿y qué hay de los fantasmas? ¿Crees en ellos?

—En ellos definitivamente sí creo. Todos conocen a alguien que los ha visto, ellos sí existen y muchos de ellos son del mal.

Me quedé perplejo.

—¿Qué quieres decir con que son del mal?

—Hacen cosas terribles en la tierra y su espíritu vive por siempre, nunca logran descansar. Ése es su castigo, son almas en pena. A veces pretenden ser buenos espíritus y dicen que te van a ayudar y cuando menos te das cuenta, toman tu alma y te quedas deambulando en la tierra por siempre.

Ya había escuchado lo suficiente de él, así que decidí no preguntarle nada más. Estaba muy asustado. Así que decidí que lo intentaría una vez más pero con otra persona. Le preguntaría a una amiga mía que estaba en el grupo de la iglesia en la Legión de María y a quien veía cada miércoles. La siguiente vez que la vi le pregunté sobre fantasmas y espíritus y si creía en ellos.

—Sí, claro que creo en ellos —me contestó—. Sin duda

alguna. Es gente que muere antes de tiempo y sus almas se quedan en la Tierra hasta que Dios las llama a descansar.

—¿Entonces no son espíritus del mal? ¿No le hacen daño a nadie? —pregunté ansiosamente, esperando que confirmara mi pregunta.

—Bueno, no estoy muy segura, pero no me gustaría quedarme sola en un cuarto con uno de ellos —contestó con risa nerviosa.

—¿Y qué piensas de los Ángeles? ¿Crees que todos tenemos uno? —insistí con mis preguntas.

—No lo creo. Nos decían eso de niños para que no tuviéramos miedo. De todas formas no los necesitamos. Dios nos protege —concluyó con gran seguridad.

Todo era muy extraño. La gente de mi edad parecía no creer en ellos, y en cuanto a verlos… bueno, los Ángeles me habían dicho que no todos los podían ver.

Mis amigos ni siquiera creían en su existencia. Los compañeros de la escuela creían que yo era un idiota. Inclusive mi mamá no creía que los podíamos ver. Según ella sólo la gente santa podía verlos, y definitivamente yo no lo era.

Tal vez eran fantasmas, pensaba con preocupación. Dios mío, ¿he estado hablando con fantasmas todo este tiempo? Estaba confundido, plagado de dudas y miedos.

Esa noche, mientras caminaba a casa después de despedirme de mis amigos me quedé solo. Los nervios y el miedo se apoderaron de mí y les rogué a mis Ángeles que no vinieran a mí esa noche. Cuando llegué a casa me fui a la cama y tenía tanto miedo que dormí toda la noche con las cobijas sobre mi cabeza. ¿Me estaba volviendo loco? ¿Qué estaba sucediendo? Les tenía tanto miedo que a partir de ese día traté de nunca quedarme solo.

Unos días más tarde, estaba en casa en un día frío y lluvioso. Acababa de llegar de la escuela pero mi madre no estaba en casa, lo cual no era común. Decidí hacer mis tareas en la mesa de la cocina, cuando de repente los Ángeles aparecieron frente a mí. Mi corazón empezó a palpitar rápidamente. Se veían más radiantes que nunca y su energía era suave y tranquila.

—Hola, Alma Pequeña, ¿por qué estás tan nervioso y por qué tu corazón late tan rápido? ¿No estás contento de vernos? —me preguntaron suavemente.

¿Qué me estaba sucediendo? Nunca antes les había tenido miedo y siempre me habían dado paz, pero ahora sólo quería que se fueran. Estaba tan asustado no podía hablar.

—¡Sí!, quiero decir ¡No! Oh, déjenme solo. Me dan miedo —me escuché decir.

—¿Por qué nos tienes miedo? No vamos a lastimarte, estamos aquí para protegerte y cuidarte. ¿Alguna vez te hemos dañado o herido, pequeñito?

—No, pero ya no quiero que estén cerca de mí. Por favor ya no vengan a mí. No estoy seguro de quiénes son y ninguno de mis amigos cree que ustedes existan. Traté de explicarles.

—Pero tú sí crees, ¿o no? Es por eso que puedes vernos. Te lo hemos dicho varias veces. Es lo que te hace diferente y especial.

—Bueno, pues no quiero ser diferente ni especial. Sólo quiero que me dejen solo y no estar asustado. Quiero ser como todos los demás. —Me escuché decir esas palabras, pero al mismo tiempo sentía que estaba siendo grosero y malagradecido; sentía como si estuviera decepcionando a un amigo. Me miraron con sus ojos azul pálido y yo sólo podía ver amor y comprensión brillando en sus ojos. Uno de ellos comenzó a hablar.

—Te daremos lo que deseas Alma Pequeña, dejaremos de venir a verte y no nos haremos visibles ante ti. Pero recuerda, nunca nos alejaremos de tu lado. No podemos. Como te lo explicamos anteriormente, estamos y estaremos contigo para siempre. Si en algún momento nos necesitas, sólo pídelo y vendremos a ti. Si nos necesitas, sólo pídelo y aquí estaremos. No tengas miedo. Y recuerda que no hay maldad, sólo amor. Sabemos que vamos a trabajar juntos nuevamente y sabemos que tú hablarás sobre nosotros en el futuro. Volverás a creer. Como te lo hemos dicho una y otra vez, pide lo que quieras y nosotros te ayudaremos. Así que hoy Alma Pequeña, te daremos lo que nos pides. Dejarás de vernos, pero no nos alejaremos de tu lado. No tengas miedo. Ve y busca lo que tengas que aprender y sé feliz en tu vida.

Hicieron una reverencia y con una sonrisa cálida desaparecieron lentamente entre una fina neblina. El cuarto se quedó en silencio. Me sentí frío y solo, algo que no había sentido en mucho tiempo. Me quedé sentado en la mesa, confundido. Éstos Ángeles eran mis amigos y me habían ayudado y siempre me había sentido seguro con ellos… pero por otro lado, tal vez eran fantasmas y eso no sería nada bueno, pensé.

A partir de ese día decidí creer que eran fantasmas y no volví a llamarlos. Les tenía mucho miedo y estaba aterrado cada vez que me quedaba solo. Inclusive empecé a dormir con el rosario en mis manos acariciando las cuentas en caso de que aparecieran en la noche.

Los años pasaron, me acostumbré a la rutina de la escuela y cuando menos me di cuenta, llegó a su fin. Estaba muy contento de haber estudiado esos cinco años ahí. Realmente había disfrutado de las clases. Había sido muy afortunado de haber tenido tan buenos maestros y compañeros de clase.

Aunque honestamente, me daba un poco de tristeza abandonar la seguridad que me daban el salón de clases y mis amigos. Era un poco intimidante tener que enfrentar el mundo real de trabajo y responsabilidades. Eran los finales de los setenta, cuando el índice de desempleo en Irlanda era muy alto. Si no obtenías un empleo en un banco o en el gobierno, no tenías muchas esperanzas de encontrar nada más a menos de que emigraras.

En esos tiempos había muy pocas familias que se hubieran escapado de perder a un hijo al emigrar éste a tierras extranjeras en busca de oportunidades. En esa época en Irlanda se sentía que había una nube obscura, pesada y deprimente que cubría el ambiente. No sabía exactamente qué es lo que quería hacer, pero algo que sí sabía es que no quería dejar el país, así que al terminar la escuela encontré trabajo limpiando pisos y trabajando en restaurantes.

Después de trabajar en eso por un año, decidí hacer un curso de negocios en un colegio de Dublín. Era un curso muy básico en el que aprendías computación y contabilidad general. El curso duró un año y obtuve un diploma al terminar. Disfruté mucho del curso y mis compañeros de clase eran interesantes y era fácil relacionarse con ellos. La vida social era muy buena también. Como la mayoría de los estudiantes, casi no estudiábamos y a veces bebíamos más de lo normal, pero nos divertíamos mucho.

Un par de meses después de haber terminado el curso y después de innumerables entrevistas de trabajo, me ofrecieron mi primer trabajo formal. Era en una empresa de ingeniería muy pequeña y el salario era igual de pequeño, pero estaba feliz de haber encontrado algo y de saber que no tendría que dejar Irlanda.

Era un buen lugar para trabajar, pero aún así, sabía que no era mi verdadera vocación. Aún no la encontraba, de vez en cuando le rezaba a mi Ángel Guardián y le pedía que me cuidara, pero lo hacía con mucha cautela pues no quería que apareciera. Estaba en mis últimos años de adolescencia pero no me gustaba mucho ir a bares o clubes de baile, cada vez que iba me dejaba desconectado, cansado y sin nada de energía por días.

Empecé a volverme ansioso y con miedos, no sabía qué me estaba pasando. Me aislé de la gente y sólo quería quedarme en casa. Mi mundo era muy pequeño, pero seguro. La gente seguramente me veía como un chico normal de mi edad, pero por dentro yo me sentía solo, triste, con mucho miedo al cambio; me aterraba la idea de relacionarme con alguien. Así que enfoqué mi atención en Dios y la Iglesia para que me ayudaran y me guiaran. Me entregué por completo.

Cada noche cuando regresaba a casa del trabajo, iba a misa. Empecé a leer la Biblia y a rezar el rosario todas las noches antes de dormir. La iglesia se convirtió en mi santuario; era un buen lugar para mí en esa época. Leía y me hacía preguntas, aunque creía todo lo que la Iglesia enseñaba. Y como la mayoría de las personas de generaciones pasadas, me enfocaba en el pecado, en el castigo de Dios, no en su amor y en su compasión.

Ya que había encontrado un lugar seguro y estuve controlado por todo lo que leía o me enseñaba la Iglesia, una vez más mi mente se volvió un infierno. Por un tiempo, todo lo que hacía o pensaba, lo cuestionaba. Mi pasado regresó a angustiarme. El odio que sentía por el Hermano Cristiano y la culpa que sentía por no poderlo perdonar me atormentaba. Eso me hacía peor que él ante los ojos de Dios, al menos así es como lo veía en esa época. Luego los recuerdos del abuso sexual se apoderaron de mí nuevamente. Intenté con todas mis fuerzas dejar esos pensamientos atrás, tratando de convencerme de que nunca había sucedido y que era creación de mi mente. No, no había sido abuso, y si lo había sido, entonces yo lo había permitido, lo cual me hacía tan malo como ese maestro vil. ¿Cómo podía contarle todo eso a alguien?

Me sentía muy sucio e indigno del amor de Dios. De vez en cuando iba a confesión pero no encontraba el valor de contarlo. En ese tiempo estaba a la mitad de mis veintes y aún cargaba con el dolor y la vergüenza. Continué asistiendo a la iglesia tratando de buscar respuestas, pero no pude encontrar paz y finalmente, a pocos años de cumplir treinta años, no pude lidiar con todo eso y caí en una profunda depresión. Todo se había vuelto demasiado para mí: mi pasado, mi trabajo, mi miedo de salir y la gran convicción de que era un pecador.

Para ese entonces, había comenzado a trabajar en otra compañía. Había mantenido una buena relación con el gerente, pero por alguna razón se volvió contra mí, se volvió dominante, grosero y controlador.

Fui al doctor, quien me trató con mucha gentileza y atención. Me puso en un tratamiento de antidepresivos. Me dijo que en tres meses reduciría la dosis y en seis meses ya no los necesitaría más. Luego me preguntó si me gustaría hablar con alguien ya que sentía que eso me haría bien. Dijo que esa persona me ayudaría a poner todas las piezas en su lugar y a combatir mis miedos. Acepté su propuesta y me dio los datos de una psicoterapeuta. Me aconsejó que la contactara lo más pronto posible. Cuando llegué a casa la llamé y me dio cita para el día siguiente a las siete de la noche.

Su nombre era Mary y vivía en Rathfarnham en la parte sur de Dublín. Yo estaba muy nervioso de ir a verla, así que no le dije a nadie. Sentía que la gente pensaría que estaba loco si iba a ver a un loquero.

No tenía idea de cómo esta mujer me ayudaría a cambiar mi vida; ella era la persona que me iniciaría en este nuevo camino del entendimiento.

EL VIAJE

El amor no lleva la cuenta de los errores cometidos.
El amor no se alegra en el mal, se regocija con la verdad.

1 Corintios 13: 4–7

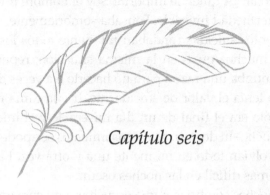

Capítulo seis

*Las semillas de la belleza, la bondad y la verdad
residen dentro de nosotros. Aunque muchas veces
son ignoradas, éstas son las semillas que nos hacen
florecer y convertirnos en personas fuertes y hermosas.*

Hermana Stan

Eran las seis de la mañana, ya había estado por varias horas despierto. Mi rutina de sueño no era regular. Estaba acostado sintiéndome vacío, agotado y enfermo. ¿De dónde iba a encontrar energía para ir a ver a Mary esa noche? Tal vez sería mejor si cancelaba. No tenía mucho interés y ese era mi problema. Había perdido todo interés en mí mismo y en todo a mi alrededor.

Me encontraba en la obscuridad y esa obscuridad no me soltaba. Controlaba todo lo que hacía y lo que pensaba, no había forma de escapar de ella, me seguía a cada minuto. Sentía como si tuviera una gran bola de nudos en mi cabeza la cual no podía desenmarañar, lo que hacía difícil concentrarme o tomar decisiones. Me sentía solo, desesperado, sin esperanza, sintiendo que no valía nada. El llanto, simplemente no lo podía controlar. ¿A quién le importa? Soy el hombre invisible con una enfermedad invisible. Pensaba sombríamente.

Pensamientos suicidas rondaban mi mente todos los días. Pero como muchos otros en la misma situación, repentinamente encontraba una razón para no hacerlo o a veces descubría que no tenía el valor de suicidarme. Ir a la cama no me ayudaba. Sólo era el final de un día miserable y el inicio de una larga noche sin dormir. Mis pensamientos se apoderaban de mí y revolvían todo en mi mente una y otra vez. La vida parecía ser más difícil en las noches oscuras.

En esas noches sombrías podía escuchar a mi corazón latir una y otra vez, y al moverme de un lado a otro en mi cabeza le gritaba que se detuviera, le imploraba que dejara de latir. Fue en la obscuridad cuando me di cuenta de que a la mañana siguiente todo seguiría igual. La obscuridad era perenne. Sólo iniciaría un obscuro y agonizante día más seguido de la obscuridad de la noche. Al otro día cuando empezaría a aclarecer, yo me quedaría en ese hoyo negro, y así todos los días empezaría otra vez —el dolor en el pecho, el pánico, la soledad, la tristeza y la obscuridad—. Rogaba por ayuda pero no llamaba a mis Ángeles.

En esa época dudaba de todo, inclusive dudaba de su existencia. Seguramente habían sido parte de mi imaginación, pensaba.

Muchas almas han sido presa de esta obscura agonía, pero en ese tiempo sentía que yo era el único que pasaba por tal dolor y miseria. ¿Dónde estaba ese niño que en algún momento tuvo amor en su corazón, alegría en su alma y el espíritu para reírse y divertirse? Y entonces entendí, de repente, que me habían robado todo eso hacía muchos años. Aquellas palabras aún me seguían: *Tú no eres nada, ¿me escuchas? Nada. ¿Y sabes una cosa, Storey? Nunca vas a lograr nada en tu vida. Regresa a tu escritorio, bueno para nada, perdedor.*

¿Cómo es que ese maestro tan detestable había tenido razón?

El doctor me había dado órdenes de tomar un mes fuera del trabajo y ese era mi tercer día en casa. Finalmente me obligué a salir de la cama y me dirigí a la cocina donde mi madre me preparó té y pan tostado e hizo el intento de alegrarme. Hacía todo lo posible por mejorar mi ánimo. Inclusive, me pedía que la llevara a lugares que ella no planeaba visitar sólo para hacerme salir de casa. Pero yo simplemente no tenía la energía para hacerlo. Apenas tenía energía para ir a la sala y sentarme en el sofá para ver televisión. Veía cualquier cantidad de programas basura durante el día, pero a veces ni siquiera podía seguir viendo las tontas telenovelas de la tarde.

Aún estaba pensando en si debía ir a ver a la terapeuta o no. Pero si no lo hacía, ¿qué excusa inventaría? Que estaba cansado no era una opción; siempre estaba cansado. Tal vez que no podía manejar, que los antidepresivos me habían causado mareo y me sentía cansado. Ya lo tenía, había decidido que no iría. Ya tenía mi excusa, así que me fui a mi recámara y me quedé dormido profundamente.

Me desperté muy confundido, escuchaba la voz de mi madre en la distancia. Me estaba preguntando lo que no estaba logrando evitar.

—¿No tienes una cita hoy con alguien? Ya es hora de que te levantes.

—No, no voy a ir —me escuché decir.

Había estado muy cómodo durmiendo y estaba molesto de que mi madre me hubiera despertado. Ella sabía que no podía dormir por las noches, ¿cómo se atrevía a despertarme?, pensé de forma indignada.

—¿Qué? ¿No vas a ir? —su voz era filosa, sabía que no me escaparía. Me senté, no del todo despierto, y le dije que no podía ir, que no sería capaz de manejar porque me sentía mareado a causa de las pastillas. Pero eso no la detuvo.

—Nunca te vas a sentir mejor acostado en la cama y en el sofá. Date una ducha, arréglate, cena y pide un taxi para que te lleve. —Lo dijo con una voz que no me atrevía a desafiar.

¡Oh no! ¿Por qué le había contado sobre la cita? *Nunca le volveré a contar nada*, pensé furiosamente. Pero me di una ducha y me arreglé. Tomé mi cena y llamé a un taxi. Estaba muy nervioso, no sólo de ver a Mary, sino del hecho de tomar un taxi y luego tomar otro de regreso. Mi estómago se retorció y mi corazón palpitó cuando escuché que el conductor de taxi estaba en la puerta tocando el timbre de la casa.

Ya no había marcha atrás. Estaba en el taxi con rumbo a Rathfarnham. Era una noche de septiembre con cielo despejado y una brisa suave. En todo el camino pensaba: *¿Qué es lo que está pasando? ¡Voy en camino a ver a un loquero! ¿Cómo había llegado hasta ese punto? ¿Cómo será? ¿Me tendré que acostar en un sofá mientras me hace preguntas y toma notas? ¿Qué me preguntará? ¿Y cuánto estaré yo dispuesto a contarle?*

Había decidido que no diría mucho sobre mí y sólo me dedicaría a escucharla. Finalmente había llegado y el paseo en el taxi no había sino muy desalentador. Me encontraba afuera de una casa normal con un jardín muy bien cuidado. Toqué el timbre, mis rodillas temblaban y mis manos estaban sudorosas. Inmediatamente después la puerta se abrió y me saludó una mujer alta de estructura ancha como de cuarenta o cincuenta años. Tenía pelo marrón obscuro y llevaba una falda azul naval. No sé qué es lo que esperaba, pero ciertamente no lo que veía.

—Hola —dije—. Soy Aidan. —Le extendí mi mano pegajosa, la cual ella estrechó de forma suave.

—Bienvenido —me dijo—. Entra, entra —decía mientras agitaba sus manos de forma impaciente.

No me gusta hasta ahora, pensé de forma pesimista mientras abría una puerta que dirigía a la sala. Estaba decorada con buen gusto, era una sala grande con chimenea y sillones a cada lado, había pequeñas decoraciones estratégicamente colocadas sobre las mesas y en otras partes de la sala.

—Espera aquí, todavía no estoy lista —me informó.

Eso no me gustó, por lo que decidí que al terminar la sesión no tendría la intención de regresar otra vez. Diez minutos más tarde entró a la sala y comenzó a encender velas blancas, prosiguió a quemar incienso con un olor espantoso.

—Muy bien —dijo con gran entusiasmo—. Vamos a empezar. Yo te voy a contar un poco sobre mí y luego tú me puedes hablar sobre ti. Soy psicoterapeuta pero también practico terapia holística trabajando desde un lugar muy espiritual. Para aliviarte, tenemos que trabajar con tu mente, tu cuerpo y tu espíritu. No será fácil, pero mientras más honesto seas, más fácil será para mí y para ti. Vas a necesitar de cuatro a seis sesiones y después podremos evaluar tu progreso. ¿Qué te parece?

—Sí, está bien —dije.

Me vio directamente a los ojos y sonrió. De repente toda mi resistencia y mis dudas se disiparon y sentí que esto sería muy bueno para mí.

—Te va a encantar todo esto, Aidan. En la parte holística vamos a hacer uso del Reiki y del masaje. En la parte espiritual vamos a hacer el Corte de Lazos. Nos conectaremos con el Espíritu, pero primero tenemos que tratar las cosas de la mente, lo cual requiere que me lleves a través de ella y veamos qué es lo que sientes que no está bien. El trabajo va a ser pesado, pero sólo haremos lo que tengamos que hacer. Sin presión —dijo—, no quiero que estés preocupado porque tienes que venir a verme. Veme como una de tus mejores amigas: todo lo que hablemos aquí es sólo entre tú y yo y así se quedará. ¿Comprendes?

—Sí —contesté sintiéndome más relajado con ella.

—Seré como una combinación entre tu mejor amiga y tu peor pesadilla, pero nos vamos a llevar muy bien, y honestamente, no soy tan mala como parezco. —Dio una gran carcajada y me dio un fuerte abrazo—. Pensabas que yo era una mujer altanera y arrogante. Podía verlo en tus ojos. Hoy no vamos a hacer mucho, así que hay que empezar por conocernos el uno al otro un poco mejor. ¿Cómo te sientes, Aidan? Se ve que tienes mucho miedo y tus ojos están muy inquietos —continuó hablando de forma gentil.

—Me siento triste. Siento que no logro salir de la obscuridad.

—¿Por qué estás triste? —me preguntó.

—En realidad no estoy seguro. Una noche me fui a dormir sintiéndome bien y al día siguiente me desperté sintiendo una gran pesadez, como si estuviera en un gran hoyo negro. Y no importa qué es lo que haga, siento que no puedo salir de él.

—Muy bien, entonces primero vamos a ver qué es lo que podemos hacer con eso. —Me preguntó si alguna vez había intentado el método de curación con manos y si me gustaría intentarlo.

Le contesté que lo había escuchado mencionar antes y que sí me gustaría intentarlo. Tenía vergüenza de decirle que hace algunos años a mi padre le habían dicho que yo era un "sanador" pero que en ese tiempo no entendí lo que quería decir y que aún no lo entendía.

—Vamos al salón de sanación en la parte de arriba —dijo con calma.

La seguí y llegamos a un cuarto con una cama alta con una cubierta blanca y con almohadas. El cuarto era tibio y tranquilo, las velas iluminaban el cuarto de forma sutil y había música suave de fondo. Me sentí extrañamente relajado. Por primera vez después de mucho tiempo, no tenía ninguna ansiedad o tensión, así que decidí confiar en esta mujer y dejar mi cuidado en sus manos.

—Súbete a esa cama y ponte cómodo —me dijo.

Hice como me indicó, emocionado de ver qué era esto a lo que le llamaban "sanación". De hecho, era algo que anhelaba sentir.

Mary me dijo que pensaba que esta sería la mejor forma de iniciar mi tratamiento, que trataría de balancear mi energía al trabajar con la energía negativa que se había acumulado en mí. Que con el tiempo, la sanación levantaría mi energía y ayudaría a que esta depresión pasara. Agregó que tomaría más de una sesión, pero que en las siguientes semanas mezclaríamos diferentes tratamientos.

¿En qué me había metido? ¿De qué estaba hablando?, me pregunté un poco aprehensivo. No estaba del todo seguro si ella estaba loca o si yo había perdido la cordura.

Después me pidió que cerrara los ojos, que me relajara y que lo disfrutara. Me dijo que ese era mi momento, que sentiría la sanación especial, que sentiría los poderes de sanación de Dios y Sus Ángeles.

La palabra "Ángeles" se quedó conmigo por un momento. No había pensado en ellos por un tiempo y de repente, Mary los volvía a integrar en mi vida. Me sentí bien, me sentía reconfortado de tenerlos nuevamente en mi vida.

Cerré mis ojos y sentí las manos suaves de Mary sobre mi cuerpo; primero tocó mi cabeza, luego mis hombros, mi estómago, mis caderas, hasta llegar a mis piernas y mis pies. Era muy raro pero extremadamente relajante. Sus manos eran suaves y reconfortantes y podía sentir una suave energía llevar paz y calma a mi cuerpo, especialmente a mi cabeza cuando estaba trabajando en ella. No me asustó, no sentía miedo. De forma muy extraña, el tratamiento me parecía muy familiar y sagrado. Era como si pudiera sentir a Dios, y aún más extraño, como si pudiera sentir a mis Ángeles. No sólo eso, sino que también podía oler su peculiar esencia, ese delicado y dulce olor de una tarde de verano.

Me quedé ahí, relajado y sintiendo cada vez más y más paz. Rezaba para que no se detuviera. No había sentido paz como esa en mucho tiempo, mi cabeza se sentía ligera y vacía. También recé a mis Ángeles y les pedí ayuda. Luego sentí una caricia suave en mi mejilla, fue algo muy sutil. Esa caricia que dice que todo está bien. Esa caricia suave que una madre le da a su hijo cuando lo despierta de una pesadilla y le asegura que todo está bien. Esa caricia que te hace sentir seguro y amado.

La sesión debe de haber terminado, pensé, pero no estaba completamente seguro. Abrí los ojos lentamente, no quería que terminara. Cuando abrí los ojos completamente, Mary no estaba cerca de mi cara, estaba cerca de mis pies. Tenía los ojos cerrados y se veía muy serena. Cerré mis ojos y me quedé así otros quince minutos sintiéndome muy relajado y un poco confundido. Después, con una voz muy suave, escuché a Mary decir que abriera los ojos y que poco a poco regresara al presente. Mientras me sentaba, se sentó al lado mío y me habló de forma muy amable.

—¿Y bueno? ¿Qué te pareció?

—¡Fue increíble! Al principio tenía miedo, pero luego sentí como si ya hubiera hecho esto antes. Me sentí muy bien, muy relajado. No me he sentido así en meses —le contesté, pero no le comenté sobre la caricia sobre mi rostro.

—Excelente, es lo que quería escuchar. Yo también pude sacar mucho de esto. Tu energía está muy débil y todos tus chakras están fuera de balance. Hay algunos temas recientes que debes tratar. También tienes unos problemas que están bien arraigados, tendrás que lidiar con eso. En general, Aidan, tu condición es muy pobre, esa es la mala noticia. La buena noticia es que te podemos arreglar, pero requerirá de mucho trabajo. Así que dime, ¿puedes con este gran reto?

—Espero que sí, pero ¿qué tan difícil va a ser?

—No será nada que no puedas soportar y sólo piensa en lo bien que te sentirás y lo ligera que estará tu mente una vez que hayas liberado esa energía.

—Muy bien, lo haré. No tengo nada que perder.

—¡Maravilloso! Entonces nos vemos la próxima semana, a la misma hora en el mismo lugar. Hemos hecho suficiente por hoy —concluyó amablemente.

Llegué a casa a las nueve de la noche, fui directo a la cama y dormí mejor que en mucho tiempo. Pero cuando desperté a la mañana siguiente, todo se sentía igual que antes. Pero aún así, sentía esperanza, me había gustado la sesión con Mary y sentía que ella sería capaz de ayudarme. No podía sacar de mi cabeza el sentimiento que tuve durante la sanación. ¿Qué era lo que ella estaba haciendo? ¿Cómo lo había hecho? Fuera lo que fuera, se había sentido muy bien. Sabía que me encantaría trabajar como ella. Y esa sensación de tener a mis Ángeles a mi alrededor. ¿Realmente eran ellos o sólo era mi imaginación? ¿Por qué ahora que no había pensado en ellos desde que terminé la escuela y estaba casi por cumplir treinta años? Empecé a sentirme un poco optimista: tal vez mis Ángeles regresarían y me quitarían este horrible sentimiento de dolor. Pero de repente, algo en mi cabeza me dijo: *¡Detente! Estás exagerando. No existen. Fueron creación de tu mente. En realidad nunca estuvieron ahí.*

Me hundí en mi cama y pensé: *sí, estoy loco. Eso estaba bien cuando eras pequeño y creías todo lo que te decían.*

Me quedé dormido y desperté un par de horas después. Mientras estaba desayunando, mi madre entró a la cocina y me dijo con sorpresa:

—¡Mira qué bien te ves hoy! ¿Cómo te fue anoche?

—Me fue bien, pero va a tomar más sesiones para que me sienta bien del todo. Me gusta cómo trabaja la terapeuta.

—¡Qué bueno, hijo! Ojalá y te ayude a salir de todo esto.

Me daba gusto ver a mi mamá tan contenta. Había estado muy preocupada porque sólo comía pan con mermelada y me lo pasaba con tazas de té. Pero era todo lo que quería comer comida que me reconfortara, supongo. Y es que pasé por muchas noches intranquilas y me sentía cansado todo el tiempo.

Esa semana no sucedió mucho, aunque de vez en cuando me llegaba el sentimiento como de un abrazo de algún Ángel. Cuando finalmente llegó el miércoles y era hora de ver a Mary otra vez, me sentí muy contento.

Esta vez, al saludarme me dio un gran abrazo y me dijo:

—Qué abrazo tan sanador tienes Aidan, deberías abrazar más seguido.

Una vez en el cuarto, me preguntó cómo me había sentido durante la semana después de la sesión. Le dije que sentía que había mejorado un poco, que mi madre pensaba que me veía mejor. Mary estaba encantada con la noticia.

—Una vez que tienes esperanza, lo puedes hacer.

Sonrió. Me preguntó sobre mi trabajo y lo que me causaba problemas. Le expliqué que alguien nuevo había llegado a la oficina y que a esta persona le habían asignado el trabajo ligero y a mí el trabajo más pesado. Que después lo habían ascendido y era ahora mi superior. El trabajo que me habían asignado a mí me estaba asfixiando y apenas podía con él.

Mary escuchaba con atención, me hacía preguntas que había yo imaginado hacían los psicólogos, como: "¿Y cómo te sentiste? ¿Qué contestaste a eso? ¿Qué sentiste al decir eso?".

Después de media hora de sesión, fuimos al cuarto de sanación y me acosté sobre la cama. Sabía que estaba relajado y prosiguió a poner sus manos sobre mi cuerpo. Esa semana su energía se sentía aún más cálida, casi caliente, pero se sentía muy reconfortante. Tenía la sensación de que había una brisa suave flotando suavemente sobre mi cuerpo de arriba a abajo. Llegó a mi mente la imagen de aire verde flotando en las suelas de mis pies, después subía por mi cuerpo hasta llegar a mi cabeza, luego la luz cubría todo mi cuerpo. Era extraño, no había visto luz la última vez.

Mientras pasaba todo esto, sentí como si un gran número de personas estuviera trabajando sobre mí. No me asusté, de hecho podía haberme quedado ahí para siempre. Una vez más, se sentía sagrado y familiar; la obscuridad que había inundado mi vida se había ido y ahora sentía paz. *Así es como se debe de sentir estar en el Paraíso*, pensé. Luego, alguien tocó mi mejilla otra vez, la caricia suave que dice que todo está bien.

Mis Ángeles habían regresado. Podía sentirlos, y estaba bien. Era como si estuviera en la presencia de Dios. Estaban ahí y yo lo sabía.

Luego escuché a Mary pidiéndome que regresara. Cuando me preguntó sobre la sanación de ese día, le conté sobre el color y sobre la sensación de tener a varias personas a mi alrededor. Me explicó que la luz verde era la luz de la energía sanadora que los Ángeles de Sanación llevaban, y que la sensación de las personas a mi alrededor eran mis Ángeles y Guías lleván-dome sanación. Cuando terminó de decirme eso, ella no se veía sorprendida. Me quedé ahí acostado con la boca abierta, pues nunca antes había escuchado a nadie hablar sobre los Ángeles de esa forma.

Era realmente sorprendente. Quizás después de todo no eran producto de mi imaginación. ¿Y quiénes eran esos guías a los que ella se refería? Decidí que aún no diría nada. Empezó a hablar sobre mi sanación y sobre el chakra sacro. Me ex-plicó que era ahí donde mantenías situaciones emocionales y donde era almacenada —o se bloqueaba, como en mi caso— la creatividad.

—Tenemos que trabajar con tu enojo y tu dolor. Lo has almacenado por años y al hacer esto, permites que los demás te controlen. Empezaremos a trabajar en ello la próxima semana, Aidan, no va a ser muy difícil. Tus Ángeles señalaron tu problema muy rápidamente —continuó de la forma más normal.

—¿Mis Ángeles te dijeron eso sobre mí? —dije muy sorprendido.

—Sí —contestó ella mientras anotaba la cita de la próxima semana en su agenda, sin pensar dos veces en mi pregunta. Yo estaba asombrado. No sabía qué decir. ¿La había escuchado bien?

—Muy bien, para la semana entrante quiero que hagas una pequeña tarea para mí —me ordenó Mary—. Quiero que escribas tus puntos débiles y tus puntos fuertes. —Me miró un poco asustada y dijo—: Te ves muy pálido, ¿te encuentras bien?

—No estoy seguro —contesté temblando—. ¿Dijiste que mis Ángeles te dijeron lo que estaba mal conmigo?

—Así es —Mary contestó enfáticamente—. ¿Sabes una cosa, Aidan?, todos tenemos Ángeles. Estás rodeado de ellos y ellos te pueden ayudar a hacer tu vida más fácil, así que ve y pídeles su ayuda. Es todo lo que quieren de ti, así que no tengas miedo. Ahora ve a casa, pero primero déjame ver tus ojos hermosos brillar y dame uno de esos abrazos tuyos.

Tenía tantas preguntas, pero ¿por dónde comenzar? Ya en la puerta, justo antes de irme me dijo.

—Sé que tienes muchas preguntas, las contestaré todas la próxima semana. Ya hiciste mucho esta noche. Habla con tus Ángeles —dijo como si pudiera leer mi mente—. Escucha, no los vas a ver todavía. No estás listo. Me pidieron que te lo dijera. —Con esto se rió y dijo—: Te aman mucho, eres muy bendecido.

De camino a casa mi mente estaba confundida. Mis Ángeles no habían estado conmigo por mucho tiempo. Necesitaba encontrar respuesta a muchas preguntas que ahora tenía.

¿Cómo sabía Mary que tenía miedo de verlos? ¿Ella podría verlos a mi alrededor? ¿Eran los mismos Ángeles que cuando yo era pequeño? ¿Qué estaba sucediendo? ¿Eso significaba que otras personas también podían verlos?

Debo de haber llegado a casa muy cansado y alterado porque cuando mamá me vio, me preguntó si la sesión había estado pesada.

—Sí, estuvo pesada. Me voy a ir a dormir, estoy algo confundido.

Cuando mi madre me llevó té y pan tostado a la habitación me encontró llorando. Sentía una mezcla de emoción, miedo y los efectos de los antidepresivos. Sólo quería cerrar mis ojos y descansar. Traté de dormir, pero me quedé en un estado entre dormido y despierto.

Mi mente regresaba al pasado, deambulando no tanto en mi dolor, sino en mi época con los Ángeles. Me veía con ellos en el jardín, en los paseos con Trixie. Podía verlos y sentirlos en mis sueños y se veían igual que antes, con su piel pálida, y sus penetrantes ojos azules, me veían con mucho amor. Me sentí muy bien al verlos. Luego, cuando estaba a punto de tomar su mano, un grupo de personas apareció. Me señalaban y se reían burlándose de mí.

En la pesadilla, las risas y burlas se volvían cada vez más fuertes, y cuando volteaba a ver a los Ángeles, éstos desaparecían lentamente hasta que no estaban más ahí. Me desperté en el silencio y la oscuridad de mi habitación, mi corazón latía y yo deseaba que llegara la mañana.

Por la mañana podré lidiar con ello más facilmente, pensaba yo. Y tenía razón, por la mañana todo parecía un poco mejor. Me levanté más temprano de lo usual, desayuné y decidí ir de paseo a respirar aire fresco y para ver si podía encontrarle sentido a todo esto. Este era un gran paso, ya que por semanas no había salido solo. Mientras abría la puerta dije mi oración del Ángel de la Guarda y mientras me dirigía hacia el parque Phoenix, me escuché hablar con mis Ángeles.

Les hablé y les pedí que me ayudaran a disfrutar de mi paseo y que no me diera un ataque de pánico antes de regresar a casa. Ese día caminaron conmigo y volví a sentirme seguro. La oscuridad que había envuelto mi vida parecía disiparse un poco. Mientras caminaba, les pedí que me ayudaran a salir de ese lugar tormentoso en el que me encontraba. Llegué a casa a salvo y esperaba con ansias el día siguiente para volver a salir.

La semana pasó muy lentamente y los sueños continuaron con el mismo patrón. No podía esperar para ver a Mary otra vez, me preguntaba si tenía más mensajes que darme. Esa semana le pedí ayuda a los Ángeles con otras cosas —para levantarme temprano, para leer, para hacer cosas en la casa— y sí me ayudaron. Empecé a mostrar más interés en lo que sucedía en la casa y eso me hacía sentir bien.

En esta ocasión decidí conducir hasta la casa de Mary. De esta forma, no tendría que irme a la mitad de la conversación cuando llegara mi taxi. Era la primera vez que manejaba solo en mucho tiempo, así que les pedí a mis Ángeles que me ayudaran a llegar a mi destino en buen tiempo y a salvo. Era increíble, eran las seis y cuarto de la tarde, la hora pico en el centro, cuando el tráfico era imposible, pero esa noche las calles estaban vacías, había muy poco tráfico y todos los semáforos estaban en verde. Los Ángeles me estaban ayudando otra vez.

Cuando llegué a la puerta de la casa de Mary, me dijo:

—Dame uno de tus abrazos. He estado esperando toda la semana para que me des uno.

Pensé que no me soltaría nunca.

—Deberías embotellar ese abrazo y venderlo. Hay mucha

gente que necesita de un abrazo así. Deberías empezar a abrazarte a ti mismo —me dijo con una sonrisa—. Sí es posible hacerlo, déjame mostrarte. —Tomó mis dos brazos y los cruzó en mi pecho, luego tomó mis manos y las colocó atrás de mis hombros—. Abrázate fuertemente y di "Aidan Storey, te quiero mucho". —Hice esto, pero no me sentí muy cómodo. Mary dio un paso hacia atrás y me miró de arriba abajo y me dijo—: Te ves mucho mejor. Tus ojos están más claros. Tu alma está otra vez contenta.

Me hizo muy bien escuchar estas palabras. Nos dirigimos hacia la sala y hablamos nuevamente sobre mi trabajo y cómo todavía no estaba listo para regresar. Una vez más Mary me preguntó por qué, y cómo me sentía. Ella estuvo de acuerdo conmigo en que todavía no estaba listo, pero me prometió que pronto lo estaría y que regresaría con más confianza. Con el tiempo me daría cuenta de qué era lo que estaba pasando. Luego llegó la hora de la sanación.

—Hoy no iremos al salón de sanación porque tienes muchas cosas que preguntarme —dijo con una sonrisa. Había llegado el momento de hacerle todas esas preguntas que había acumulado desde mi última visita.

Le pregunté si realmente creía en Ángeles y si los podía ver. Me miró dulcemente y me contestó que siempre había creído en ellos y que no recordaba una época en que no pudiera verlos.

—No puedo imaginar mi vida sin ellos —me dijo.

—¿Les tienes miedo? —pregunté.

—No, ¿por qué tendría que tenerles miedo? Están ahí para ayudarnos y guiarnos en la vida. Son otro regalo más de Dios para nosotros. ¿Tú les tienes miedo? —me preguntó.

—Sí... no sé... no estoy seguro. Me gustaría mucho no tenerles miedo —dije.

—Háblame sobre tus Ángeles —me pidió Mary. Así que procedí a decirle que los podía ver desde que era niño y cómo me hablaban y me ayudaban. Luego me pidió que los describiera.

—Son hermosos. Su belleza no es de este mundo. Brillan con túnicas de diferentes colores. Son altos, como de seis pies de altura y tienen grandes ojos azules penetrantes, tienen alas muy largas, rectas y firmes. De vez en vez me cubren con ellas cuando me siento solo o estoy preocupado. Cuando se mueven, parecen deslizarse, sus pies nunca tocan la tierra. Cuando hablan, su voz parece venir de otro lugar fuera de nuestro espacio, es suave y reconfortante.

Mi corazón se alegró y pude sentirlos a mi alrededor mientras hablaba.

—Los has descrito muy bien. También yo veo a los míos en diferentes formas y colores. Algunas personas los ven con alas, otros sin alas, otros los ven con colores; el color es muy importante cuando empiezas a verlos, pero dicen que dejemos eso por ahora que eso se te será explicado más adelante. Así que si los puedes describir tan bien y son tan hermosos, ¿por qué les tienes miedo?

Le conté la ocasión en que le había preguntado a mis amigos sobre ellos y cómo me habían dicho que no creían en Ángeles, pero que sí creían en fantasmas y en espíritus malignos. —Mary me miró y se carcajeó—. Pero ya no crees en nada de eso, ¿o sí?

—No realmente, pero aún me siento un poco inseguro y un tanto temeroso de los Ángeles. Sin embargo, esta semana he vuelto a hablar con ellos y a pedirles su ayuda con cosas pequeñas. Me están ayudando y me siento mejor. Realmente quiero creer —le aseguré.

—No hay razón por la cual no creer en ellos, Aidan. Ellos creen en ti. Ellos estuvieron a tu lado toda la semana anterior. Prometen volver a hacerse visibles ante ti lentamente otra vez, pero siempre y cuando tú estés listo. ¿Me entiendes?

—Sí —contesté aliviado de poder hablar con alguien que no pensaba que estaba loco—. ¿Puedes ver mis Ángeles, o sólo puedes ver los tuyos?

—Sí, puedo ver los tuyos, y son tal y como los describiste.

—¿Cómo son los tuyos, Mary? —pregunté con curiosidad.

—Son muy similares a los tuyos —me dijo mirándome fijamente a los ojos—. Muy bien, entonces ¿quieres volver a verlos?, ¿quieres que vuelvan a ser parte de tu vida?

Respiré profundo. Sabía que la respuesta cambiaría mi vida por completo.

—Sí —dije finalmente—. Pero por favor, pídeles que lo hagan sutilmente, y diles que los pude sentir esta semana y que me sentí muy bien.

—¡Genial! Están muy contentos, dijeron: "Bienvenido de regreso". —Aún hoy en día puedo ver la cara de Mary con sus ojos bien abiertos, mirándome fijamente mientras me preguntaba—: ¿La palabra Alma Pequeña te suena familiar?

Se me erizó el pelo de la nuca.

—Sí —dije, lágrimas empezaron a rodar por mis mejillas. Todo lo negativo se fue al fondo de mi mente. Esas eran las palabras que me habían hecho sentir seguro. Necesitaba mucho escucharlas, tanto como cuando era niño. Esas eran las últimas palabras que los Ángeles me habían dicho en la cocina cuando les pedí que me dejaran solo.

—Muy bien —me dijo Mary gentilmente—. Sabían que volverías a creer en cuanto escucharas estas palabras. Hay que terminar esta sesión por hoy y nos vemos otra vez la semana entrante. Por lo pronto, sigue trabajando con tus Ángeles. Eso es muy importante y no les tengas miedo —me insistió.

Las siguientes tres o cuatro semanas vi a Mary y hablábamos y me sanaba con sus manos. Hablábamos sobre el trabajo, sobre mi tiempo en la escuela. No le mencioné nada sobre el abuso sexual. Desde hacía mucho tiempo lo había bloqueado y sacado de mi memoria, o al menos es lo que había tratado de hacer. Pero sí le hablé del horrendo abuso que sufrí a manos del Hermano Cristiano. Le conté cómo había sido ese hombre que había robado mi confianza, y que gracias a él había cargado profundos y dolorosos recuerdos durante todos esos años.

Mary fue muy sensible a mi dolor, me dijo:

—Ese hombre te hizo creer que no valías nada, y como resultado, permites que la gente te controle y abuse de ti. La gente ve algo en ti que no logra entender y cuando sienten eso empiezan a tratarte mal porque se sienten amenazados e inseguros. Esto tiene que ver con sus inseguridades, no con las tuyas —me dijo firmemente—. Los *bullies* atormentan a cualquiera que está a su alrededor, se ensañan con el callado, o el que tiene un buen trabajo o el que tiene más amistades que ellos en el trabajo. Generalmente es la gente que ha sido tratada de forma similar la que se vuelve *bully*. No permitas que este ciclo de víctima continúe. Has sido víctima por suficiente tiempo. Mantente fiel a ti mismo y cree en *ti*. Estás haciendo un trabajo formidable, deja que todos vean en el trabajo quién eres. No tengas miedo de responderle a tu superior. Pregúntale qué es lo que está buscando. Haz que juegue su propio juego.

Este fue el sabio consejo que Mary me dio. Para ese entonces había estado fuera del trabajo por seis semanas, me sentía casi listo para regresar. Mary estuvo de acuerdo en verme la semana después de regresar al trabajo para ver cómo iban las cosas. Al despedirse, sus palabras fueron:

—Recuerda trabajar con tus Ángeles, ellos harán que el inicio se te haga más fácil.

El domingo antes de volver al trabajo me senté en mi cama y le pedí a mis Ángeles que me ayudaran al día siguiente y que se quedaran a mi lado en las semanas por venir. Al día siguiente, me sentía nervioso pero estaba decidido a hacerlo. Llegué al trabajo para encontrar que nada ahí había cambiado. Mi escritorio estaba casi como lo había dejado, sólo un poco más desordenado, con cartas por todos lados. Todo el personal me dio la bienvenida y casi todos los gerentes también. Me sentí bien al volver a verlos todos de nuevo.

Cuando el *bully* entró diciendo algo entre dientes, decidí que ya era suficiente. No iba a seguir soportando eso de él. De forma muy educada le pedí que repitiera lo que acababa de decir porque no lo había entendido. Me sentí bien al retarlo, y sabía que esto cambiaría las cosas para siempre para mí. Ya no dejaría que se saliera con la suya. Me miró con sorpresa pues no esperaba esa actitud de mí. Él solía gritarle a la gente y siempre se salía con la suya. De repente, dejé de ser la víctima. Me sentía extasiado. Fue un momento victorioso.

No siempre fue así de fácil, pero con el tiempo alcanzamos un lugar de entendimiento. Cuando se dio cuenta de que yo ya no estaba dispuesto a soportar sus ataques, eventualmente cambió su actitud hacia mí. Aunque la carga de trabajo no cambió, dejó de presionarme y las cosas empezaron a fluir más fácilmente.

Cuando fui a ver a Mary, yo estaba muy feliz. Se rió cuando le conté sobre mi superior y se sorprendió de que me hubiera empezado a defender tan pronto. Luego me escuché decir:

—Pero, ¿por qué tener miedo? Mis Ángeles estaban conmigo ese día y lo han estado desde entonces.

—Nuestros queridos amigos están sonriendo felizmente ante tus palabras —Mary me dijo muy orgullosa—. Quieren que entiendas que todavía tienes trabajo por hacer en esa compañía, y cuando lo hayas completado, seguirás tu camino con otro trabajo, el cual accediste a cumplir antes de venir a la tierra.

—¿Mis Ángeles te dijeron eso? —pregunté intrigado.

—Así es —me aseguró—. Necesito que hagamos un pequeño trabajo de sanación antes de que te vayas. —En el cuarto
de sanación me acosté en la cama. Mary puso sus manos en
el centro de mi pecho y después dijo unas palabras que nunca
olvidaré—: Tienes el pecho muy oprimido, lo has tenido así
por muchos años. A veces sientes como si te fuera a dar un
ataque al corazón.

¿Cómo sabía eso? Era como si ella pudiera sentirlo también.

—Sí, tengo dolor ahí. A veces siento que el dolor me jala y
aprieta mi interior.

—Este es tu centro de amor y sanación y no lo estás usando.
Llevas dentro de ti amor incondicional y la gente se siente
atraída a ti por tu energía.

—Sí, me he dado cuenta de eso —contesté de forma un
poco irónica.

—Aidan, te dijeron hace muchos años que eres un sanador,
pero todos estos años has ignorado tu don. Gente con problemas, tus amigos, gente del trabajo, tu familia y a veces hasta
extraños vienen a ti y te abren su corazón a sus problemas. Tú
los escuchas y ellos confían en ti. Ese simple acto es sanación.
Se van sintiendo más aliviados y mejor. Muchas veces les diste
consejos sin saber de dónde venían. Venían de tus Ángeles de
Dios.

Una vez más estaba sorprendido por los comentarios de
Mary. ¿Había algo que no supiera sobre mí?

—Esta noche Dios se llevará ese dolor y eso te ayudará a
trabajar con ese don que es el amor incondicional y abrirá muchas puertas para ti en el futuro.

Mary presionó sus manos sobre mi pecho fuertemente y
podía sentir cómo mi pecho se relajaba. Abrí mis ojos. Toda
la habitación estaba llena de una maravillosa luz blanca. Sentí
cómo el dolor y la opresión en mi pecho se levantaba y desaparecía. Me quedé en paz y en calma total.

Más tarde, Mary me dijo cómo todo saldría muy bien en el futuro para mí. Me dijo que todavía me quedaba algo de sanación por hacer, pero que eso sucedería con el tiempo.

—Los Ángeles te ayudarán y te enviarán a alguien para que sanes. Por ahora has hecho lo suficiente. Empieza a averiguar quién eres. Hazte preguntas. Lee sobre sanación y empieza a trabajar con tus Ángeles. Mañana alguien comentará lo bien que te ves y es cuando empezarás a creer en ti mismo otra vez y en este maravilloso don de sanación que posees.

Estaba completamente convencida de lo que me decía y yo quería creerle con todas mis fuerzas.

—¿Entonces crees que puedo hacer sanaciones?

—¡Oh sí, por supuesto! Eres muy poderoso. No le tengas miedo a tu don. Entonces, Aidan, hay que terminar la terapia. Ya no tienes que venir a verme más. Ve y haz lo que tengas que hacer. Mi trabajo contigo ha terminado.

Mi corazón se hundió al despedirme de ella, le agradecí por todo lo que había hecho por mí.

—Has hecho que mi vida sea mucho mejor, Mary —le dije con profunda gratitud.

—No, fue una gran mezcla de Dios, los Ángeles, tú y yo. Te quiero mucho, Aidan, y estoy muy contenta de ver tus ojos brillar nuevamente y de ver a tu alma volver a la vida —me dijo cálidamente. Le dije que yo también la quería mucho y que nunca la olvidaría.

—Dame uno de tus abrazos —me dijo. Mientras la abrazaba fuertemente, más largo que lo usual, supe en el fondo que no volvería a verla nunca más—. Recuerda abrazar a todos, Aidan, tu abrazo es muy importante. Mucha gente se sentirá mejor después de recibir un abrazo tuyo —me aseguró. En la puerta me miró fijamente a los ojos como muchas veces lo hacía y me dijo—: No tengas miedo, recuerda que eres muy especial.

Cuando llegué hasta mi coche, me volví para decirle adiós, pero ya no estaba ahí y las luces de su casa estaban apagadas.

De camino a casa reflexioné sobre lo que había pasado en los últimos meses, en lo bien que me sentía y la manera tan fuerte en que ahora me respetaba a mí mismo y creía en mí. Sentía que había recorrido un largo camino en muy poco tiempo.

Al día siguiente mientras salía del trabajo, me crucé con un colega y con voz muy fuerte me dijo:

—¡Aidan! Debo decirte que en todos los años que llevo de conocerte nunca te habías visto tan bien. Dime qué es lo que tomas —bromeó.

—Gracias, necesitaba escuchar eso —le contesté maravillado de la exacta predicción de Mary. Me dirigí a casa feliz, con la certeza de que todo lo que me había dicho Mary era verdad. Un nuevo capítulo en mi vida empezaba. La palabra *especial* se quedó en mi cabeza. Tener muchos deseos de saber lo que significaba ser *especial* y estaba seguro de que los Ángeles me guiarían en mi nuevo camino.

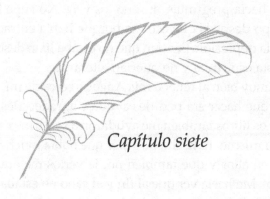

Capítulo siete

La felicidad es buena para el cuerpo.
Sin embargo, la tristeza fortalece el espíritu.

Autor desconocido

Los meses siguientes las cosas empezaron a calmarse en casa y en el trabajo. Los días sombríos, largos y obscuros se volvieron soleados y yo me sentía muy bien. Empecé a disfrutar de mi trabajo una vez más y había tomado la decisión de no dejar que nadie tratara de abusar de mí, me sentía con la confianza de levantar la voz si no estaba contento con algo. Cuando mi superior abandonó la compañía, me ofrecieron su puesto y lo tomé sin pensarlo. Por primera vez en mucho tiempo me sentía seguro de mí mismo y feliz. Me gané el respeto de los gerentes de rango superior. La vida me sonreía.

Estaba trabajando con mis Ángeles otra vez, y constantemente les pedía que me guiaran y que me brindaran su ayuda. Empecé a leer más sobre ellos, pero en aquel entonces los pocos libros que existían sobre Ángeles eran muy limitados en contenido. Pero todo lo que leía resonaba dentro de mí y le encontraba sentido. Aunque ya hablaba con mis Ángeles, les rezaba y les hacía preguntas, aún no los veía. No supe hasta mucho tiempo después que eso era porque había entrado en una profunda depresión. Sentían que no estaba listo desde un punto de vista espiritual y no querían alterarme.

Me sentía muy bien al tener a mis Ángeles cerca de mí. Todo lo que tenía que hacer era pedirles ayuda y agradecerles al final del día. Los libros también me ayudaron a sentirme más en paz conmigo mismo. El hecho de saber que había mucha gente que creía en ellos y que también podía verlos me era muy reconfortante. Me hacía ver que al fin y al cabo no estaba loco.

Eran finales de los ochenta y las historias de abuso sexual relacionadas con el clero empezaron a aparecer en los periódicos y en la televisión. Las historias dejaron a la nación en estado de *shock*, y yo, como muchos otros, me sentía muy afectado por ello. La diferencia era que el dolor que yo sentía venía desde muy adentro de mí. Estas historias hicieron que los recuerdos que tanto había tratado de suprimir volvieran a hacerse presentes. Volví a sentir el mismo dolor y la misma rabia otra vez.

Estaba furioso no sólo por las historias que leía de los niños, sino también por mí. Por dentro gritaba en agonía. El abuso sexual había sido algo que no había querido admitir. Tenía miedo de pensar en ello, de regresar a esos sentimientos de dolor y vergüenza. Pero ahí estaba, en sus historias, y esa palabra nuevamente—*especial*.

Eventualmente comprendí. Estaba leyendo todas estas historias sobre mí en la mayoría de los reportes y yo sólo era uno de los miles de niños que había pasado por este tipo de pesadilla; muchos todavía estaban en ella. Pero, ¿qué debía hacer? ¿Debería contárselo a alguien? ¿Me creerían? ¿La gente se preguntaría por qué mantuve este secreto por tanto tiempo? Ya tenía más de treinta años. ¿Realmente había logrado bloquearlo y sacarlo de mi cabeza por tantos años? Quizás es lo que debería hacer, dejar de prestar atención. Él no me había violado; yo había exagerado. Dejaló ir.

Mientras más intentaba bloquear esos recuerdos, más difícil se me hacía. Recordaba cada pequeño detalle. El ruido, los olores, el miedo. Mis manos empezaban a sudar y mi corazón latía rápidamente. Todo mi cuerpo empezaba a temblar. Tenía que deshacerme de estos recuerdos y sentimientos. Me metí a dar una ducha y lavé todo mi cuerpo una y otra vez. Después de todos estos años, todavía me sentía sucio, como me sentía cuando era pequeño.

Pero mi pregunta seguía sin tener respuesta: *¿Qué hacer desde este lugar en el que me encuentro? ¿Le cuento a mi familia o a mis amigos lo que me pasó?*

Un día, cuando iba de paseo por el centro, terminé entrando a una iglesia y esperé a ser confesado. Esperaba encontrar respuestas o alguna dirección. Pensé que tal vez Dios podría darme en esta iglesia lo que estaba buscando. ¿Quién mejor que un sacerdote para hacerle mi pregunta? Seguramente él podría aconsejarme a dónde ir o qué hacer. Cuando llegó mi turno, me hinqué en el confesionario esperando a que el sacerdote abriera su ventanilla. Cuando lo hizo, un padre de mediana edad sin cabello y de cara redonda apareció.

Empecé como se empiezan las confesiones, con el "Bendíceme padre", y todo lo demás, lo miré y decidí que le contaría lo que me había sucedido y le preguntaría qué es lo que debería hacer. Con voz temblorosa logré decir:

—Padre, fui abusado por un maestro en la escuela cuando tenía ocho o nueve años de edad.

—¡Abusado! —exclamó con voz incrédula—. ¿A qué te refieres con *abusado*?

—Abusado sexualmente —respondí con timidez.

—¿Sexualmente? Oh, ya veo. ¿Me puedes decir más de esto que llamas *abuso sexual*?

Me quedé anonadado por su falta de interés y compasión, pero le conté toda la historia mientras escuchaba un tanto incómodo. Cuando terminé, no volteó a verme y dijo:

—Debes examinar tu consciencia y preguntarte qué papel jugaste en esto y preguntarte por qué tardaste tanto en pedir perdón de Dios.

No podía creer las palabras que salían de su boca.

—No jugué ningún papel, ¿no lo entiende? Vengo en busca de ayuda. Yo era sólo un niño, y sí sucedió hace mucho tiempo. Necesito la ayuda de Dios y la suya en este momento —dije casi suplicando.

—En ese tiempo sabías que estaba mal, sin embargo permitiste que siguiera sucediendo ¿y nunca se te ocurrió contarle a algún adulto? Entonces, ¿me quieres decir que no ayudaste a que sucediera? Vete, jovencito, y examina tu consciencia.

Movió la cabeza en señal de disgusto y siguió sin mirarme. Me dio la absolución y mi penitencia, cerró la ventanilla y me dejó en la oscuridad. Estaba impactado. No podía creer lo que acaba de suceder. Me había tomado casi treinta años encontrar el valor de hablar con alguien sobre esto, inclusive admitirme a mí mismo lo que había sucedido, y me encontraba ahí solo en la casa de Dios en un confesionario obscuro y húmedo.

El enojo que antes había sentido no era nada comparado con lo que ahora sentía. Mi mente y mi cuerpo se entumecieron y requirió de toda mi energía para levantarme y abrir la puerta. Este entumecimiento explotó y mi cuerpo entero se llenó de odio. Me dirigí al centro de la iglesia para sentarme y reflexionar. No pronuncié una sola palabra.

En medio del silencio de la iglesia sentí la necesidad de gritar. ¿Cómo se atrevía este hombre a decir lo que acababa de escuchar? Con cada paso que tomaba, el odio dentro de mí se expandía en proporciones que las palabras no pueden ni siquiera empezar a describir.

Me senté en la iglesia y miré el crucifijo. Jesús, ese Jesús a quien yo amaba y quien me amaba, ¿dónde estaba? No podía entenderlo. Hasta ese momento yo sabía que como niño yo no tenía la culpa de tan vil acto. Ahora, ese padre había plantado la semilla de la duda en mi cabeza, a pesar de que yo tenía más de treinta años.

Recuerdo claramente que mis brazos y mis piernas empezaron a entumecerse y que sentía un zumbido en mis oídos como un eco que sonaba en mi cabeza con las palabras *¿Qué papel jugaste en todo esto?* Una y otra vez me atormentaba y no fui capaz de moverme por lo que pareció ser una hora. Me preguntaba si de alguna forma había sido mi culpa.

La iglesia empezó a vaciarse, las velas parpadeaban en la oscuridad. Volteé a ver a Jesús y le dije:

—Estoy cansado, Jesús, muy cansado y no entiendo que es lo que Tú o Dios quieren de mí y en este momento estoy muy enojado con Ustedes dos. Vine en busca de ayuda… por favor no me quiebres otra vez. Envíame ayuda y guía porque no puedo más. Estoy exhausto de tantas batallas.

Me dirigí a la puerta dispuesto a dejar la iglesia, pero antes de hacerlo volteé y dije:

—¿Sabes una cosa? No estoy seguro de que pueda o quiera hacer esto. Siempre trato de hacer lo correcto y lo que es justo, pero eso no es lo que recibo. Dame un descanso y no seas tan duro conmigo, Dios, sólo una vez, ¡dame un descanso y no seas tan duro conmigo! Y en cuanto a tus Ángeles que dicen: "Todo lo que tienes que hacer es pedir y te lo daremos…" ¡Sí, cómo no! Estoy enojado con todos ustedes también. Estoy cansado de estar con ustedes y que no me den nada a cambio. ¿Y saben una cosa? Ya no estoy tan seguro de que crea en todo eso. Estoy exhausto y asqueado. Ah, por cierto, no pienso volver a confesión nunca más.

Esa noche regresé a casa entumido y derrotado. Mientras

estaba acostado en mi cama, sentía cómo zumbaba mi mente. Mientras avanzaba la noche, empecé a retractarme sobre lo que había dicho sobre los Ángeles. Recordaba cómo me habían ayudado en el pasado y cómo habían venido a mi rescate y habían hecho que las cosas fueran más fáciles para mí. Así que le pedí a mis Ángeles que vinieran a mí esa noche y me ayudaran a encontrar a mi Dios, el Dios de amor y compasión. Estaba muy agradecido de que este evento no hubiera sucedido años atrás cuando me encontraba en lo más profundo de la depresión. Creo que esa situación me hubiera llevado hasta el límite.

Finalmente me quedé dormido. Más tarde desperté en medio de la noche. Mi habitación se llenó de una luz blanca radiante. Dentro de esta luz había orbes de diferentes colores, la mayoría púrpuras, verde y color oro. Traté de tocarlas, pero no podía sentir nada. Sólo sabía que el cuarto se sentía seguro y yo estaba protegido. No tenía miedo, así que pregunté:

—¿Quién está ahí? ¿Quiénes son y qué quieren?

Una voz quebró el silencio y dijo:

—Somos nosotros, Alma Pequeña; estamos aquí para ayudarte. ¿Quieres que entremos en tu espacio?

Mi corazón se animó.

—Sí, por favor. Por favor, déjenme verlos —dije con emoción. Flotaban sobre mi cama y se veían igual que en aquellos años. Se veían hechos de amor y paz y su mirada penetrante con sus ojos azules lo decían todo—. Estoy muy contento de verlos de nuevo. ¿Se pueden quedar? —pregunté como si fuera un niño.

—Nunca te abandonamos. Te ayudamos en todo lo que nos pediste, inclusive te ayudamos con algunas otras cosas que no nos pediste por tu renuencia. Nunca nos hemos apartado de tu lado y nunca lo haremos —me aseguraron.

—Gracias —les contesté—. Realmente necesito su ayuda. Necesito entender más sobre las cosas terribles que me sucedieron cuando era niño. Estoy totalmente confundido.

—Es por eso que estamos aquí. Escuchamos tu llamado antes y no queremos que dejes de creer en nosotros. Te ayudaremos a entender. Te amamos y nosotros te protegeremos.

—Necesito mucho de su ayuda —les reiteré.

—Duerme por ahora y hablaremos pronto. Descansa.

De repente mi habitación se quedó en la oscuridad y yo caí en un sueño profundo.

A la mañana siguiente desperté muy temprano y sentía una gran paz dentro de mí, algo que no había sentido en mucho tiempo. Me preguntaba si realmente había visto a los Ángeles por la noche o solamente había sido un sueño. Luego empecé a recordar lo que había dicho el padre y mi corazón se encogió.

¡No! me dije a mí mismo, no había sido mi culpa. ¿Cómo podría serlo? Yo sólo era un niño y no sabía lo que estaba pasando. No se lo había contado a nadie porque no me gustaba y ni siquiera entendía lo que me estaba sucediendo. Había tenido miedo de que la gente no me creyera, y con el tiempo sólo bloqueé los recuerdos enterrándolos tan profundo que ni siquiera yo creía que todo eso me había sucedido.

Inclusive ahora que era un adulto seguía sintiendo miedo y vergüenza. Ya no estaba enojado, pero sí sentía la necesidad de contárselo a alguien. El problema era que, con la reacción que había tenido del padre, no estaba seguro si era buena idea mencionárselo a alguien nuevamente. La pregunta ¿Tuve algo que ver yo en todo eso?, rondó por mi cabeza todo el día.

Al llegar la noche, había decidido que no dejaría que eso me controlara. Había dejado ir esos pensamientos antes, así que lo podría hacer otra vez. Me había dado cuenta de que el ser *especial* tenía que ver con mis Ángeles, así que decidí seguir con mi vida.

Recuerdo claramente cómo fui a mi habitación a leer y meditar un poco, pero por más que intentaba, los recuerdos regresaban a mí. En un par de semanas mi madre y yo iríamos a Lourdes, esperaba encontrar algunas respuestas allá. Pero en el estado en el que me encontraba, no quería ir a Lourdes o a ningún otro lugar. Podía escucharme gritar dentro de mí *¡Ayúdenme, por favor, ayúdenme!* De repente, una energía quieta inundó la habitación y sentí una presencia a mi lado.

—¿Qué es lo que te tiene tan alterado, mi alma preciosa? —preguntó mi Ángel Guardián.

—Estoy cansado de no entender por qué siempre tengo algo de qué preocuparme. Justo cuando las cosas empiezan a mejorar en mi vida, algo de mi pasado regresa y me atormenta —respondí.

—Bueno, vamos a ver qué es lo que te está causando problemas.

Les conté lo que había pasado durante la confesión y lo que el padre me había dicho.

—¿Realmente crees que jugaste un papel en eso, Aidan? —preguntó mi Ángel gentilmente.

—Ya no lo sé, estoy muy confundido.

—Tú, mi querida alma, no estás confundido, estás asustado. Tienes miedo de regresar a ese lugar en tu mente porque sientes que vas a revivir el dolor y todas esas cosas terribles que van con ese tipo de experiencias… que tendrás que explicarle a tu familia y amigos y después explicar que eras inocente.

—Sí, tienen razón. No quiero volver a sentir el dolor y no quiero tener que contárselo a nadie. No quiero que me sientan lástima ni quiero avergonzarlos. Pero entonces, ¿cómo puedo dejar de culparme por lo sucedido? Pregunté de forma desesperada.

—Sé que va ser difícil para ti pero voy a regresarte a ese lugar en esa época sólo por unos momentos. Estarás a salvo, yo estaré a tu lado. Ahora cierra tus ojos y siente cómo regresas al pasado, estás viajando al pasado y te encuentras en tu salón de clases... abre tus ojos, ahí están tú y el maestro. Dime, ¿qué es lo que ves? —preguntó mi Ángel.

—El salón está oscuro, las persianas están cerradas. Está parado cerca de mí con una mano sobre mí y la otra dentro de su bolsillo. —Mi voz temblaba, estaba temeroso y aprehensivo.

—No tengas miedo. Y ahora, ¿qué estás haciendo? Mira al niño.

Miré a ese niñito. Ese niño era yo, en una edad muy tierna, no tiene idea de lo que está pasando.

—¿Qué ves? —preguntó mi Ángel.

—Un niño inocente —contesté.

—Sí, exactamente, un niño inocente. ¿Le está pidiendo al hombre que le haga eso?

—No, para nada. Él sólo quiere salir de ahí, está muy alterado. Realmente me gustaría darle un abrazo grande. Tiene mucho miedo y se siente muy solo.

—¿Crees que esto fue tu culpa? —preguntó mi Ángel.

—Sé que no es así, pero es esa semilla de duda que la gente ha sembrado en mí, ¿entiendes?

Realmente quería llegar al fondo del asunto.

Me preguntaron:

—Si vieras que alguno de tus sobrinos es abusado o abusada de esta forma por un maestro, ¿los culparías por ello? ¿Pensarías que jugaron un papel en ello y pensarías que son sucios?

—¡No, no, no! —exclamé—. Querría protegerlos y amarlos más y hacer todo lo que pudiera para ayudarlos. Sólo son niños, no entienden.

—Entonces, ¿por qué no puedes verlo de la misma forma contigo mismo? ¿Por qué te sigues castigando de tal forma?

—Me han enseñado a ver esto desde un ángulo diferente, voy a trabajar en ello. Gracias. Pero algo que nunca voy a lograr entender es por qué Dios permitió que me sucediera esto. Aún sentía confusión al respecto.

—¿No son los niños el regalo más puro que Dios le da a la humanidad?—me preguntaron.

—Sí, son almas puras que traen luz a este mundo a veces obscuro.

—¿Crees que Dios no siente ese dolor y abuso? Él se pone muy triste cada vez que ve que el hombre se comporta de forma inhumana. A Él también le duele. Dios habita en cada uno de nosotros. Tuviste que pasar por mucho en tu vida, y muy pronto comprenderás por qué te sucedió todo esto, ayudarás a otros con tu conocimiento. No tengas miedo: todas las piezas caerán en su lugar a su debido Divino Tiempo.

Fue la primera vez que escuché esas palabras, "Divino Tiempo", pero con el tiempo se convertirían en mis palabras favoritas y también las que más me retarían. Los Ángeles habían vuelto; y desde ese día hasta el día de hoy, los veo y hablo con ellos todos los días. Forman gran parte de mi vida y hago todo mi trabajo y las sanaciones a través de ellos.

Más adelante aprendí que todas las personas cargamos energía buena y mala, luz y oscuridad, amor y odio, energía del abusador y del abusado. Todos llevamos dentro esas energías y todos somos capaces de usar o de abusar de esos poderes. Lo único que nos diferencia unos de otros, es el libre albedrío y la forma en que decidimos hacer uso de nuestro poder. El abuso es impulsado por el ego y es por culpa, no de Dios, sino del libre albedrío del hombre, y por falta de Dios en la vida del abusador. La gente que abusa de otros tiene el corazón cerrado y se cierran ante el amor y luz de Dios; al hacer esto, hacen que otros sufran e inflijan dolor y sufrimiento en los inocentes. Todo tiene que ver con sus decisiones y su libre albedrío.

El tiempo pasó. A principio de los noventa empecé a

cuestionar muchas cosas que creía y que me habían dicho que creyera según la Iglesia, así que decidí emprender mi propio camino en busca de *mi* Dios. Poco después de este episodio con los Ángeles, fui a Lourdes con mi madre. Ese era el lugar donde Nuestra Señora se le había aparecido a Santa Bernadette. Conservo recuerdos muy felices de Lourdes y hasta el día de hoy considero que Lourdes es uno de mis hogares espirituales.

Una vez que te alejas del mundo comercial y caminas junto al río y dentro de la Gruta, la energía y la sanación que se sienten en ese lugar tan sereno es difícil de describir. La energía verdadera de la Madre María está ahí esperándote, una energía de amor, ternura, esperanza y fe. Es ahí, en ese lugar extremadamente concurrido, donde me siento amado cada vez que lo visito. La visita a Lourdes fue mi primer viaje al extranjero. Fui por primera vez con mi madre cuando tenía veintidós años y desde entonces, he visitado este lugar cada dos o tres años. Fue en ese lugar donde mi madre y yo tomamos nuestras últimas vacaciones juntos. Ahí, en su adorado Lourdes, seis meses más tarde cayó enferma y murió.

En mis viajes a Lourdes, siempre camino hacia la Gruta alrededor de las once de la noche, cuando la mayoría de la gente va de regreso a su hotel. Me encanta ir a esa hora. Puedes sentarte muy cerca de la Gruta y te sientes seguro en los brazos de la Madre María. Entre todo el silencio, me quedo en una meditación profunda de oración. La quietud de la noche y el aire frío, el sonido del río fluyendo detrás de mí, el olor a cera caliente y el parpadeo de cientos de velas quemándose para la intervención de cientos de personas, hacen que este lugar sea sagrado, un portal a una dimensión espiritual.

Había sido uno de esos días largos y calurosos en Lourdes, un día en el cual no pude tener un momento para mí mismo. A donde me fuera, alguien de mi grupo aparecía. Había decidido no asistir a la procesión con antorchas, en lugar de eso, decidí irme a mi recámara y leer un rato.

Cerca de las once de la noche, me encontraba algo inquieto, no podía descansar, por lo que decidí ir a la Gruta. Todavía no había hecho mi visita nocturna, sentía que esto me ayudaría a relajarme. La Gruta estaba en paz, el aire estaba aún cálido, así que me senté un poco más afuera de lo usual. Cerré mis ojos y empecé a respirar lentamente antes de empezar con mi rosario. El rosario, recitado de forma lenta, enfocándote en los Misterios, es una meditación muy profunda. Sentí cómo empezaba a irme poco a poco al empezar mi oración. Todo estaba en paz y quietud, podía sentir cómo mi cuerpo y mi mente se relajaban por primera vez en todo ese día.

De repente, una brisa sopló a mi alrededor y me regresó al presente. Al abrir los ojos, vi la figura de un hombre muy alto sentado en una banca a mi lado. Estaba vestido con ropas de padre. Llevaba un manto negro y largo que le llegaba hasta los tobillos, tenía en las manos un rosario. Estaba mirando a lo lejos. No le presté mucha atención, traté de regresar a mi meditación. En eso, se movió un poco más cerca de mí y con un mal inglés me dijo algo que no logré entender. Cuando me volví a verlo, vi la cara de un hombre con piel blanca y pelo blanco y ondulado, su nariz era recta y larga, sus ojos brillaban y tenía una sonrisa cálida. Un aire de amabilidad y gentileza irradiaba de él. Debajo de su túnica negra llevaba una camisola azul, lo cual era muy inusual, pero en Lourdes era muy común ver a gente con hábitos inusuales de todo el mundo.

—Disculpe, no logré entender lo que me dijo —le contesté.

—Usted reza con gran devoción; está muy cercano a la Madre Bendita —dijo.

—Gracias. Me encanta rezar aquí a esta hora; es más fácil concentrarse y meditar cuando no hay ruido —contesté sin saber qué más decir.

—Sí, la Madre Bendita escucha sus oraciones. Usted carga una energía sanadora muy poderosa, la cual debe compartir con otras personas —dijo en inglés con acento inusual—. No ha sido fácil para usted hasta este momento. Usted ha pasado por caminos difíciles y aún se sigue juzgando a sí mismo. Es muy duro consigo mismo. Es por eso que no puede ver lo que realmente debe ver. Libere su pesadez y sus preocupaciones en el aire y haga que su alma sea finalmente libre. Deje de vivir en el pasado y enfóquese en el presente. El presente es donde reside su trabajo, no en las sombras y el dolor del ayer. El Dios que usted busca está en su corazón y en su saber. Lleve esa energía de Dios a su propia vida y úsela en su trabajo. Jesús es su amigo y Él camina con usted.

El hombre contestó con pasión en su voz.

—Perdón, pero no entiendo lo que quiere decir —contesté sorprendido.

—Su don de sanación, esa luz maravillosa que brilla desde dentro de su ser. Otras personas le han hablado sobre ello antes —dijo con una sonrisa.

—¿Qué puedo brindarle a los demás? Yo he vivido una vida muy tranquila —contesté un poco nervioso—. No cuento con la educación o la confianza para aconsejar a la gente. En cuanto al trabajo de Dios, no soy digno de ello —expliqué.

—¡Ah, pero el trabajo de Dios no es de papel y de certificados! No, viene del corazón, del amor. Usted, querido amigo, es como las almas viejas. Usted se sienta, escucha, observa y aprende. Usted no interrumpe, usted se queda en silencio y sólo dice lo que necesita ser dicho. Eso sólo llega cuando uno cuenta con sabiduría, y eso es algo que usted tiene en abundancia. Esa es su educación. Su amor es su poder sanador: y eso también lo tiene en abundancia. El simple hecho de que no se siente digno, es la misma energía que lo hace digno.

Con esas palabras levantó sus manos al cielo y su Rosario brilló con la luz de las velas.

—¿Qué quiere decir? —pregunté nervioso, deseando que nunca hubiera iniciado esta conversación.

—Usted necesita escuchar más lo que la gente le dice. Le dicen una y otra vez lo relajados que se sienten en su presencia. Le dicen que usted ve las cosas muy diferente a como las ven los demás, lo mejor que se sienten después de haber hablado con usted y cómo usted siempre tiene la palabra correcta o el consejo correcto para ayudarlos con la situación en que se encuentran. Muy pronto, usted tendrá gente tocando a su puerta esperando poder verlo. Recuerde esto —dijo con gentileza.

—Muy bien —contesté sin poder decir más.

—No tienen que decirle mucho, ¿verdad? —prosiguió el hombre.

—Aún no entiendo —dije y empecé a inquietarme.

—Usted puede ver a Ángeles cerca de la gente. A veces no entiende qué es lo que está pasando pero usted los puede ver. También puede ver el dolor de la gente y puede ver por lo que han pasado. Los Ángeles le dan mensajes para estas personas. No le tema a eso. Si trabaja con sus Ángeles, éstos harán que las cosas sean más claras para usted y para la gente que busca su ayuda. No tenga miedo, mucha gente puede verlos —me dijo sonriendo.

—Sí, me estoy empezando a dar cuenta de ello y sí quiero saber más sobre mis Ángeles —dije sintiéndome un poco más relajado.

—Sus Ángeles le brindan su ayuda, protección y dirección. Siempre debe pedirles ayuda. Usted tiene libre albedrío, así que puede escoger trabajar con ellos o no. No le van a dar nada en bandeja de oro. Si hay algo que necesita aprender o experimentar en esta vida, pues bueno querido amigo, todo lo que pueden hacer es darle dirección y apoyo. Si estuvieran aquí para hacer todo por usted, nunca lograría aprender sobre la vida, ¿o sí? —preguntó.

—No, supongo que no.

Aún no entendía a lo que se refería.

—En cada vida aprendemos nuevas lecciones y estas lecciones nos hacen más fuertes y más sabios —dijo. Luego se puso de pie y pude ver la túnica azul brillante que llevaba debajo de su manta negra. Cruzó sus brazos sobre su pecho, hizo una pequeña reverencia y dijo lentamente—: Que la luz y el amor de Dios viajen con usted.

Después de un par de segundos continuó:

—Que esa luz que tiene en su corazón brille y llegue a todos los que tienen necesidad de amor, entendimiento y sanación.

—Qué bendición tan sagrada, muchas gracias, que Dios lo bendiga —le contesté.

El hombre se giró y empezó a caminar abandonando la Gruta, luego se volvió, me miró y dijo:

—Mañana en la mañana vaya a los Baños Sagrados y lave su pasado y sepa que no fue su culpa. Trabaje con sus adorados Ángeles y encontrará todas las respuestas. Las aguas lo liberarán y le traerán gran paz.

Con eso se alejó, abandonó la Gruta, subiendo todas las escaleras, un recorrido largo y pesado para un hombre de su edad. Un par de minutos más tarde me persigné y me dirigí a los mismos escalones a donde se había dirigido ese gran hombre, esperando alcanzarlo, pero cuando llegué a las escaleras, el hombre no estaba por ningún lado. Llegué a la cima y aún no había señales de él.

Reflexioné sobre lo que había dicho acerca del trabajo de Dios y cómo había relacionado lo que él había dicho con las veces que ayudé a mi familia, a mis amigos y mis compañeros de trabajo. Esos momentos en los que haces pequeños actos de nobleza sin pensar que estás ayudando profundamente a otra persona. Escuchar las preocupaciones de otras personas, sus problemas, estar ahí para ellos en el tiempo exacto. Ayudarles a ver las cosas desde otro punto de vista, darles un hombro sobre el cual llorar... es cuando dejas de juzgar a la gente por algo que hicieron o dijeron. Estas pequeñas acciones significan el mundo para algunas personas cuando sienten que nadie las escucha o que a nadie le importan. Es hablar con aquella persona que está sentada frente a ti en alguna cafetería o en la parada del autobús. Se me dijo que estos son grandes actos de amor y sanación, sin embargo, la gente, incluyéndome a mí, no se da cuenta de que eso es lo que estamos haciendo. Todos podemos brindar sanación con el hecho de hacer un pequeño acto de nobleza.

Las calles estaban vacías, todas las tiendas estaban cerradas y no había nadie en la calles, sólo yo y mis Ángeles a quienes llamé para que me protegieran mientras caminaba de regreso a mi hotel a altas horas de la noche.

—¿Quién era ese padre con el que estuve hablando en la Gruta? —le pregunté a mi Ángel Guardián.

—Ah, él es un alma muy sabia, escucha lo que te dice, él vino a ayudarte esta noche —me dijo mi Ángel.

A la mañana siguiente después del desayuno me dirigí a los Baños Sagrados, a las aguas milagrosas de Lourdes. Ese día, a diferencia de la mayoría de los días, no había fila para entrar, así que entré directamente al área de espera, me quité los pantalones y esperé a que me llamaran al área de baño. Me amarraron un trapo húmedo azul en la cintura y me dirigí al baño de concreto con agua helada.

Había hecho esto en cada visita a Lourdes, pero esta vez fue diferente. Mientras los dos hombres ponían sus manos sobre mis hombros y cintura para sumergirme dentro del agua, no sentí miedo. Y cuando salí del agua, me sentí más libre y más ligero. Me vestí sin secarme y me sentí diferente. Mi cuerpo estaba mojado pero me sentía limpio y muy bien, con la mente despierta y clara. Me sentí refrescado, como si acabara de nacer; cuando salí de ahí el sol brillaba, todo se sentía nuevo y fresco. Mientras rezaba y daba gracias, mis Ángeles me rodearon; sabía que trabajaría con ellos y los escucharía como nunca antes lo había hecho. No podía esperar para iniciar mi camino y hacerles todas las preguntas que tenía.

Capítulo ocho

Pero del día y la hora nadie sabe,
ni aun los ángeles de los cielos,
sino sólo mi Padre.

Jesús, en Mateo 24:36

Siempre he dicho que mi viaje al entendimiento y mi despertar empezaron en mi viaje a Lourdes. Sin embargo, mis Ángeles me aseguraron que empezó desde antes, pero que Lourdes marcó el inicio del viaje del alma espiritual. La vida era buena y todo me parecía fresco y nuevo, era capaz de controlar mis emociones de mejor forma, así como el dolor causado por el abuso que había sufrido. Empezaba a darme cuenta de que ahora todo eso estaba en el pasado; un pasado que no podía controlar. Necesitaba dejar de revivirlo para superarlo por completo.

A diferencia de antes, ahora contaba con esperanza y sentía con gran convicción que tenía un mejor futuro frente a mí. No debía sentirme víctima de mi pasado. Había llegado el momento de seguir con mi vida y me sentía muy feliz de estar vivo. Todo en el trabajo iba bien, pero algo me decía en el fondo que yo debería estar haciendo otro tipo de trabajo. Pero en esos días el tipo de trabajo espiritual que yo quería hacer no era muy común en Irlanda. También carecía de la confianza para hacer el cambio y probablemente estaba evitando hacer el compromiso final por miedo al fracaso. El cambio era algo que no me sentaba muy bien. Pero sabía que había un eslabón perdido entre mi vida y mi trabajo. También sabía que necesitaba encontrar qué es lo que era si alguna vez me quería sentir realizado y completamente feliz.

Empecé a tener conversaciones más largas y profundas con mis Ángeles. Pasábamos más tiempo juntos y ya no les tenía temor. Veía Ángeles al lado de todas las personas. En ese tiempo me di cuenta de que no sólo muy poca gente podía verlos, sino que no muchos creían en ellos. Aún así, estos grandes Guardianes de Luz y Amor estaban al lado de cada una de las personas, protegiéndolas y ayudándolas; inclusive al lado de aquellos que no creían. Siempre había al menos dos —a veces tres— siluetas brillantes detrás y un poco al lado de cada persona.

Estos seres de luz no tomaban nada de espacio, tampoco bloqueaban el camino de nadie o causaban dificultad cuando la gente se movía alrededor. Esta exhibición de color y gracia era una imagen para recordar, y empecé a darme cuenta por primera vez en mi vida de lo bendecido que era por tener ese don.

Ahora tenía que trabajar con ellos y pedirles su ayuda y su guía. Para poder hacer esto, tenía que averiguar más sobre ellos y saber qué esperaban de mí. Así que en un periodo de varios meses, cada noche antes de ir a dormir o cuando me quedaba solo en la casa, llamaba a mis Ángeles y les hacía preguntas.

Tenía mucho que preguntarles, así que decidí empezar por preguntas básicas. Les pedí que confirmaran todo lo que había escuchado y leído en los libros acerca de ellos. ¿Era yo como Tomás, el que siempre dudaba? Era una pregunta que a menudo me hacía.

Aún era un poco negativo a pesar de haber ya recorrido un largo camino. Pero los Ángeles fueron siempre muy pacientes y respondieron a todas mis preguntas. Nuestras conversaciones eran más o menos así:

—¿Les puedo preguntar algo? —decía yo.

—Claro que puedes, mi Alma Pequeña. Cualquier cosa que quieras saber te la diremos —contestaba mi Ángel Guardián.

—¿Qué son los Ángeles? —preguntaba yo.

—Somos mensajeros de Dios y Seres de energía positiva, luz, amor y sanación.

—¿Por qué Dios creó a los Ángeles? ¿Cuál es su trabajo?

—Llevamos Su mensaje a la humanidad. Llevamos respuestas a tus oraciones. Brindamos ayuda cuando hay peligro. Te cuidamos durante toda tu vida y a la hora de tu muerte. Adoramos y nos regocijamos en Dios y Su trabajo. Somos la unión entre el Paraíso y la tierra.

—¿Mi Ángel de la Guarda es más poderoso que otros Ángeles?

—Ah, poderoso, esa es un palabra que nosotros no usamos. Todos los Ángeles somos iguales y todos tenemos nuestro propio trabajo que realizar. Así que nuestro trabajo es igual de importante. Tus Ángeles de la Guarda trabajan muy duro en tu nombre y siempre te guiarán y harán que tu vida sea más fácil.

—Dijiste "Ángeles de la Guarda", ¿acaso tenemos más de uno? Yo sé que a veces tengo más de un Ángel conmigo.

—Sí, tienes al menos dos. Algunas personas tienen más, pero siempre tienes dos —contestó anticipando mi siguiente pregunta. Levantó su mano para que dejara de hablar y continuó—: Un Ángel Guardián ha estado contigo en cada vida y un Ángel nuevo viene a ti cada vez que tu alma vuelve a nacer para ayudarte y guiarte. Yo soy el que ha caminado contigo en todas tus vidas pasadas.

Este Ángel era el que siempre venía a mí cada vez que lo llamaba: llevaba una túnica hermosa color rosa, mientras que el otro vestía una túnica verde claro o azul.

—Entonces, ¿cómo se llaman? ¿O cómo debo llamarlos? —pregunté esperando escuchar nombres bíblicos.

—No tenemos nombre. No poseemos títulos terrenales. Son ustedes los humanos a los que les encanta darnos nombres. Eso los hace sentirse más cómodos y es más fácil para ustedes cuando nos llaman. A nosotros nos encanta la energía terrenal y el significado que estos nombres tienen —dijo con una gran sonrisa.

—Muy bien, entonces a ti te llamaré Zacarías. Creo que ese es un nombre muy fuerte y te va bien porque siempre aparecías muy fuerte cuando te presentabas ante mí en aquellos años. También porque me hiciste más fuerte y me ayudaste a lidiar de mejor forma con mis problemas —le hice una pequeña reverencia mientras esperaba su respuesta.

—Acepto ese hermoso nombre. ¿Sabes el significado de ese nombre? —preguntó.

—No, pero siempre me ha gustado mucho ese nombre —contesté sintiéndome un poco tonto.

—Significa "Dios ha recordado". ¿No es glorioso? —dijo felizmente.

—Estoy muy contento con ese nombre ahora que me has dicho su significado, ahora entiendo por qué lo escogí para ti. Dios me recordó y te envió a ayudarme.

En ese momento la piel se me enchinó.

Me dirigí a mi otro Ángel y pregunté:

—¿Qué nombre te daré? Tu energía es suave y femenina. Voy a llamarte Hannah, ¿te parece bien? —le pregunté.

—Sí, estoy muy contento con mi nombre. Significa "Gracia" —me dijo complacido.

—Qué hermoso. Escogí esos nombres porque son de mis favoritos y realmente siento que les van muy bien a ambos.

—Sí, Alma Adorada, son realmente hermosos —contestó Zacarías.

—Hay cientos de Ángeles, ¿debo trabajar sólo con ustedes dos?, ¿o puedo pedir ayuda a otros más? —pregunté un poco confuso.

Hannah respondió:

—Hay billones de Ángeles esperando ansiosamente a que los llames por ayuda. No temas. Trabaja con ellos y con nosotros, todos te podemos ayudar.

—Entonces, cuando hablo con ustedes, ¿hay algo más que debo hacer? —pregunté para asegurarme de que no les estaba faltando al respeto.

—Cuando te comunicas con nosotros sólo te pedimos que nos hables como le hablas a tu familia, a tus amigos o a algún ser querido.

—¿Nos ayudan aunque no pidamos su ayuda?

—Esta pregunta es muy difícil de contestar. Generalmente debes llamarnos para que te ayudemos y te guiemos. Como ustedes son seres de libre albedrío, queda en manos de ustedes la decisión de pedir ayuda o no. Si interferimos, puede que evitemos que aprendan una lección valiosa en su vida. Pero si están en peligro extremo y todavía no es su hora de pasar al otro plano, y es la voluntad de Dios, entonces se nos permite intervenir —dijo mientras sonreía—. Tu Ángel Guardián nunca se aparta de tu lado, camina contigo a todo lo largo de la vida. Te ayudaremos en situaciones de peligro y te brindaremos aliento en momentos de enfermedad o cuando hayas sufrido la pérdida de un ser amado. Somos la fuerza y el apoyo que llega a ti en esos momentos tan difíciles. En esos momentos te ayudamos sin que nos lo pidas porque esos son los momentos en los cuales te sientes tan perdido que olvidas pedir ayuda. También recuerda que cuando llamas a Dios y le pides Su ayuda, nos enviará a nosotros y a los demás Ángeles que necesites en ese momento. Dios y los Ángeles te aman sin duda alguna.

—¿Y qué hay de los otros Ángeles? ¿Cómo trabajo con ellos? ¿Cómo los llamo si no tienen nombres?

A esa altura estaba completamente confundido.

—¡Nombres! En la tierra le dan mucha importancia a los nombres y a los títulos. Es muy sencillo: sólo llama a los Ángeles por la energía con la que necesites ayuda en determinada situación. Por ejemplo, si necesitas ayuda con el trabajo, llama a los Ángeles del Trabajo para que te ayuden y te guíen con lo que necesites. Si necesitas más diversión en tu vida, llama a los Ángeles de la Alegría, si necesitas ayuda con las relaciones, llama a los Ángeles del Romance, y así sucesivamente —respondió.

—Oh, gracias a Dios que es así de simple —respondí con alivio.

—Sí, siempre trata de que sea lo más sencillo posible. Haz que sea tan sencillo que hasta un niño pueda entenderlo. Todo se ha vuelto muy complicado y difícil de entender. La Iglesia y las religiones han vuelto a Dios muy complicado. La gente se da por vencida porque no logra sentir el amor de Dios. La religión habla de Dios como alguien que juzga y no que ama, ese es el Dios que debes buscar y sólo lo encontrarás en la sencillez y en el amor —dijo Zacarías.

—¿Dónde encuentro a ese Dios? Ese es el Dios que he estado buscando. Ese es el Dios de quien Jesús habla pero aún no lo encuentro. ¿Dónde está? —pregunté.

—Dios vive en cada uno de nosotros. Dios vive en tu corazón, en tu alma. Dios es amor. Cuando vivimos con amor vivimos con la energía y con la presencia de Dios. El amor de Dios es incondicional y no juzga. Cuando te abres a la energía divina de Dios y permites que fluya a través de ti, estás haciendo el trabajo de Dios de sanar y amar a otros —me explicó.

—¿Qué papel juegan los Ángeles en todo esto? —pregunté.

—Dios es el poder de toda la sanación y nosotros los Ángeles ayudamos al llevar esta sanación divina al mundo a través de ti. Los Ángeles usan su energía sanadora para llevarte a un nivel espiritual más profundo. La sanación puede llegar en forma de un abrazo, una sonrisa, un acto de nobleza; es cuando abres tu corazón a otros con empatía, amor, perdón y entendimiento y siempre sin emitir juicios.

—¿Los Ángeles lo saben todo?

—Como los humanos, los Ángeles fueron creados por Dios; lo que significa que igual que los humanos no sabemos todo, y tampoco podemos dar respuesta a todas las preguntas. Los Ángeles están sujetos a la voluntad divina. A esto nos referimos cuando hablamos del "Tiempo Divino". Es Dios el que decide, no nosotros. Sólo Dios tiene las respuestas —contestaron.

Así es como estas conversaciones se desarrollaban día con día. Recuerdo que pensaba en lo apropiado que eran los nombres que había asignado a mis Ángeles. Esos eran nombres que me habían gustado desde muy pequeño y aún no recuerdo dónde los escuché o por qué siempre habían estado en mi mente. También le encontraba sentido al hecho de que no tenían nombres además de los que yo les había dado. Yo nunca los había llamado por su nombre cuando necesité que me ayudaran. Recuerdo que antes, cada vez que los llamaba, llamaba a Dios y a sus Ángeles para que me ayudaran. Recuerdo cómo mi madre me había dicho que mi Ángel de la Guarda tenía el mismo nombre que yo, pero por alguna razón, había dejado de usar ese nombre desde hacía mucho tiempo. Los nombres Zacarías y Hannah quedaban muy bien a mis hermosos Ángeles.

No tenía a nadie con quien compartir estas conversaciones tan fascinantes. Salir a lugares públicos como restaurantes, bares o sitios de baile se había vuelto una pesadilla para mí. Estos lugares me dejaban sin energía y a veces sentía que estaba a punto de tener un ataque de pánico. Mi cuerpo se volvía pesado, sentía que me faltaba la respiración y me sentía extremadamente cansado. Esos sitios estaban repletos de gente con una mezcla de luces, música a todo volumen, y por supuesto, Ángeles. Y aunque parte de mí quería quedarse y divertirse, lograba quedarme sólo por una hora antes de buscar la salida. Una vez afuera, en la calle, podía respirar nuevamente. Agarraba un taxi y me iba a casa lo más pronto posible. Me tomaba dos o tres días para recuperarme por completo. También sufría de fuertes migrañas y vómito, lo cual no ayudaba.

Al principio, aunque no tomaba mucho, creía que todos esos malestares eran por la comida o por el alcohol. Así que dejé de tomar alcohol y tenía mucho cuidado con lo que comía cuando comía fuera de casa. Pero eso no cambió nada, y empecé a buscar excusas cuando me invitaban a salir. No sabía que lo que me ocurría no tenía nada que ver con los lugares, el alcohol o la comida: tenía que aprender a proteger mi energía. Me quedaba mucho por aprender y deseaba mucho encontrar a alguien con creencias y experiencias similares a las mías.

Durante ese tiempo no me faltaron amistades, tenía amigos muy cercanos como James, Bernadette y Christopher y muchos conocidos. Era sólo que nunca me había sentido cómodo yendo a bares o centros de baile. No era lo mío. Mis amigos no me obligaban a ir y tampoco se enojaban conmigo cuando no iba con ellos.

Me sentía deprimido en ese tiempo pero no me había dado

cuenta. Lo que sí me gustaba mucho era viajar y ver nuevos lugares. Junto con James y Bernadette visité muchos países de Europa, Norteamérica y Asia. La pasamos muy bien, pero a diferencia de la mayoría de la gente de mi edad, no pasaba mis vacaciones bebiendo, bailando o tomando drogas. Mi idea de las vacaciones perfectas era mucho más relajante: estar al lado de la piscina leyendo y comiendo en buenos restaurantes por las tardes.

A pesar de lo mucho que me encantaban esas vacaciones, en esa época me había vuelto un tanto solitario. Fue entonces cuando le pregunté a mis Ángeles qué era lo que me estaba pasando y qué debía hacer al respecto. Les expliqué que me sentía perdido y necesitaba de su ayuda y dirección.

—Mi querido hijo, abre completamente tu corazón para que entre el amor divino de Dios y te conviertas en la luz que Dios y Sus Ángeles saben que eres. Sigue tu corazón y di sí. Mira profundamente dentro de ti y encuéntrate a ti mismo —contestó Zacarías.

—Lo haré, pero ustedes tendrán que ayudarme a encontrar todas esas cosas que ustedes dicen que tengo. Haré todo lo que me pidan, pero necesito de su dirección. Necesito gente como yo cerca de mí, gente de la cual pueda aprender. ¿Me pueden enviar esa ayuda? —les imploré.

—Todo eso lo tendrás. Pondremos a la gente y las oportunidades en tu camino. Todo lo que debes hacer es pedírnoslo —contestaron gentilmente.

—Gracias, necesito gente y necesito de su guía —agregué.

Zacarías puso sus manos suaves sobre mi cabeza; se sentían frías y muy ligeras. Luego, puso sus manos sobre mis hombros. Me abrazó y susurró:

—Todo va a estar bien de ahora en adelante. Brillarás en tu trabajo y encontrarás la felicidad. Ve y busca al verdadero Aidan.

Y con eso se fueron, y yo me quedé con una gran sensación de paz y plenitud en todo mi cuerpo.

Me sentía muy feliz en esa época de mi vida, tal vez un poco solo, pero la razón por la que estaba solo era porque debía encontrarme a mí mismo, al Aidan que había perdido hacía tanto tiempo. Había olvidado mi verdadera esencia. Debía hacer las cosas por mi propia cuenta. Me di tiempo para estar en quietud, para ir a caminar y pensar; todo esto me hizo sentirme vigoroso. Podía ver mi vida y podía decir: "Sí Aidan, eres una buena persona".

Me hacía muy feliz poder hablar con mis Ángeles y ellos empezaron a enviarme la ayuda que les había pedido. Por ese tiempo una nueva chica entró a trabajar a la compañía donde trabajaba yo. Su nombre era Pauline y la pusieron en mi misma oficina. Ella acababa de cumplir veinte años y yo estaba en mis treinta, pero muy pronto descubrí que ella estaba muy desarrollada espiritualmente, y nos llevamos de maravilla desde el principio.

Ahora que miro atrás, sé que Pauline tuvo un gran impacto en mi vida. Ella creía en los Ángeles y en los Guías Espirituales y tuvimos muchas conversaciones, hablando por horas sobre temas fascinantes. Era tan refrescante tener a alguien en mi vida que comprendía de dónde venía. Teníamos mucho que enseñarnos el uno al otro. Pauline me presentó a sus amigos, quienes también creían lo mismo que yo y habían emprendido ese viaje por mucho tiempo. Empecé a socializar con ellos y me divertí muchísimo. El hecho de estar en el camino espiritual, no significa necesariamente que la vida debe ser aburrida y sin diversión. En esos días, cuando la gente decía que eras espiritual, automáticamente pensaban que eras "santo" o "religioso" y yo estaba muy lejos de serlo. La vida era para vivirla y para divertirse. Mi mundo entero empezó a abrirse de forma inimaginable mientras progresaba en este fascinante viaje.

Capítulo nueve

Si uno pide éxito y se prepara para recibir fracaso,
recibirá la situación para la que esté preparado.

Florence Scovel Shinn

A mediados de los noventa, el trabajo holístico y espiritual apenas empezaba a desarrollarse en Irlanda. Había que tener mucho cuidado con lo que se le decía a la gente. Muchos pensaban que involucraba algún tipo de brujería, o aún peor, magia negra. El tener a una persona que pensaba como yo hizo que las cosas fueran un poco más fáciles para mí.

Al principio, teníamos mucho cuidado de lo que nos decíamos el uno al otro en cuanto a nuestras creencias. Era como si nos estuviéramos rodeando el uno al otro, midiendo nuestra distancia. Pero al final nos abrimos y compartimos nuestras experiencias. Era un día soleado en primavera. Había tenido un sueño muy extraño la noche anterior. Soñé que un gerente le pedía a Pauline que hiciera un trabajo que me correspondía a mí. Me molestó un poco porque me llevaba muy bien con este gerente. Durante el descanso le conté mi sueño a Pauline. Nos reímos y ambos estuvimos de acuerdo en que no podría ser real porque era claro que ese hombre me respetaba y confiaba en mí.

Nos sentamos, tratando de analizar el sueño y llegamos a diferentes y extrañas conclusiones riéndonos de todo ello.

Pauline me dijo que le preguntaría a su amiga, quien interpretaba sueños, qué es lo que pensaba que significaba. De regreso a la oficina, seguimos platicando sobre los sueños y cómo ciertos temas tienen diferentes significados. Fue en ese momento que me di cuenta que Pauline y yo teníamos creencias muy similares y compartíamos una perspectiva muy similar en cuanto al camino espiritual.

Una hora después, la puerta se abrió y el gerente que había estado en mi sueño apareció a la puerta. Fue hacia Pauline, se sentó en su escritorio y le entregó una invitación para asistir a una junta en Holanda sobre temas de logística. Ella se puso pálida. Esa invitación debía haber sido para mí, ya que yo había estado haciendo ese trabajo por los últimos diez años. Ella le dijo que vería si podía ir. Cuando salió de la oficina, nos miramos el uno al otro, impactados de que mi sueño se hubiera vuelto realidad de forma tan precisa.

Volví a sentir el viejo dolor de rechazo. No quería regresar a ese lugar. No quería regresar a ese lugar de dolor, pensaba que lo había dejado atrás. Pauline estaba igual de incómoda que yo. Ese gerente la había puesto en una situación muy difícil y no sabía qué hacer. Quise aclarar mi mente, así que después de nuestro descanso del almuerzo fui a caminar. Realmente necesitaba estar a solas y hablar con mis Ángeles. Mientras caminaba los llamé. Les pregunté qué era lo que estaba pasando con este gerente y por qué estaba siendo puesto a un lado una vez más.

—Esto no tiene que ver con el gerente, o la forma en que desempeñas tu trabajo, Aidan —me contestó Zacarías.

—¿Entonces de qué se trata?

—Mi Alma Pequeña, se trata de ti y de hablar por ti mismo y no dejar que los demás se aprovechen de ti —contestó.

—Pero el daño ya está hecho, me siento herido y desilusionado. Yo soy el que debería ir a Holanda. ¿Por qué está pasando esto justo cuando pensaba que todo iba bien y yo era feliz ahí? —protesté. Podía sentir cómo crecía el enojo dentro de mí.

—Eso es muy cierto, querido hijo, pero ¿por qué me lo dices a mí? Recuerda lo que te enseñamos. Todo en la vida es una lección, y uno no pregunta "¿por qué me pasa esto a mí?". Te debes preguntar: "¿qué es lo que debo aprender en esta situación?". Una vez que aprendes la lección, no se volverá a repetir —explicó Zacarías pacientemente y sonrió.

—¿Entonces debo confrontarlo?

—Sí. Ve a su oficina y reclama lo que te pertenece. Estaremos a tu lado como siempre y si no puedes encontrar las palabras para expresarte, nosotros te las daremos para que digas lo que tienes que decir. Mantente fuerte. Tu lección aquí es no permitir que se repitan viejos patrones —dijo con gran autoridad en su voz.

—Esto es lo que me quería hacer entender mi sueño, ¿verdad? —pregunté.

—Así es, pero con el tiempo podrás entender e interpretar tus sueños más fácilmente —explicó Hannah, mi otro Ángel, de forma amorosa.

Regresé a mi oficina un poco tarde, y Pauline estaba en su escritorio. Le dije que iba a hablar con el gerente y que lo confrontaría acerca de la situación. Se sintió aliviada y estaba feliz de dejar que yo solucionara el problema. Me preguntó si era psíquico, no podía entender cómo era que mi sueño había sido tan exacto. Otra nueva palabra para mí: *psíquico*.

Le contesté que no estaba seguro, pero que muchos sueños se volvían realidad. Luego me preguntó sobre las emociones.

Si podía sentir cosas sobre la gente sin que ellos me dijeran nada.

—Sí, generalmente puedo hacer esto, pero nunca me he sentado a analizar a nadie —le respondí. Luego me preguntó si la gente venía a mí para que les aconsejara o si podía ver cosas que la gente necesitaba ver o cosas con que tenían que lidiar. Si podía ver cosas sobre ellos que nadie más podía saber.

—Sí, pasa muy seguido —le contesté preguntándome por qué pensaba que eso era tan poco común.

—Bueno, entonces eres psíquico —contestó. Yo necesitaba aprender más sobre eso, así que ofreció presentarme a una de sus amigas quien también era clarividente. Sentía que nos llevaríamos muy bien.

Eran más de las dos de la tarde, así que llamé a mis Ángeles para que me dieran las palabras correctas para hablar con el gerente mientras me dirigía a su oficina. Estaba sentado detrás de su escritorio, podía ver a sus Ángeles parados detrás de él, eran altos y poderosos y resplandecientes en sus túnicas amarillas. Me saludó muy amablemente como siempre.

—¿Hugh, puedo hablar contigo? —le pregunté.

—Sí, claro, ¿sucede algo? —preguntó.

—Bueno, esperaba que tú me lo dijeras. ¿Me puedes decir por qué le pediste a Pauline que asistiera a la junta en las oficinas principales en Holanda, cuando soy yo el que hace ese tipo de trabajo? Debo decirte, Hugh, que no estoy muy contento con tu decisión —dije casi tratando de recuperar el aire.

Mi gerente me miró sorprendido.

—Ni por un minuto se me ocurrió que querrías ir. Es una serie de juntas aburridas. Dos días enteros escuchando a gente hablar sobre números. Querían que un representante de cada país asistiera a las juntas. Aidan, si quieres ir, por supuesto que estaré muy contento de que vayas. Lo siento mucho si te ofendí, la decisión no tuvo nada que ver contigo o tu trabajo, es sólo que asumí que no querrías ir —respondió tratando de buscar palabras para explicar el porqué de su decisión.

—No te preocupes. Me confundió el hecho de que no me lo pidieras a mí, pensé que había hecho algo mal. Pero sí, me daría mucho gusto asistir —dije sintiéndome aliviado de que todo hubiera sido una tormenta en un vaso de agua.

—Sí, claro que sí, el viaje es tuyo. Voy a hablar con Pauline más tarde. Y nuevamente, Aidan, mil disculpas, no quise ofenderte —dijo disculpándose.

Nos dimos la mano y salí de su oficina. Mis Ángeles me miraron y me dijeron lo felices que se sentían de que hubiera enfrentado las cosas en la forma en que lo había hecho, que era muy fuerte y que esa era otra lección más que había aprendido. Le mostraría a la gente que podía hablar por mí mismo.

Cuando le conté a Pauline lo que había sucedido, estaba feliz y todo lo acontecido hizo que nuestra amistad se sellara. Quedamos de acuerdo para vernos con su amiga Rebecca. Estaba tan agradecido de que Pauline hubiera llegado a mi vida y estaba muy ilusionado de ver a ambas el sábado por la noche.

Es como cuando estás esperando el autobús. Esperas por una hora y no pasa ninguno, y de repente minutos después cuatro o cinco pasan al mismo tiempo. Bueno, eso es lo que me estaba sucediendo: estaba conociendo a gente que tenía creencias y experiencias muy similares a las mías.

Un viejo amigo, Gerry, había regresado de Australia después de haber estado ahí por diez años no muy felices. Me llamó esa semana porque quería que nos viéramos el sábado, pero yo ya había hecho planes con Pauline. Moría por verlo nuevamente. Habíamos trabajado juntos en un trabajo de medio tiempo en un restaurante en el centro de la ciudad. Trabajamos ahí un par de años para ahorrar dinero para irnos de vacaciones. Normalmente nos juntábamos y salíamos. Era muy divertido, hacía muchas tonterías y bebía demasiado. Igual que yo, Gerry había pasado por un trauma en su niñez, por lo que nos entendíamos bien. Si uno o el otro no tenía ganas de salir, no teníamos que darnos explicaciones, entendíamos muy bien por qué y nos conocíamos muy bien.

En Australia había conocido y se había enamorado de su alma gemela, como él la llamaba. Había regresado a Irlanda feliz para tramitar su visa, vender su casa y regresar a Australia. Hizo todo eso en seis meses. Nada lo convencía de que estaba haciendo lo incorrecto. Hablamos muchas noches sobre lo que estaba haciendo y todo el tiempo mi instinto me decía que estaba cometiendo un terrible error. Se lo había dicho pero no me escuchaba. Le había pedido a mis Ángeles y a los suyos que lo ayudaran a ver que era un gran error, les rogué que lo detuvieran o que al menos lo protegieran de ser lastimado. Pero mis Ángeles me dijeron que no podían interferir y que esta era una lección esencial para la vida de Gerry y que era algo que tenía que hacer.

Al ser su amigo tenía que decirle lo que veía y que sería lastimado. Cuando se le acabara el dinero, se acabaría el amor con su llamada alma gemela. Le advertí que tuviera cuidado pues podía ver que su pareja caía en un problema de adicción y Gerry se vería atrapado en ese estilo de vida y le causaría gran pena y dolor.

Gerry, siendo el hombre que era, se rió y me dijo que estaba loco. En ese entonces habían estado juntos sólo tres semanas y se mantenían en contacto por teléfono. Gerry no podía ver nada de lo que le estaba hablando. Mis Ángeles me dijeron que lo dejara decidir por sí solo y eso fue lo que hice. Poco tiempo después tomó el avión para Australia y se fue feliz y "enamorado". Ahora, diez años más tarde estaba de regreso en casa. Quedamos de acuerdo para vernos el domingo siguiente para ir a algún restaurante en el centro. Así que tenía dos citas sociables por las cuales estaba muy emocionado. Me hacía sentir bien el hecho de salir y socializar nuevamente después de tantos años de depresión.

Llegó el sábado por la noche y Pauline, Rebecca y yo nos vimos en un pequeño bar en Parliament Street. Fui el primero en llegar, encontré un lugar tranquilo al lado de la pared. Siempre me sentaba al lado de la pared en lugares públicos, me ayudaba a proteger mi energía y me hacía sentir más seguro.

Pedí una bebida mientras esperaba a las chicas. El bar tenía una energía calmada y los Ángeles estaban muy presentes. Poco tiempo después Pauline y Rebecca llegaron. Rebecca tenía una mirada muy penetrante. De inmediato podías sentir que ella podía ver tu alma. Tenía una sonrisa que alumbraba hasta el cuarto más oscuro, y llegó con una gran banda de Ángeles a su alrededor. Pauline nos presentó, y cuando me dio un abrazo, sentí como si la hubiera conocido de toda la vida. Lo primero que dijo Rebecca fue:

—Gracias a Dios que te sentaste al lado de la pared, has de ser como yo: recoges la energía de los demás si te sientas en el centro. Lo mejor es protegerte. No queremos estar muertos de cansancio mañana.

Tenía una presencia muy poderosa, no era muy alta pero sentía como si estuviera en la presencia de alguien de seis pies de altura. Su energía y calidez abrazaba a la gente y la gente se sentía segura en su compañía. Generalmente yo soy muy tímido cuando conozco a alguien por primera vez y tengo que conocerlos un poco mejor antes de abrirme por completo, pero con Rebecca no me sentí así. Sabía que podía contarle cualquier cosa. No era entrometida pero sí era muy directa. Después de saber un poco más el uno del otro, de dónde éramos, en dónde trabajábamos, todas esas cosas, Rebecca me descifró inmediatamente.

—Eres muy psíquico, ¿verdad?

—Bueno, la gente dice que lo soy, pero no estoy seguro. Le he dicho a algunas personas ciertas cosas que resultaron ser verdad, pero nada importante —dije levantando los hombros.

—Nada importante para ti, pero para la gente que ayudaste significó mucho —dijo firmemente.

—Rebecca es muy buena para las lecturas. Siempre era muy precisa, hace que se te paren los pelos de punta —dijo Pauline con gran admiración.

—*¿Era* muy precisa? ¿Eso quiere decir que ya no haces lecturas? —pregunté.

—Nunca lo hice como forma de ganarme la vida, sólo a amigos, pero se volvió demasiado, así que dejé de hacerlo —dijo Rebecca.

—¿Puedes hacerme una lectura algún día? —le pregunté emocionado, quería saber qué diría sobre mí.

—Vamos a ver, tal vez con el tiempo. Ya no me gusta hacerlas. A veces pueden tener un efecto muy negativo en mí. Yo te aviso —me dijo para decepción mía.

El bar se empezó a llenar y como de costumbre, yo empecé a ponerme incómodo. Sabía que tendría que irme pronto y no quería hacerlo. Acabábamos de empezar la conversación sobre religión y todos estábamos en la misma sintonía, nos sentíamos muy bien con muchas cosas en común.

—Ya te tienes que ir, ¿verdad? Estás empezando a recoger la energía de los demás y tu aura se está cayendo —dijo Rebecca de forma acertada.

—No sé nada de mi aura, pero siento mi cabeza muy ligera —le dije sorprendido.

—Tenemos que irnos. Vengan a mi casa para seguir platicando —dijo Rebecca tomando su bolso con una mano y mi brazo con el otro.

Detuvimos un taxi y fuimos a su casa. Un pequeño y perfecto lugar en el norte de la ciudad a veinte minutos del centro.

La casa se sentía cálida y segura y olía a sándalo. Había una mezcla de luces tenues con velas y lámparas y música suave de fondo. Nos preparó té y se sentó y empezamos a platicar. Me dijo que mi energía era muy sensible y por eso absorbía otras energías, especialmente si estaba rodeado de gente negativa o cerca de gente que se encontraba en estado de dolor. Me dijo que debía protegerme cada vez que saliera, especialmente si iba a lugares concurridos. Luego me enseñó cómo protegerme.

—No es cosa del otro mundo —dijo. Sólo llama al Arcángel Miguel y al Espíritu Santo y pídeles que te protejan de energías negativas. Con tu mente, cúbrete de su luz, azul para la luz de Miguel y blanca para la luz de el Espíritu Santo.

—Parece muy sencillo —dije impresionado.

—Pobre de ti, debes estar agotado de absorber toda la energía de tanta gente. ¿Y también puedes ver?

—¿A qué te refieres? —le pregunté intrigado. Quería estar seguro de que hablábamos de lo mismo.

—Tú ves Ángeles y Espíritus todo el tiempo. Vi cómo tus ojos bailaban cuando estábamos en el bar. No puedes seguir así Aidan, te vas a agotar. Pídeles que te den un descanso.

—¿Y cómo hago eso cuando siempre están ahí? Por eso nunca quiero salir, siento que me sofoco. ¿Me puedes decir qué hacer?

Era impresionante, ella parecía entender mi experiencia perfectamente.

—Bueno, creo que tú sabes lo que tienes que hacer. Sólo pídeles que se vayan, que te den un descanso y luego llámalos cuando los necesites. Tienes que trabajar con ellos pero según tus propios términos o te volverás loco. Ellos no tienen concepto del tiempo y su energía no se cansa como la de nosotros —explicó Rebecca.

—Les pedí que se fueran hace mucho tiempo y se fueron

por mucho tiempo. No quiero que vuelva a pasar —protesté. Sabía que ya no podía vivir sin ellos.

—Sí, pero regresaron cuando tú se los pediste, ¿o no?

—Sí, lo hicieron, y han estado conmigo desde entonces.

—Entonces, ¿a qué le temes? Llámalos cuando los necesites y pídeles que se vayan cuando necesites espacio para ti. Si no lo haces, vas a estar agotado todo el tiempo. Tu Ángel de la Guarda está contigo todo el tiempo y lo sabes. Lo único que tienes que hacer es pedirles que vengan y que se vayan cuando lo consideres necesario —insistió. Hablamos hasta bien entrada la noche sobre Ángeles y sobre la forma como Rebecca trabajaba con ellos para que la ayudaran en su día a día. Ella podía ver a los Ángeles y comunicarse con ellos de la misma forma como yo podía hacerlo. Pauline no los vio pero podía sentirlos y trabajar con ellos.

—No tienes que verlos, sólo tienes que saber que están presentes —dijo Paulina con gran confianza. Yo estaba impresionado por la gran fe que tenía en su bondad.

Todos estuvimos de acuerdo en vernos otra vez el sábado siguiente en la casa de Rebecca. Rebeca me dijo que me enseñaría a protegerme y luego iríamos al centro para ver si notaba la diferencia.

La noche pasó volando, había sido una de las mejores noches que había tenido y sentí que finalmente había encontrado amigos que me entendían. De camino a casa le agradecí a mis queridos Ángeles por enviar gente tan increíble a mi vida. Estaban muy contentos de que yo estuviera feliz y me aseguraron que había mucha gente muy similar que venía en mi camino. Me dijeron que había llegado la hora para que yo entrara a la luz y me conectara con mi propia energía. Desde ese momento todo sería más fácil.

Capítulo diez

No debemos estar tristes por los que mueren.
¿Por qué estar tristes? Están ahora en un lugar
donde no hay más sombra, oscuridad, desolación o dolor.
Están en casa.

John O'Donohue, *Anam Ċara*

A la mañana siguiente me sentía muy ligero y mi energía se sentía inusualmente elevada después de haber estado despierto hasta tan tarde. Aún era temprano y no vería a Gerry hasta las cinco de la tarde. Llevé a mi mamá a misa y luego fuimos a caminar al parque Phoenix, el parque más grande en Dublín, donde los venados corren libremente. El día era fresco con cielo azul, nubes blancas y una brisa fresca. Un buen día para ir a caminar.

Los narcisos se movían de un lado a otro con la brisa, brillaban con la luz del sol en medio del prado. Se sentía muy bien ver que el descanso del invierno de la Madre Tierra llegaba a su fin y que todo regresaba a la vida en nuestras vidas. Una gran felicidad llenó mi corazón como aún lo hace cada

vez que veo la belleza y simplicidad de la naturaleza. Mis dos
Ángeles de la Guarda estaban a mi lado.

—Esta época del año refleja la Energía Sanadora de Jesús.
Las flores de primavera y los árboles reflejan la resurrección
de Jesús, el Jesús vivo. Su amor y fuerza se ven renovados.
Igual que Jesús, la Madre Tierra muere y regresa a la vida
para nutrir y alimentar nuestros cuerpos —dijo Zacarías.

—Entonces, ¿es por eso que mucha gente se siente mucho
mejor durante la primavera? —pregunté.

—Exactamente, es la época más sanadora de todo el año. Es
época de crecimiento y de renovación, es cuando debes expresar tus deseos y crear la vida que quieres —dijeron.

De camino a casa reflexioné en el hermoso mensaje de los
Ángeles. Poco tiempo después me dirigí al centro. Habían
pasado diez años desde la última vez que había visto a Gerry
y no nos habíamos mantenido mucho en contacto desde su
partida. De hecho, hacía poco nos habíamos vuelto a poner
en contacto. Nos vimos afuera del restaurante Fans en la calle
Dame. Ahí estaba, lo podía ver a una milla de distancia con
su cabello negro y su enorme sonrisa.

—¿Cómo estás amigo? —me dijo imitando el acento australiano y luego me dio un gran abrazo. Se veía bien pero cansado. Había perdido mucho peso, pero aunque sus ojos se veían
cansados, su energía se veía bien. Entramos al restaurante, comimos y hablamos por horas.

Me contó cómo había pasado una vida de infierno pero que
ya había salido de eso y que ahora se encontraba en un buen
lugar; que estaba feliz y que se sentía en gran paz. Se rió cuando hablamos de su "alma gemela" y cómo yo había estado en
lo correcto en todo lo que le había dicho, incluyendo la adicción. Sí, su pareja se había gastado todo su dinero y estaba
involucrada en drogas y alcohol y había impulsado a Gerry a

ese estilo de vida. Gerry se quedó en esa relación por cuatro años hasta que lo recogieron de la calle una noche que había consumido una sobredosis de droga y alcohol. No tenía dónde vivir y no tenía dinero. Según él, ni siquiera sabía quién era. Sobrevivió de milagro y estuvo en rehabilitación, y después de pasar un largo y doloroso tiempo ahí, se volvió a encontrar.

Pero ahora la vida le sonreía nuevamente y estaba de vuelta en casa por tres meses para ver si podía volver a empezar su vida en Irlanda. Me miraba de forma extraña y sabía que quería preguntarme algo. Detrás de él había Ángeles esplendorosos, eran cinco o seis, todos vestidos de un blanco puro. Había otros dos espíritus sin alas: uno era un hombre y no estaba muy bien definido pero brillaba con una luz dorada. El otro espíritu era de una mujer, también brillaba pero con una luz plateada.

—Quieres preguntarme algo, ¿no es así? —le pregunté.

—¿Cómo lo supiste? Eres bien raro, ¿lo sabías? —dijo riéndose.

—Ya me conoces, todavía me llegan esos sentimientos, pero me siento más cómodo con ellos —respondí.

—Qué bien. ¿Me puedes decir qué ves para mí en el futuro? Estoy confundido y no sé qué hacer, si debo regresar a Australia. ¿Me puedes iluminar con algo? Fuiste muy asertivo antes de que me fuera a Australia, he debido escucharte. ¿Podrías decirme qué ves ahora? —me miró con ojos como de niño perdido.

Me sentí nervioso, pero al mismo tiempo emocionado. Era la primera vez que alguien me pedía ayuda y era la primera vez que alguien reconocía que yo era capaz de brindarla. Era muy raro, de repente el ambiente del restaurante se volvió muy pacífico. Estábamos en una esquina alejados de los demás, donde nadie podía escucharnos.

—Muy bien —le dije—, vamos a ver.

Llamé a mis Ángeles y les pedí ayuda. Gerry estaba sentado frente a mí con los ojos muy abiertos, esperando mi respuesta. Le hablé sobre su pasado, le dije que debía aprender de él en lugar de quedarse atrapado en él. Me quedé muy sorprendido al ver lo avanzado que estaba en su camino espiritual, de ver que creía en los Ángeles y sentía gran amor por Jesús y la Virgen María quien, según Gerry, había estado a su lado. Como muchos de nosotros en este camino espiritual a través de la vida, había encontrado a su Dios durante la época más difícil de su vida, pero ahora caminaba en un camino más noble y se sentía contento de que todo se viera más positivo para él.

—¿Y qué hay del futuro? ¿Es Australia o Irlanda? ¿Qué te dicen, o qué puedes ver? ¡Vamos! Haz lo que sabes hacer y dime qué hacer —se rió, pero realmente quería una respuesta y ayuda para tomar una dirección en su vida.

Intenté ver su aura pero no podía ver nada. ¿Qué estaba pasando? Sentí un poco de ansiedad y no sabía qué decirle. Tal vez no era tan bueno como creía, pensé. Tal vez había tenido suerte todo ese tiempo y lo que había adivinado había sido preciso y todo había sido creación de mi mente. Todo lo que podía ver era un viaje en avión y después una sensación de tristeza se apoderó de mí. Le pedí a mis Ángeles que me dieran más información. No podía liberarme de esa tristeza y empecé a preocuparme.

—Dile que siga su corazón, que alguien más tomará la decisión por él —dijo Hannah finalmente.

—Vamos, te estás volviendo más lento con la edad —bromeó Gerry.

—No sé, tal vez tengas razón. No puedo ver lo que debes hacer. Sigue tu corazón, la decisión va a ser tomada por alguien más, es lo que me dicen mis Ángeles —le dije.

—Suena bien... tal vez me va a llegar una oferta que no

puedo rechazar y eso me ayudará a decidir. Esos Ángeles siempre salen con sorpresas —dijo llevando su cuerpo hacia atrás.

—¿Entonces sabes todo sobre los Ángeles? —le pregunté.

—Sin mis Ángeles y mis Guías nunca hubiera sido capaz de salir de esos cuatro o cinco años de vida destructiva. Son muy poderosos, ¿verdad?

—Sí que lo son. A mí también me han regresado a la vida. Háblame de tus Guías. Veo dos tipos de seres contigo. Uno con luz dorada y el otro con luz plateada. La energía que ambos emanan es muy poderosa.

—¡Oh, Dios mío, puedes verlos! ¡Increíble! Bueno, la luz plata está asociada con la Virgen María y la de color oro con Jesús. Es maravilloso que puedas verlas y confirmar que están ahí. La mayoría de las veces las puedo sentir, pero no siempre. Jesús y Su Adorada Madre me dieron una segunda oportunidad. Probablemente pensarás que estoy loco o que era el efecto del alcohol y las drogas, pero por semanas podía verlos y sentirlos a ambos, ambos me tomaron en sus brazos y me dijeron que me pondría mejor. Me arrullaron y me cantaron al oído hasta que me compuse y después ya no los pude ver más. Pero sé que me están cuidando —dijo calladamente. Podía ver el dolor en sus ojos al recordar momentos tan difíciles—. No estás pensando que estoy loco, ¿o sí? Eres muy afortunado de poder verlos. ¿Te das cuenta? Siempre dije que eras raro —dijo Gerry llorando y riendo al mismo tiempo.

—Sí, ese soy yo, raro, y sé lo afortunado que soy. Háblame más sobre tus Guías —le insistí.

—En pocas palabras, los Guías o Espíritus Guía han vivido vidas humanas y han aprendido todas las lecciones de la vida. Son enviados a nosotros en espíritu para ayudarnos con su conocimiento y sabiduría. Igual que los Ángeles —explicó Gerry.

—Realmente me gustaría saber más sobre ellos porque

estoy empezando a ver más claramente y necesito aprender mucho más —le dije.

—Deberías averiguar más sobre cursos o talleres; generalmente son muy divertidos y aprendes mucho de ellos. Yo los tomo todo el tiempo en Australia —dijo con mucha alegría.

—¿Dónde voy a encontrar esos talleres? —le pregunté pensando que no estamos en Australia, sino en Irlanda.

—Me he dado cuenta que en las tiendas naturistas suelen anunciarlos —mencionó mientras pagaba la cuenta.

Decidimos terminar el encuentro y seguir platicando sobre Australia/Irlanda en alguna otra ocasión. Todavía le quedaban seis semanas antes de tomar una decisión, por lo tanto aceptó dejárselo a Dios y a los Ángeles con la confianza de que ellos lo resolverían. Estaba muy emocionado porque iba a Grecia por una semana, a visitar a un viejo amigo que ahora vivía en Creta. Salimos del restaurante como a las diez de la noche y prometimos que nos veríamos otra vez en cuanto regresara de Grecia. Una gran tristeza se apoderó de mí esa noche después de despedirme de Gerry. No podía entender por qué, habíamos pasado una noche maravillosa como siempre que estábamos juntos, la habíamos pasado muy bien y nos habíamos reído mucho. Sin embargo, había plantado una nueva semilla en mi cabeza, así que iría a las tiendas naturistas para averiguar qué cursos se estaban ofreciendo en la ciudad.

Esa noche, sentado en mi cama agradecí por todo lo que había aprendido esa semana y por toda la gente con la que había compartido todo ese aprendizaje. La energía de Jesús había sido de gran aprendizaje ese fin de semana. Había surgido un par de veces durante el transcurso del día y esperaba aprender mucho más en las siguientes semanas. Qué honor trabajar y entender tan especial y sagrada energía. Esa noche le di la bienvenida a Jesús en mi vida y le pedí que me guiara y me dirigiera hacia donde debía ir en mi vida para hacer lo que tuviera que hacer. Mientras me quedaba dormido sentí cómo una hermosa luz dorada me cubría, la cual se sentía firme, suave y muy segura.

Al día siguiente fui al trabajo como de costumbre y Pauline y yo platicamos sobre lo mucho que habíamos disfrutado el sábado en la noche. Le comenté lo impresionado que había estado con Rebecca, luego le comenté sobre mi encuentro con Gerry.

La semana pasó como cualquier otra semana, con sus altibajos sin nada demasiado dramático. Recuerdo la emoción que sentía en esos días por ir a las tiendas naturistas y por reunirme con Rebecca nuevamente para que me mostrara cómo proteger mi energía.

Ese sábado, justo antes de salir al centro me llamó Gerry. Estaba a punto de tomar su vuelo para Grecia y quería despedirse y darme las gracias por mi ayuda.

En el centro fui a algunas tiendas naturistas y sí encontré unos folletos anunciando todo tipo de cursos. Tomé algunos para verlos en casa.

Esa noche tomé un taxi para ir a la casa de Rebecca. Me recibió con una gran sonrisa y un fuerte abrazo. Su casa era muy relajante, me hizo sentir como en casa. Preparó té y me preguntó sobre mi semana y cómo me había sentido. Miró a mi alrededor y me dijo que mi energía se veía mejor que la semana anterior.

—Te ves más relajado —me dijo.

—Sí, me siento más en paz. Creo que desde que hablé contigo y con Pauline. Haces que todo esto se sienta más normal —le contesté.

—¿Normal? ¿Qué rayos significa normal? ¿Y quién quiere ser normal? ¡Normal es aburrido! —exclamó.

Íbamos a ver a Pauline en el mismo bar de la vez anterior, así que Rebecca decidió que sería mejor que nos protegiéramos para la noche. Me dijo que me parara en el centro de la habitación y que cerrara mis ojos. Me pidió que llamara a mis Ángeles y Guías y les pidiera que estuvieran a mi lado y me guiaran. Luego me pidió que visualizara una burbuja con luz blanca brillante, que una vez que la viera me imaginara entrar en ella, que la cerrara y la sellara.

—Esta es la luz del amor de Dios—me explicó.

Luego me pidió que visualizara una burbuja de luz azul brillante dentro de la burbuja blanca, que una vez que la tuviera en mi mente entrara en ella y la sellara también. Esta era la luz del Arcángel Miguel el protector.

—Ahora estás sellado con la luz más poderosa y segura y nada puede entrar o penetrarla. Estás seguro y protegido —dijo repitiéndolo tres veces.

Nos dirigimos hacia el centro de la ciudad. En esta ocasión el bar estaba más concurrido y no pudimos sentarnos al lado de la pared. No podía proteger mi energía y empecé a sentir pánico. Pauline llegó con otra amiga, María, una chica callada y tímida que me hizo sentir más cómodo. Todos hablamos por un rato, estábamos parados y sentía que me faltaba la respiración.

Rebecca me miró y me dijo:

—Todo está bien. Sólo pídeles que se hagan invisibles.

No podía creerlo, desaparecieron y pude volver a respirar.

—¿Estás segura de que van a regresar? —le pregunté ansioso.

—Estoy más que segura. Sé que van a regresar. Mira, pídeles que regresen e inmediatamente después pídeles que se vayan.

Hice como me lo pidió y estaba sorprendido de lo que veía. Vinieron y cuando les pedí que se fueran, desaparecieron. Era fantástico. ¡Yo tenía el control y me sentía increíble!

—Gracias, Rebecca. No puedo creer que haya sido tan sencillo —le dije.

—Sí, es así de sencillo. Pídeles lo que quieras ¿no es lo que siempre nos están diciendo? Todo se reduce a la sencillez, Aidan. Igual que tú, al principio fue muy difícil para mí. También recuerda que si solamente quieres ver a tus Ángeles y Guías es todo lo que vas a ver. También si ciertos Ángeles aparecen durante tu día en un momento en el cual no puedes o no quieres interactuar con ellos, pídeles que se vayan. Les puedes pedir que regresen más tarde cuando no estés ocupado. Con el tiempo comprenderás qué es lo que necesitas y lo que no necesitas ver. Son seres muy amorosos y todo lo que quieren es ayudarte. Así que nunca tengas miedo de pedirles su ayuda. Se comunicarán contigo en cuanto tú empieces la comunicación con ellos —dijo Rebecca sonriendo.

Sorpresivamente, más tarde en el bar, no me sentí con la necesidad de salir de ahí cuando estuvo lleno de gente. Me sentí tranquilo y pude disfrutar de la noche. Sin embargo, Rebecca constantemente estuvo asegurándose de que yo estuviera bien y eso me hizo sentir bien y seguro en su compañía. También sentí la presencia de mis Ángeles de una forma mucho más poderosa. Los podía sentir muy cerca. Había una parte dentro de mí que quería llamarlos para ver si todavía los podría ver. Antes de que cerraran el bar regresamos a la casa de Rebecca. Aún me sentía con sentimiento de paz y tranquilidad. Sonreí al pensar en lo diferente que me sentía después de haber vivido tantos años con pánico. Rebecca sabía que moría por averiguar si mis Ángeles todavía estaban ahí.

—Anda, llámalos antes de que explotes de curiosidad —dijo con sus ojos mirando al cielo.

Les pedí que me dejaran verlos otra vez. Les pedí que primero aparecieran los míos. Y ahí enfrente de mí aparecieron mis queridos Ángeles de la Guarda con luz brillante y sonriendo. Me sentí muy alivado. Luego llamé a los de Rebecca y a los de Pauline y también se hicieron visibles. Era como si los estuviera viendo por primera vez. Mi corazón se llenó de alegría. Ahora yo tenía el control, eso haría que las cosas fueran más fáciles en adelante. Estaba muy agradecido con Rebecca por haberme explicado y enseñado todo eso.

Durante el transcurso de los meses siguientes, Rebecca me explicaría y confirmaría muchas cosas. Estaba muy agradecido con mis Ángeles por enviarme a estas dos amigas tan especiales. Cuando llegué a casa esa noche agradecí por las bendiciones de ese día y por las lecciones que había aprendido. Luego le pregunté a Zacarías por qué no me había explicado antes lo que Rebecca me había enseñado sobre el ser capaz de verlos o no, ya que eso hubiera hecho que las cosas fueran más fáciles para mí.

—Mi pequeñito, siempre te hemos dicho que pidas lo que deseas y nosotros te lo daremos si es la voluntad de Dios. Tu lección en esta situación fue pedir y aceptar la ayuda de tus amigos en el mundo humano. No eres muy bueno en ese aspecto. Pedir ayuda es signo de fuerza y poder, no pedir ayuda es un signo de debilidad y terquedad —dijo con voz suave.

—Recordaré eso en el futuro —respondí. *Así que no pedir ayuda es signo de debilidad, qué interesante*, pensé con la determinación de pedir ayuda en el futuro de quien la necesitara.

A partir de ahí las cosas se volvieron más fáciles. Estaba más relajado. También encontré un curso que quería tomar. Se llamaba La Conexión con tus Ángeles y Guías Espirituales. Iba a ser impartido en Navan, así que no tendría que conducir muy lejos. Me inscribí en el curso y no le comenté a nadie que asistiría. Era una decisión que había tomado, lo tomaría, quería hacerlo y experimentarlo por mí mismo. Era un taller de un solo día, el último sábado de abril. En las siguientes semanas leí muchos libros sobre Ángeles y mantuve largas conversaciones con mis Ángeles igual que con Pauline y con Rebecca. Me hacía sentir muy bien poder hablar abiertamente sobre mis ideas y mis adorados Ángeles.

Habían pasado cuatro semanas desde que Gerry había ido a Grecia, ya debía estar de regreso, aunque todavía no había recibido ninguna noticia suya. Tal vez había decidido quedarse en Grecia para siempre. Había tenido la intención de llamarle la semana anterior pero por alguna razón sentí que debía hacerlo esa noche. Marqué el número, esperando escuchar su voz con su falso acento australiano diciéndome lo hermosa que Grecia era y por qué yo debía ir para allá.

Al terminar de marcar el número, sentí que algo no estaba bien. Una chica con voz triste contestó el teléfono.

—Hola —dijo—. Soy Maeve, la hermana de Gerry, ¿en qué puedo ayudarte? —preguntó.

—¿Puedo hablar con Gerry, por favor? ¿Ya regresó de Grecia?

Se quedó en silencio, un silencio que te rompe el corazón.

—¿Qué sucede? Por favor dime. Él es uno de mis mejores amigos —le dije de forma aprehensiva.

—Bueno, mira, Gerry fue a Grecia hace unas semanas y en su primera noche una motocicleta lo golpeó mandándolo a veinte pies de altura. Murió al instante. Acabamos de encontrar su lista de contactos hace unos días y hoy yo iba a llamar a todos sus amigos para avisarles lo sucedido —dijo su hermana tratando de aguantar el llanto.

—¿Me puedes decir dónde puedo ir a ver su tumba? Me gustaría mucho visitarlo —le dije aturdido.

—Es muy curioso que llames hoy y me preguntes sobre su tumba. Mis padres viajaron a Australia hace un par de días para esparcir sus cenizas en la playa Bondi. Era su lugar favorito. Sentía gran amor y paz en ese lugar —dijo Maeve al borde de las lágrimas.

No encontraba palabras para describir lo que sentía. ¿Por

qué nos habían quitado esta alma tan hermosa que había sufrido tanto? ¿Por qué ese hombre que tanto me había hecho reír a mí y a otros ya no estaba con nosotros? Estaba muy triste, realmente triste. Sentía como si algo dentro de mí hubiera muerto. Estaba en estado de *shock*.

Mientras caminaba por el parque esa tarde, entendí por qué no podía ver su aura y no podía ver más sobre su futuro y por qué había sentido tanta tristeza cuando traté de ver más en cuanto a su viaje.

—¿Era eso lo que me querían decir cuando traté de ver más sobre su futuro? ¿Lo que había sentido había sido su muerte? —le pregunté a mis Ángeles.

—Sí, mi pequeñito, eso es lo que percibiste. Pero te dará gusto saber que no verás muchas situaciones de este tipo. También te dará gusto saber que Gerry fue directo a la Luz, y no sintió dolor al morir, cruzó con gran facilidad. Estaba cansado y ya había querido regresar a casa desde hace mucho tiempo. Pensó que tenías razón cuando le dijiste que alguien más decidiría por él en cuanto a su decisión de si regresar o no a Australia. Al final fueron sus padres los que decidieron y le encanta estar allá tomando el sol. Gerry me pidió que te diera este mensaje: "Sigue siendo el hombre raro que eres, pues es tu rareza lo que te hace grande". También dijo que te ama y siempre te amará —dijo mi Ángel—. Ya lo entenderás.

Gerry fue uno de los mejores amigos que he tenido y fue un gran regalo haber contado con su amistad. Hasta el día de hoy, Gerry camina conmigo y me ayuda en mi trabajo. Mi primer taller empezaría pronto y decidí hacerlo en honor a Gerry.

Sólo faltaba una semana para el taller y estaba muy emocionado por ver de qué se trataba.

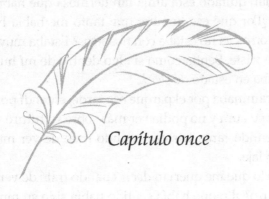

Capítulo once

Por naturaleza todo hombre busca el conocimiento.

Aristóteles

Por fin había llegado el día, iba rumbo a mi primer taller, estaba listo y no me sentía nada nervioso, no podía esperar para ver qué era lo que pasaría. Era un hermoso día de abril, el sol brillaba. Me había dado suficiente tiempo para llegar a la hora indicada porque era sábado y no sabía muy bien si había lugar para aparcar o tendría que buscar un estacionamiento. Todo iba de acuerdo al plan. Llegué a Navan media hora antes de la hora en que debía empezar y sin problema encontré un lugar para estacionarme cerca del centro holístico donde se llevaría a cabo el taller.

No era lo que yo me esperaba. Era una tienda vieja con una oficina en el sótano y el centro estaba en el primer piso. La puerta estaba cerrada pero podía escuchar música que venía del piso de arriba, así que sabía que había alguien ahí. Toqué unas cuantas veces pero no hubo respuesta, así que me dirigí a una cafetería que había visto en la calle a unos metros de la tienda.

La cafería era pequeña, con sólo tres mesas y estaba abarrotada. Encontré una silla libre y la tomé. Unos minutos después una pareja se paró y me quedé en la mesa con una chica joven. Parecía tener alrededor de veinte años, con cabello corto y claro y ojos muy grandes. Era muy bonita. Nunca había visto a nadie con tantos Ángeles a su alrededor. Empezamos a hablar y resultó ser que ella también iba a tomar el mismo taller. Su nombre era Anne. Sus Ángeles brillaban en una luz muy clara, estaban a su alrededor protegiéndola. Parecía como si la estuvieran levantando un poco en la silla en la que estaba sentada.

Al igual que yo, era la primera vez que asistía a un taller de ese tipo y estaba muy nerviosa. Terminamos nuestro café y nos dirigimos al centro holístico. Me di cuenta de que cuando caminábamos, sus Ángeles la tomaban de ambos lados y la cargaban un poco, como si le estuvieran dando apoyo físicamente.

El piso de la parte de arriba de la tienda no era de ninguna manera lo que me había imaginado. Me había imaginado un cuarto grande con grandes ventanas, paredes blancas con aire limpio y fresco. ¡Qué equivocado estaba!

Lo que encontré fue un pequeño cuarto obscuro con una ventana pequeñita. Estaba lleno de humo, había música Indoamericana en el fondo con el volumen muy alto, el lugar olía a humedad y parecía que las paredes no las habían pintado en más de una década. La mujer que impartiría el curso se llamaba Bárbara. Era una mujer muy jovial, tenía alrededor de cincuenta años. Era muy delgada, tenía el cabello largo y negro y llevaba ropa como de los sesenta, llevaba ropa hippie holgada en colores otoñales. Su ropa tenía terciopelo, lo que la hacía verse un poco exótica. Nos dio una cálida bienvenida y nos pidió que no estuviéramos nerviosos. Había otras diez personas más en el curso, la mayoría como de mi edad, personas de treinta o cuarenta años, con excepción de Anne. Yo era el único hombre en la habitación.

Bárbara se presentó a sí misma, aunque la mayoría de las personas ahí parecían conocerla. Quemó más sándalo y nos hizo una pequeña limpieza a cada uno para liberarnos de la energía negativa que nos rodeara. Pasó el humo en nuestros cuerpos por el frente y por detrás. Tarareaba con los ojos entrecerrados mientras lo hacía. Todo se sentía un poco extraño. Cuando el ritual de limpieza terminó, nos pidió que nos sentáramos en el piso formando un círculo alrededor de ella. Después nos pidió que cerráramos los ojos y que escucháramos el sonido de los tambores mientras nos enseñaba el antiguo canto indio sagrado.

En los siguientes treinta minutos estuvo cantando y golpeando un tambor, y para ser honestos, no me causó ninguna impresión. Abrí los ojos antes de que terminara porque me sentía muy incómodo. Miraba a los demás en el grupo mientras me preguntaba en qué curso me había metido. Ahí estaba Bárbara golpeando su tambor en medio de nosotros repitiendo el canto una y otra vez moviendo su cabeza en círculos con sus ojos entre cerrados y casi todos los demás hacían lo mismo. ¿Qué estaba haciendo ahí? ¿De qué forma me ayudaría eso en mi camino espiritual? Sólo esperaba que pronto se pusiera mejor. Llamé a mis Ángeles, quienes aparecieron frente a mí, tenían sus dedos en sus labios como diciendo que guardara silencio. Podía ver que se estaban riendo.

Cuando Bárbara terminó nos quedamos en el círculo y nos pidió que compartiéramos lo que habíamos sentido durante la meditación. Bueno, pues todas dijeron que se lo habían pasado increíble, que habían viajado a una vida anterior como un indio americano o que habían sido visitadas por un sanador indio, todas estaban muy emocionadas. Me giré para ver a Anne y ambos negamos con la cabeza como diciendo, *yo no vi nada ¿y tú?*

Como era mi primera clase dije una mentira piadosa y no

quise admitir que no había sentido nada, no había ido a ninguna parte y que no me había visitado nadie, así que sólo dije que me había sentido cómodo y relajado pero que no había sentido nada. Anne dijo algo similar. Nos miramos el uno al otro y nos reímos. Todo el grupo era muy amigable y todos los demás dijeron que tal vez no habíamos sentido mucho porque era nuestra primera clase y tal vez estábamos un poco nerviosos. Bárbara nos ofreció mucho apoyo y nos dijo que le preguntáramos cualquier cosa que no entendiéramos y que si había algo que nos hacía sentir incómodos se lo dijéramos.

Después dio una plática sobre los Ángeles, de dónde venían, cómo debíamos trabajar con ellos y cómo llamarlos para que nos ayudaran a mejorar nuestras vidas. Esa parte sí la disfruté mucho. Habló mucho sobre el Arcángel Miguel, sobre lo poderoso que era para dar protección, cómo ayudaba a liberarte del pasado, a cortar lazos y mantenerte en esa nueva energía.

El ritual para cortar lazos me causó gran impacto. Se trata de cuando uno le pide a San Miguel que corte los lazos de negatividad que une a una persona con otra o a alguna cosa, puede ser una adicción, una mala relación, drogas, alcohol, comida, juegos de azar. Este corte, explicó Bárbara, no puede hacerse en un taller. Tenía que hacerse en una sesión en privado ya que podía ser una experiencia muy dolorosa y emocional. Todos los que ya habían pasado por eso estuvieron de acuerdo en lo poderoso que era y lo mejor que uno se sentía después de eso. La mañana pasó muy rápido y después del almuerzo nos dijo que conoceríamos a nuestro Ángel de la Guarda y nuestro Guía Espiritual y que nos daría sus nombres.

Anne y yo regresamos a la cafetería para comer algo y ambos estuvimos de acuerdo en que el taller no era lo que esperábamos. Pero al mismo tiempo teníamos curiosidad para ver qué más aprenderíamos al regresar del almuerzo. Igual que yo, Anne estaba muy metida en el tema de los Ángeles; ella creía en ellos y constantemente les pedía ayuda y apoyo y nunca le fallaban.

—¿Sabes, Aidan? Esta mañana yo estaba tan nerviosa que le pedí a mis Ángeles que me cargaran y me llevaran hacia el lugar. ¿Puedes creerlo? —me preguntó.

Sólo reí y asentí con la cabeza mientras pensaba que no sólo lo creía sino que los había visto literalmente cargarla. No dije nada más porque sentía que no había suficiente tiempo para explicarle y no la conocía muy bien como para decirle algo tan personal. Cuando regresamos al taller, Bárbara nos pidió que nos sentáramos en el piso otra vez y que nos tomáramos de las manos cruzando nuestros brazos para unir nuestras energías y crear un círculo de hermandad al mismo tiempo que permitiríamos que nuestra energía fluyera a través de cada uno de nosotros, todo mientras ella tocaba su tambor nuevamente y ponía sus ojos en blanco.

¡Yo no iba a hacer nada de eso! Mi energía no fluiría a través de nadie y no quería que la energía de nadie más fluyera a través de mí. Llamé a mis Ángeles y les pedí que me protegieran de ese flujo de energía. Fue sorprendente. Pusieron algo así como una corriente de luz eléctrica a mi alrededor haciéndome sentir a salvo y protegido y podía sentir el flujo de energía pasar fuera de mí como una corriente. Abrí mis ojos y vi a mis Ángeles parados enfrente de mí, sonriendo y asintiendo con su cabeza como si estuvieran complacidos por mi petición. Estaba muy contento de lo que había aprendido de Rebecca sobre cómo proteger mi campo de energía.

Cuando Bárbara pidió que abriéramos los ojos después de la meditación y desconectamos nuestra energía, nos dijo que ella se había conectado con todos nuestros Guías Espirituales y uno a uno nos fue diciendo sus nombres y cómo nos ayudarían en nuestra vida. No podía esperar para que me tocara mi turno y me dijera algo sobre el mío. Hasta ese momento, todos los demás tenían un indio americano como Guía Espiritual y se sentían muy conectados con su Guía. Durante la meditación pude ponerme un poco en sintonía pero sólo pude ver Ángeles alrededor de todos. Bárbara me dijo que mi Guía Espiritual también era un indio, su nombre era Muraco o Luna Blanca. Era alto y valiente y me ayudaría en todo lo que tuviera que ver con los negocios.

No sabía mucho sobre Guías como para poder encontrarle sentido a lo que Bárbara me decía, además de que su mensaje fue muy general. Y, siendo honestos, nunca había visto o sentido ese gran Espíritu a mi alrededor.

Tuvimos otro pequeño descanso y me puse a platicar con una señora muy amable cuya hija estaba pasando por momentos muy difíciles. Se encontraba muy deprimida después de haber terminado la relación con su esposo cuatro semanas antes. Aún lo amaba mucho y no sabía qué hacer. En eso mi Ángel me susurró al oído:

—Dile que todo va a estar bien, regresarán juntos. Viene un bebé en camino. Vamos, dile, tiene que saberlo.

Respiré profundo y le dije a la señora lo que me había dicho mi Ángel. Me miró como diciendo, *Dios, pero qué inocente eres, ¿no escuchaste lo que te acabo de decir?*

—Es imposible. Él ya está con alguien más —contestó.

En eso, Bárbara nos llamó e hicimos otra meditación, pero en esta ocasión para conocer a nuestro Ángel de la Guarda. Nos adentramos en una meditación relajante y segura. Yo podía ver y sentirlo todo. Cuando llegó la hora de conocer a nuestros Ángeles, vi a Zacarías y a Hannah. Bárbara le pidió a todos los Ángeles que estuvieran a nuestro lado para siempre y poco a poco nos regresó al presente y salimos de la meditación. Nos dijo que durante la meditación ella pudo ver a todos nuestros Ángeles a nuestro lado y que todos estábamos seguros y protegidos. Luego nos dijo sus nombres, los cuales había recibido de ellos. Cuando llegó mi turno me dijo:

—Tú ya conoces el nombre de tu Ángel de la Guarda. Es muy poderoso. Continúa pidiéndole su ayuda. —Sonrió y me dio un fuerte abrazo—. Qué energía tan cálida tienes, Aidan. Hay sanación en ese abrazo.

Ya me lo han dicho antes, pensé, sorprendido de escucharlo otra vez.

El día llegó a su fin y todos nos dimos un abrazo y nos deseamos mucha suerte. La señora con la que había hablado en el descanso fue la última persona de la que me despedí. Me agradeció por la pequeña charla que tuvimos y por mis amables palabras.

Anne y yo caminamos juntos cuando salimos a buscar nuestros autos. Ambos dijimos que aunque había sido un día interesante, hubo partes un poco extrañas y no había sido exactamente lo que habíamos estado buscando. Ambos esperábamos algo un poco más Angelical, más fácil de entender, pero por otra parte, ese sólo había sido nuestro primer taller, así que no lo podíamos comparar con nada más.

Nos dimos un abrazo e intercambiamos números de teléfono y prometimos mantenernos en contacto. Una vez más, había sido maravilloso conocer a otra persona con pensamiento similar para platicar y compartir ideas.

Luego reflexioné sobre el taller: ¿Qué había aprendido? Había aprendido sobre el corte de lazos. Tal vez tenía que ir al taller sólo por eso ya que no había aprendido nada nuevo sobre mis Ángeles y no había obtenido mucha información sobre mi Guía Espiritual. No me sentí conectado con el Guía del cual Bárbara me había hablado. ¿Qué es lo que me sucedía? ¿Me estaba resistiendo? Se lo pregunté a Zacarías.

—No, querida alma, no te estás resistiendo, esta todavía no es la energía con la que te necesitas conectar. Estás cansado, así que hablaremos más sobre esto más tarde pero tienes que saber que *todo* está en su lugar y no debes preocuparte por nada.

Estaba muy contento por llegar a casa. Me preparé una taza de té y fui a la sala, me desplomé en el sofá. En cuanto mi cabeza tocó el cojín caí en un hermoso sueño profundo. Desperté cerca de las diez de la noche pero aún me sentía cansado, así que decidí ir a la cama, lo cual no era común para mí ya que dos o tres horas de sueño por la noche me eran suficientes. Me acosté en la cama y caí en un sueño pacífico.

A las tres de la mañana, de repente me senté en la cama.

Mis dos Ángeles de la Guarda estaban parados a mi lado y toda la habitación estaba cubierta de neblina. Estaban radiantes de una energía muy fuerte. Presentía que algo estaba a punto de suceder. Me aseguraron que todo estaba bien. No sentía miedo; confiaba en ellos completamente y estaba ansioso por saber qué pasaría. Tomaron mis manos en la suyas y sentí su cálida protección, luego me pidieron que cerrara los ojos y me dijeron que me llevarían en un corto viaje y que no abriera mis ojos hasta que me lo dijeran.

Todo mi cuerpo empezó a vibrar de emoción. Mientras estaba sentado en mi cama, sentí que me desprendía de mi cuerpo físico y me sentí libre y ligero y con una paz total. Sentía que flotaba y se sentía muy bien. Después de unos minutos me dijeron que abriera mis ojos, así lo hice y me quedé sin habla. Me habían llevado a una pradera gloriosa y exuberante llena de margaritas y pasto verde. Había un bosque al pie de una montaña, pero comparado con la pradera, el bosque parecía desnudo. El aire era fresco y había una brisa fresca que llevaba la dulce esencia de los Ángeles. Se sentía muy bien pero aún no sabía por qué estábamos ahí.

—¿No reconoces este lugar tan pacífico? Este es tu lugar sagrado, tu lugar de sanación, tu lugar de paz perfecta, tu lugar de Dios —dijeron.

—¿Este lugar es mío?—pregunté.

—Sí, Alma Pequeña, este es tu lugar sagrado. Nadie salvo tú, tus Ángeles, tus Guías y tu Dios puede entrar en este lugar. En este lugar de quietud y silencio te moverás más allá de las limitaciones de tu cuerpo y te reconectarás con la energía del Maestro Divino. Llena tu corazón y tu alma con esta luz y amor puro y, al aceptar estos regalos, tu luz brillará de forma natural, de forma más fuerte y brillante —dijo Zacarías mientras sonreía.

—Acepto este maravilloso regalo —dije.

—Entonces, pequeñito, puedes visitar este lugar en cualquier momento. Lo único que tienes que hacer es cerrar tus ojos y llamarnos, y nosotros te llevaremos más allá de tus límites físicos a este lugar de paz perfecta. Muy pronto es aquí donde viajarás durante tus sanaciones —dijo Zacarías.

No contesté. No podía creer lo hermoso que era todo. Todo era muy brillante, limpio, fresco y vigorizante.

—Hay que regresar. Has tenido un día muy largo. Ya regresaremos en otra ocasión —dijo.

Tomé sus manos y en poco tiempo sentí cómo me reconectaba con mi cuerpo y me sentí seguro en mi cama. Mis Ángeles se quedaron a mi lado mientras me dormía.

A la mañana siguiente desperté muy temprano. Sentía como si alguien me hubiera absorbido toda la energía. Me dolía todo el cuerpo. Me sentía exhausto y mi cabeza se sentía muy pesada. Miré todo en mi recámara y todo parecía estar en su lugar como siempre. ¿Acababa de despertar de un sueño hermoso o acababa de tener la experiencia más maravillosa de toda mi vida? Hice mi ritual de siempre al despertarme.

Cada mañana veía el cielo y daba gracias por el regalo de otro día y la luz que nos daba. Di gracias por la protección que me brindaba ante la obscuridad y por una noche de descanso. Después invitaba a la luz al Espíritu Santo, a todos mis

Ángeles, Santos y Seres de Amor, Luz y Sanación. Pedía que me protegieran y me guiaran en mi verdadero camino de aprendizaje y entendimiento.

Esa mañana no podía esperar para hablar con mis Ángeles. Vinieron y me explicaron que esa noche sí había viajado a mi lugar sagrado y que con el tiempo viajaría ahí muy seguido. Me dijeron que esa noche me llevarían ahí nuevamente a conocer a mi Guía Espiritual, me dijeron que no era Muraco sino alguien quien había estado conmigo desde que había nacido. Hannah me explicó que los Guías Espirituales, a diferencia de los Ángeles, han tenido vidas humanas y han vivido muchas vidas en la tierra. Han aprendido todas las lecciones de la vida y al haberlo hecho se han vuelto almas perfectas. Escogen ser nuestros Guías e igual que los Ángeles, están ahí para ayudarnos y guiarnos en nuestro camino en la vida. Son almas viejas y sabias que viven dentro de cada uno de nosotros. Ellos son la voz que nos hace diferenciar lo correcto de lo incorrecto.

Me sentía como un niño esperando a Santa Claus. El día se me estaba pasando muy lento y mi cansancio no mejoraba. Traté de dormir pero no podía. Me sentía inquieto y agitado. Había quedado de verme con Pauline y Rebecca esa noche para tomar un café y charlar un poco, así que me obligué a ir. Me dio mucho gusto verlas otra vez y quería decirles todo sobre mi taller. Estaban muy contentas por mí por haber tomado la decisión de ir solo. Rebecca pensaba que era mejor hacer ese tipo de cosas con extraños para poder expresarte y sentirte libre de decir lo que quieres sin pensar en qué pensaría un amigo o una amiga. Si no, no tenía caso asistir a ese tipo de talleres. Puede que no digas algo si sabes que algún conocido está ahí. Pauline me dijo que debí de haberle preguntado más sobre los Guías Espirituales. Estaba leyendo un libro sobre eso y me dijo que cuando lo terminara me lo prestaría para que yo lo leyera. Rebecca comentó que era muy curioso e interesante que estuviéramos aprendiendo sobre esos temas al mismo tiempo.

No les comenté nada sobre mi lugar sagrado. Sentí que debía esperar hasta saber más. Como a las ocho de la noche decidimos terminar nuestro encuentro y me fui a casa. Cuando estuve en la cama, di gracias a mis Ángeles por el día tan maravilloso y por toda la ayuda que me habían brindado. Les pedí que me protegieran durante las horas de la noche y que me mantuvieran a salvo en la oscuridad. Me acosté en la cama emocionado por el hecho de que esa noche mis Ángeles me llevarían a conocer a mi Guía Espiritual.

Capítulo doce

El odio no cesa con el odio,
sólo con el amor, esta es la ley eterna.

Buda

Por más que lo intenté no me pude mantener despierto. Sentía cómo lentamente me dormía. De repente desperté. Mi corazón latía rápidamente, la habitación estaba cubierta de neblina. Mis Ángeles estaban a cada lado. No dijeron una sola palabra, sólo tomaron mis manos entre las suyas. Cerré mis ojos y nuevamente pude sentir cómo empezaba a flotar al ir dejando mi cuerpo. Pocos minutos después me encontré en mi lugar sagrado. Era como la vez anterior: luminoso, hermoso y fresco.

A poca distancia de donde me encontraba había un autobús amarillo estacionado debajo de un árbol al lado de un lago con agua clara como el cristal.

Zacarías me dijo que fuera hacia el autobús y me aseguró que todo estaba bien y que yo estaba seguro. Aunque iba caminando, yo no podía sentir mis pies debajo de mí. Sentía algo raro pero me sentía seguro, y sentía como si estuviera

149

a punto de tener una experiencia inusual pero especial. No tenía miedo, me sentía emocionado.

En cuanto me acerqué al autobús vi que la puerta del pasajero estaba abierta y parecía haber alguien sentado en el escalón. Me giré para ver a mis Ángeles, pero ellos me indicaron que siguiera.

El autobús se parecía a esos autobuses amarillos que salen en las películas estadounidenses. Todo parecía muy extraño, eso no podía ser mi Guía Espiritual, pensé. Mientras más me acercaba, podía ver la figura de un hombre viejo con cabello blanco y rizado vestido con un traje azul claro. Su espalda estaba hacia mí y en cuanto me escuchó se puso de pie y se dio la vuelta. Era el hombre negro más hermoso, pequeño de estatura, de 1,60 metros y ancho. Me dio la más grande sonrisa revelando sus dientes blancos perfectos, sus ojos color chocolate brillaban como diamantes.

Me dio el abrazo más fuerte que alguien me haya dado antes, luego lentamente me empujó hacia atrás para verme sosteniéndome de mis hombros. Me miró de arriba abajo y sonrió.

—Por fin viniste. Te tomaste tu tiempo, Alma Pequeña —dijo con una voz suave.

—Tú eres mi Guía espiritual, ¿verdad? —le pregunté.

—Así es, soy yo. Estás sorprendido, puedo verlo.

Estaba más que sorprendido. No era nada de lo que esperaba que fuera. Supongo que esperaba a alguien más Angelical, o un santo o algún indio americano. Un ser con energía como la de mis Ángeles. ¿Pero qué me tocó? Un hombre viejo en un traje azul y una camisa a cuadros. Su energía era más sólida que la de los Ángeles, era más terrenal, y cuando hablaba, su voz sonaba como la de nosotros, no se sentía como si viniera de fuera de nuestro campo de energía. Parte de mí pensaba *¿me están jugando una broma?* Mientras que la otra parte se sentía aliviada de que él fuera tan normal, y podía sentir su amor y sabiduría a mi alrededor.

—¿Tienes nombre? —le pregunté.

—Sí, me puedes llamar Jack. Está fácil ¿o no? —se rió.

—Es muy sencillo, lo recordaré fácilmente.

Sonreí.

—Ven, siéntate a mi lado, te voy a contar un poco sobre mí ya que yo ya lo sé todo sobre ti —me dijo con un guiño mientras me ponía una mano sobre el hombro.

Nos sentamos en el pasto. Jack me contó que había tenido muchas vidas pasadas. Demasiadas para contarlas, y había tenido una mezcla de vidas buenas y vidas malas. Había tomado la decisión de convertirse en un Guía Espiritual y yo era la primera alma que guiaría. Estaba muy emocionado de trabajar conmigo y me explicó que al igual que los Ángeles, sólo me podía guiar, no haría el trabajo por mí porque me privaría de valiosas lecciones. Me ayudaría si lo escuchaba y seguía su consejo.

También me explicó sobre el autobús y su apariencia. En su última vida había sido afroamericano y había vivido en la parte sur de los Estados Unidos. Siempre había querido manejar el autobús amarillo, pero su vista era muy mala y nunca pudo realizar su sueño. Así que había tomado esa apariencia y personaje. Dijo que iríamos a un viaje en las siguientes semanas.

Dijo que ese viaje me ayudaría a abandonar viejas formas de pensar así como viejos hábitos para que así pudiera moverme con más confianza. Dijo que no debía preocuparme o tener miedo; que con el tiempo todo se volvería más claro para mí. Dijo que el autobús me llevaría a la cima de la Montaña Sagrada y que desde ahí vería las cosas con más claridad y desde otra perspectiva. Justo en ese momento, mis Ángeles me tomaron de la mano. Jack me dio el abrazo más amoroso y cálido y me recordó que estaría a mi lado todo el tiempo. Dijo que sólo debía llamarlo y vendría a ayudarme.

Mi viaje con Jack empezaría en un par de días. Sentía que debía descansar porque al principio el viaje entre los dos planos de energía me haría sentir muy cansado. Con el tiempo me debía acostumbrar porque en el futuro estaría haciendo esos viajes de forma frecuente. Cuando me di cuenta ya estaba en mi cama y me quedé dormido en segundos. A la mañana siguiente desperté con el mismo cansancio y pesadez. Nada parecía ayudarme a sentir mejor.

Mis Ángeles me aseguraron que no siempre sería así de difícil pero moverse entre los dos campos energéticos causa cierto cansancio. Esperaba que mi cuerpo se acostumbrara rápido porque no sería capaz de vivir con ese cansancio.

En el siguiente par de días me sentí diferente. Aunque me sentía cansado, también me sentía un poco relajado pero no completamente. No me sentía conectado con nada o nadie. Tenía esa sensación de estar en otro lugar, la gente me hablaba pero no podía entender lo que me decía y no necesitaba hacerlo. Una sonrisa y un movimiento con mi cabeza asintiendo a sus palabras parecían ser suficientes.

Gradualmente, en los siguientes tres días mi energía regresó a su nivel normal. Me había costado trabajo ir a la oficina con el cansancio, aunque el cansancio era diferente, muy especial, de hecho se sentía bien —me sentía como con los pies más en la tierra—. La presencia de Jack estaba conmigo en esa época, era terrenal y sólida. Sentía como si casi la pudiera tocar. Su energía era como la de ese padre orgulloso que carga a sus hijos. Mis adorados Ángeles tenían una energía más ligera. Pero ambas energías llevaban la misma energía de Dios de protección y amor incondicional.

Pasaron cuatro noches antes de que regresara a mi lugar sagrado y en esta ocasión fue Jack el que me llevó. Empezamos nuestro viaje en la cima de la Montaña Sagrada. Miré hacia arriba y vi que la base de la montaña estaba cubierta con una neblina suave pero en la cima estaba claro. Abordamos el autobús amarillo, era viejo pero estaba limpio y luminoso y tenía asientos de la mitad del autobús hacia atrás en ambos lados. Al final en la derecha había un pequeño gabinete de metal, y a la izquierda había un sillón de color verde claro y una mesa al lado. Jack me llevó a la silla y me senté.

Señalé el gabinete y dije:

—En ese gabinete hay muchos folios, algunos que requieren trabajo, otros no. Estos folios tienen la historia de tu vida hasta este momento. Quiero que los empieces a leer desde el principio y cuando hayas terminado de leer cada folio, llámame y empezaremos a repasarlos para ver qué es lo que tienes que hacer y si es necesario que sanes o si hay algo que tienes que dejar ir o si hay algo más que tienes que aprender. En esta ocasión vamos a trabajar con soltar el dolor de las penas del pasado. En tus folios hay cosas que te harán reír y cosas que te harán llorar y cosas que necesitas experimentar en la vida. No tengas miedo, has hecho casi todo el trabajo. Alma Pequeña, tus Ángeles y yo estamos aquí para protegerte y guiarte durante este proceso.

Me miró fijamente a los ojos, sus ojos obscuros brillaban con gran amor. Sabía que estaba completamente seguro.

Tomó el primer folio del gabinete: era un folio polvoso color azul y, escrito con la letra más hermosa en color oro, decía *1958 a 1965*. Me dirigí a la silla pues no podía esperar para leer lo que había dentro.

Ahora Jack estaba sentado detrás del volante y el autobús se movía. Miré por la ventana pero la neblina era gruesa y no veía nada. Abrí mi carpeta y empecé a leer. La lectura era ligera y divertida en ciertas partes. Me hizo sentir muy bien leerlo excepto por una parte en la cual estuve en el hospital.

No había levantado la cabeza para ver por la ventana desde que empecé a leer, pero para cuando había terminado de leer, la neblina se había disipado y ahora la vista era clara y fresca. No había rastros de que hubiera humedad a pesar de la gruesa neblina que había estado ahí antes. Me recargué en la silla, me estiré y le dije a Jack que ya había terminado. Detuvo el autobús y fue hacia mí con una sonrisa en su rostro.

—¿Bueno? ¿Qué te pareció? ¿Encontraste alguna parte difícil? —preguntó.

—No, sentí gran consuelo y paz al leerlo. La única parte que me hizo sentir triste fue cuando estuve en el hospital y extrañaba a mi mamá y mi papá y a mi familia. Todavía puedo sentir el miedo que sentí en ese entonces, pero en la mayoría de la lectura no me sentí triste o solo —le contesté.

—¡Fantástico! Entonces dime, ¿qué es lo que aprendiste en esa época de tu vida? —me preguntó.

—Aprendí mucho en esos días. Fue una época feliz. Me sentí seguro. Amaba a mis padres y a mis hermanos y ellos me amaban. En una palabra, todo era AMOR, sentí mucha calidez, me sentí bien por dentro.

—AMOR, qué hermoso. Una lección muy fina que aprendiste a una edad tan temprana, y qué gran recuerdo llevas de tus cortos años. Esa fue tu base. Eso es lo que moldeó el resto de tu vida. Nada puede destruir el amor. El amor es energía pura de nuestro Maestro Divino. Así que quiero que salgas de aquí conociendo el amor, con el conocimiento de que eres amado y quiero que sientas el amor como lo sentías en ese entonces: amor incondicional puro.

Con esas palabras tomó mi mano y salimos del autobús. Me dijo que nos veríamos ahí en un par de noches para continuar con mi viaje. Unos segundos más tarde, estaba en mi cama durmiendo profundamente. En el siguiente par de días mi energía estuvo débil como antes y así lo estaría cada vez que hiciera ese viaje.

Así es como se inició ese viaje de aprendizaje, perdón y dejar ir lo malo. En el curso de las siguientes cinco o seis semanas, cada tres noches iba a la Montaña Sagrada. Todo era siempre lo mismo.

El viaje empezaba con otro folio. El período siguiente era *1966 a 1970. Esos fueron los años horribles, los años de dolor y vergüenza*, pensé mientras leía este folio. Cuando terminé le avisé a Jack. Detuvo el autobús pero la neblina estaba todavía ahí y la energía se sentía gris.

—Hoy no nos fue muy bien, ¿verdad, Alma Pequeña? Lo puedo sentir en mi energía. Tenemos que trabajar juntos en esto. Pensaste que ya lo habías dejado ir —dijo con la voz más amorosa.

—Todavía siento odio por esas dos personas. Hoy en día no pienso mucho en ellos pero cada vez que lo hago siento mucho odio y no puedo pasar de ahí —le confesé sintiéndome herido y enojado.

—Está bien, podemos trabajar en ello. Primero, tienes que perdonarte a ti mismo. Eso no lo has hecho todavía. Después trabajaremos en perdonar a quienes abusaron de ti. Puedes hacer esto y tus Ángeles y yo te guiaremos y te protegeremos durante la ceremonia del perdón. No lo vamos a hacer esta noche, quiero que leas otro par de décadas antes de que hagas ese trabajo. Será más fácil entonces porque podrás ver de forma más clara qué ha pasado y qué es lo que tienes que aprender. Por favor, no tengas miedo: nunca permitiremos que sientas el dolor que sentiste en el pasado y cuando regreses a casa, nada de lo que leíste esta noche te causará problemas o angustia. ¿Qué es lo que crees que aprendiste en esa época? —preguntó Jack.

—En confiar sólo en algunos pocos y en proteger mi corazón y mi alma porque hay gente que te puede robar esos gloriosos regalos. Ellos son tu esencia y cuando la gente los roba o los rompe te arrebatan tu verdadero yo —le contesté.

Ahí lo dejamos y yo regresé a mi cama. Los siguientes días estuvieron llenos de reflexiones sobre lo que había leído, mientras esperaba a que me llevara a la Montaña para continuar con el viaje. Por esos días recibí una llamada de la mujer que había conocido en el taller cuya hija estaba muy deprimida. Llamó para decirme que su hija y su esposo estaban juntos de nuevo. Había dejado a la otra mujer y le rogó a su hija que volviera con él. No sólo eso, sino que estaban esperando un bebé para el próximo año. Había llamado para disculparse por haber dudado de mi mensaje. Yo estaba muy contento de que me hubiera llamado, saber que todo se había arreglado y había sucedido tal y como mis Ángeles me lo habían dicho me dio gran confianza y aliento para seguir escuchando los mensajes que mis Ángeles me dieran para otras personas.

Muy pronto estaba de regreso en mi viaje. El autobús aún estaba estacionado donde lo habíamos dejado unas noches atrás, la neblina estaba más densa. El folio que recibí esta vez decía, *1971 a 1985*. Era la época de mi adolescencia y la primera parte de mis veintes. Este folio tomaría dos viajes así que me dijo que me tomara mi tiempo y me relajara. No fue la peor época de mi vida. Fue un periodo de altibajos.

Aunque había estado feliz en la preparatoria y había hecho amigos con quienes salía, había sido en esta época cuando me había alejado del mundo espiritual y le había pedido a mis Ángeles que me dejaran solo. Había empezado a tener ataques de depresión y había puesto mi mirada en la religión, en las leyes hechas por el hombre y en los rituales que utilizaban en busca de respuestas. De alguna forma me había dado la espalda a mí mismo y eventualmente empecé a dejar de salir y socializar.

Inclusive en ese tiempo, había dejado que mis amigos me usaran y me volví experto en controlar mis propias emociones pretendiendo que todo estaba bien. Era mi transición de niño roto a adolescente feliz a hombre deprimido. Jack y yo no volvimos a hablar hasta que terminé de leer todo.

—Muy bien —dijo—. ¿No fue tan difícil esta vez?

—No, no fue muy difícil pero estoy exhausto. Fue una época de pretensión cuando ponía una gran máscara. Una época en la cual hice lo que la gente quería que hiciera. Estaba hambriento por la aprobación de todos en todo lo que hiciera o dijera.

—Sí, es en esos años de transición, los años de gran crecimiento y gran cambio energético en el cuerpo humano, ambos por dentro y por fuera. Tu alma despierta, se desarrolla y se cuestiona todo durante esos años. Tu alma va de un alma de niño —un alma que no se cuestiona sino que acepta— al alma joven, la cual es un alma en búsqueda y que no siempre acepta lo que siente. Es la época de las inquietudes y algunas veces de las almas con problemas —me explicó Jack.

—Ahora puedo entenderlo, es exactamente como yo me se sentía —dije.

—¿Qué aprendiste durante este período? —preguntó nuevamente Jack.

—APROBACIÓN. Estaba buscando la opinión de otras personas ignorando mi propia voz —contesté.

—Eres muy bueno para esto, ¿lo sabías? Estás haciéndolo muy bien.

—¿Pero a dónde nos va a llevar todo esto? —pregunté.

Jack me aseguró que todo iba a tener sentido y yo acepté ser paciente y no apresurar las cosas o preocuparme por nada. En las últimas dos o tres semanas yo había estado viajando entre los dos campos de energía y por fin mi cuerpo empezaba a acostumbrarse. Ya no sentía mi cabeza tan pesada ni me sentía tan exhausto. También estaba durmiendo muy bien en las noches que no viajaba. En esa época Jack bromeaba diciéndome que yo sería un buen piloto en alguna aerolínea.

La siguiente vez que nos vimos la neblina empezaba a disiparse y vi que estábamos a la mitad de la montaña. Jack me llevó a la orilla y me dijo que mirara a la distancia. Ahí vi a un gran número de personas formadas esperando. A la derecha alguien en un escenario estaba haciendo una presentación para una audiencia, y a la izquierda parecía haber un salón de clases y nuevamente había gente escuchando con gran interés. Sentía que muchos de ellos cargaban una energía pesada y deprimente, se veían muy preocupados y cansados. No podía entender por qué me estaba mostrando esto y por qué ahora.

—¿Por qué están esas personas en mi lugar sagrado? ¿Qué no es sólo para mí? —le pregunté confundido.

—Mi Pequeño y querida Alma, todas esas personas no están en tu espacio. Nadie puede entrar en este espacio. ¿No puedes ver lo lejos que se encuentran? Están afuera de tu espacio pero están tratando de alcanzarte. Están esperando a que llegues a ellos. Necesitan de tu ayuda y de tu energía. El escenario y la clase forman parte de tu futuro y es lo que aceptaste hacer en esta vida —dijo Jack.

—¿Qué tengo para ofrecerles a estas personas? Realmente me encantaría ayudar a las personas, pero ¿cómo? —le pregunté completamente confundido.

—Créelo o no, sucederá muy pronto y le darás la bienvenida a esta experiencia. La gente está siendo puesta en tu camino. Mantén tus ojos y tu corazón abiertos. Vamos a trabajar un poco más —dijo mientras mostraba su luminosa sonrisa al mismo tiempo que me daba un abrazo reconfortante.

El folio siguiente era muy grueso y las letras doradas decían

1986 a 1996. La última fecha estaba muy cerca del presente, en ese entonces era el verano de 1997.

Ese fue un período de contrastes ya que terminaría siendo uno de los periodos más oscuros de mi vida, cuando caminaba por este mundo como un alma perdida, abusaban de mí en el trabajo y yo tenía una autoestima muy baja. Aunque también experimenté períodos de gran alegría porque fue cuando encontré a mis Ángeles y a mi Dios. También experimenté una paz que no había sentido en mucho tiempo. La carpeta era muy gruesa y tenía que regresar una tercera vez para terminar de leerlo y poder hablar de ella con Jack.

—Este período fue una mezcla —dijo de forma amable—. En algunas ocasiones vi dolor y tristeza en tus ojos, pero también vi esos ojos azules de ángel brillar con una sonrisa. Has llegado muy lejos y ya has experimentado varias lecciones que viniste a aprender. Siéntete orgulloso por ello y ten la certeza de que todo está bien contigo. ¿Qué lecciones aprendiste durante este período? Pasaste de ser un alma joven a convertirte en alma adulta. El alma adulta es el alma del autodescubrimiento, es el alma que busca respuestas —me explicó mi querido Guía.

—Sí, todo era como si hubiera sido una montaña rusa de emociones; ha sido muy bueno ver mi vida entonces y ver mi vida ahora sin miedo ni dolor y te agradezco por haberme dado esta oportunidad —le dije con agradecimiento.

—¿Entonces me puedes decir qué patrón de conducta se repitió en cada capítulo de tu vida?

—Sí, ahora lo veo muy claramente. He permitido que otras personas y situaciones controlen mi vida —le contesté, extendí mis brazos y le di un abrazo.

—Ah, mi querida Alma, a mí no me puedes esconder nada. Tu abrazo es plano y tus ojos me cuentan otra historia completamente diferente. No estás contento contigo mismo. Estás inquieto. Tienes que decirme qué es lo que no está bien contigo. Por favor, dilo y de esa forma podremos arreglarlo para siempre.

Era verdad. Me conocía muy bien.

—Es el perdón —le dije—. Siento que no puedo sanar porque no puedo perdonar a esos dos maestros. Por más que lo intento, simplemente no puedo. Destruyeron mi vida y me robaron todo —contesté sintiendo que el enojo se apoderaba de mí.

—Muy bien. Ahora puedes empezar a sanar. Has admitido cómo te sientes. Pero siempre recuerda, al perdonarlos no los liberas a ellos, te liberas a *ti mismo*. Al mantenerte en un estado sin perdón te quedas en la oscuridad del pasado, en su oscuridad y bajo su control. El verdadero tú, Aidan, quiere vivir en el presente. Ahí es donde se necesita tu energía y en donde encontrarás felicidad. No permitas que la amargura y la negatividad destruyan tu vida. Necesitas estar allá afuera compartiendo tu energía, tu amor y tu sanación con tanta gente que te está esperando —dijo.

Para ese entonces mis Ángeles se habían unido a nosotros. ¿Cómo podrían llevarse ese odio que sentía y cómo esperaban que fuera e hiciera esas sanaciones de las que hablaban? ¿No entendían la culpa y vergüenza que sentía por permitir que aquello sucediera? Me odiaba a mí mismo y no me sentía digno de ayudar a alguien o ni siquiera de intentar hacer el trabajo que sentía que había sido llamado a realizar. Sí, me estaba culpando a mí mismo y todavía estaba enojado con esos dos hombres. Sabía que debía pasar a la siguiente etapa pero me sentía bloqueado. Lo que me estaba bloqueando era el resentimiento y la ansiedad. Mi resentimiento era mi odio por esos dos hombres y mi ansiedad era el miedo a seguir adelante.

El sentirme como víctima se había convertido en algo normal para mí. Me di cuenta de lo mucho que necesitaba la ayuda de mis Ángeles y de Jack.

—Antes que nada, debes perdonarte a ti mismo y admitir tu inocencia. ¿Recuerdas aquella ocasión en la que te llevé al pasado? ¿Recuerdas lo que me dijiste? —preguntó Zacarías.

—Sí —contesté—. Pude ver lo que sucedía.

—Nuevamente admite tu inocencia y reemplaza tu miedo con valor y luego ve a ese lugar de amor y paz interior que es Dios, la energía del amor incondicional —dijo Zacarías sonriendo.

Luego tenía que lidiar con los hombres que habían abusado de mí. Sabía que debía hacerlo o me quedaría atrapado por el resto de mi vida en esa energía obscura. Mi perdón me liberaría, cortaría las cadenas que ellos me habían puesto hace muchos años. Eran las cadenas de la culpa, la vergüenza y la oscuridad. Los podía ver con mi mente, esos hombres que me habían torturado y me habían causado gran dolor. Los enfrenté, los confronté y sin miedo o enojo los perdoné. Con amor, luz y perdón les pedí que se fueran. Pedí que, al igual que yo, ellos fueran liberados de su dolor.

Para terminar esta ceremonia, mis Ángeles de la Guarda y Jack llamaron la energía del Arcángel Miguel para que cortara los lazos que me mantenían unido a estos dos hombres. Miguel estaba de pie, era alto y fuerte, en una llama de luz azul y blanca. Me cubrió con su luz y sentí que algo me jaló en mi corazón. Sentí cómo se liberaba gran cantidad de energía. Sus poderosas alas me rodearon y me mantuvo en su energía protectora por un rato. Luego llamaron al Arcángel Rafael y le pidieron que sellara los cortes para que no se volvieran a unir.

Rafael estaba a mi lado. Su energía era muy suave. Estaba rodeado de una luz verde y blanca. También fui bañado por su hermosa luz. Sentí cómo masajeaba mi corazón suavemente. Luego sopló una llama verde y blanca dentro de mi corazón y volví a respirar con facilidad.

Luego llamaron a la energía de Jesucristo para que me

cubriera con Su luz dorada para que me protegiera y me sanara. Todavía no estaba muy familiarizado con la energía de Jesús pero sentí una protección muy fuerte cuando llamaron su energía a mí. La sensación de paz no fue inmediata. Tuve que venir a mi lugar sagrado y repetir la ceremonia de sanación una y otra vez por varios meses antes de tener la sensación de que me había liberado de esos hombres. Fue muy difícil cortar esas cadenas.

Unas semanas más tarde estaba cenando con Pauline y Rebecca y estábamos hablando sobre la vida y sobre el dolor que viene con ella, por qué pasan ciertas cosas y qué es lo que debemos aprender de las experiencias. Les conté todo sobre mi experiencia con Jack y mis Ángeles. No parpadearon ni un segundo. Creyeron todo lo que les conté y estuvieron de acuerdo en lo bien que me sentiría de ahora en adelante. Rebecca me miró y me preguntó:

—Ahora que perdonaste a esos dos hombres, ¿te enseñaron algo?

—Sí, de cierta manera los considero como dos importantes maestros en mi vida. Podría decir que de cierta forma me siento agradecido con ellos ya que debido a ellos aprendí mucho sobre la empatía, la comprensión y el saber perdonar. Las acciones de estos dos hombres me hicieron buscar al verdadero Dios, el Dios de entendimiento y de amor incondicional, el Dios que no juzga, el Dios del amor, el Dios de la sanación. Ese Dios que vive dentro de todos nosotros. Él es la paz interior que se encuentra en nuestros corazones —contesté.

Me sentí muy fuerte y en ese momento supe que finalmente había soltado el pasado. Me sentía muy seguro y orgulloso de mí mismo pues ya no era la víctima.

—Aidan, ¿alguna vez has sentido como que estás destinado a hacer cosas grandiosas con tu vida? —preguntó Rebecca.

—Sí, ahora entiendo que debo hacer otras cosas. Todo

sucederá en el Orden y Tiempo Divino —me escuché decir como si alguien hubiera puesto esas palabras en mi boca.

Esa noche, mientras daba las gracias por el regalo de un día increíble, mis dos Ángeles de la Guarda y mi adorado Jack estuvieron a mi lado sonriendo. Me encerraron con su hermosa energía sanadora.

—La neblina se ha ido de la Montaña Sagrada. Has aprendido tus lecciones muy bien. Eres muy bueno para esto —me dijo Jack.

—Ya no eres la víctima. Ahora eres *Victorioso*. Al perdonar has permitido que comience otro capítulo de tu vida y te has dado permiso de avanzar —dijo Zacarías mientras Hannah y Jack asentían.

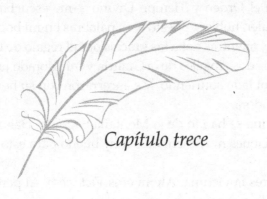

Capítulo trece

He decidido quedarme con el amor.
El odio es demasiado grande para cargar y soportar.
Martin Luther King, Jr.

Ya no más voces gritando o quejándose con culpa: ya había sido suficiente. Eran finales de los noventa y estaba listo para vivir mi vida y vivirla al máximo dejando a un lado el miedo y el dolor. Estaba decidido a dejar mi pasado atrás. En mis meditaciones matutinas, le pedía a mi adorado Jack y a mis Ángeles que me ayudaran a ser más amable, más paciente y tolerante con otros y conmigo mismo. Pedía por que tuviera paz en mi mente, en mi corazón y en mi espíritu.

Para poder ayudar a otros y a mí mismo sabía que tenía que encontrar esa paz dentro de mí, la cual es fuente de lo Divino, el Dios que está dentro de nosotros. También les pedía que guiaran a toda la gente que debía conocer, que me guiaran a esa paz interior para que a cambio yo pudiera dar sanación a otros. Todavía me estaba acostumbrando a tener a Jack conmigo. A veces brincaba cuando lo veía, pero poco a poco me acostumbré a su energía reconfortante y sentí una capa de protección al saber que tenía tanto a mi Guía como a mis Ángeles.

Unos meses más tarde, en una tarde fría de invierno, mi hermana Rosaleen y yo nos preparamos una taza de té y empezamos a platicar sobre los Ángeles mientras Mamá tomaba una siesta. Hacía tiempo que Rosaleen sabía que yo estaba interesado en ellos, pero no sabía que yo podía verlos. Ella también estaba interesada en el mundo espiritual y había tratado de animarme a asistir a cursos para aprender más sobre el tema. Ella había empezado a tomar un curso de Ángeles e iba a las clases cada semana en la escuela local. Rosaleen era muy perceptiva y tenía un alma muy noble. Las clases le parecían emocionantes y relajantes.

Me habló de los Ángeles de los que estaba aprendiendo y describió a la mujer que daba las clases. Todo lo que me decía era lo mismo que me decían mis Ángeles. Así que cuando le hablé acerca de mis experiencias con ellos y de cómo podía verlos y hablar con ellos, no se sorprendió mucho.

—Tú siempre fuiste diferente a los demás, siempre ayudando a la gente. Y siempre estabas ahí para la familia —dijo.

Estaba encantado con su respuesta, me hizo sentir más cómodo y me hacía sentir muy bien el hecho de tener a un miembro de la familia con quien pudiera hablar de estos temas.

La envidiaba porque ella podía asistir a esas clases que eran impartidas por la mañana ya que yo no podía asistir porque tenía que ir al trabajo. La buena noticia era que la mujer que daba las clases iba a dar un taller de un día y Rosaleen ya me había reservado un lugar en el curso. Pensaba que me haría bien y que me ayudaría a relajarme, ella sentía que estaba muy estresado.

Estaba ansioso por hacer el taller. Sentía que algo en ese taller cambiaría mi vida.

El taller se llamaba "Un día con tus Ángeles". Mis Ángeles

estaban muy contentos, su luz estaba muy luminosa. Sabía lo emocionados que estaban por mí. Hannah me dijo que sería un día muy importante junto con muchos más que estaban por venir.

—Cambiará tu vida y abrirá muchas puertas para ti.

Cuando mi hermana se fue a su casa, por alguna razón me quedé un poco inquieto, así que decidí salir a caminar un rato. Mis Ángeles estaban muy callados y Jack, quien normalmente no paraba de hablar, apenas había dicho unas palabras. Su callada conversación me estaba inquietando más, les pregunté si había hecho algo mal, pero me aseguraron que todo estaba bien.

Habíamos caminado por unos minutos cuando en la distancia escuché un golpe y un rechinar como de frenos de llantas. Vi una camioneta azul circulando a gran velocidad, estaba como a treinta metros delante de mí. Parecía como si hubiera algo atrapado debajo y estuviera siendo arrastrado a Dios sabe qué velocidad. ¿Era un animal? La camioneta se deslizaba de un lado a otro y sentí miedo. La calle estaba vacía excepto por un coche que seguía a la camioneta.

Me escuché gritar "¡Alto, alto!", pero el conductor no lo hizo. Un pequeño bulto se liberó de debajo de la camioneta y quedó ahí como una muñeca de trapo sin vida al lado de la calle. Aún me encontraba a cierta distancia pero la pareja que iba detrás de la camioneta se detuvo. Mientras corría hacia ellos, vi una multitud de Ángeles reunidos alrededor del lugar. Finalmente llegué al lugar donde estaba el cuerpo de una pequeña niña de ocho años que tenía el pelo rubio y todavía agarraba con fuerza su bolsita de dulces.

La mujer del coche tomó una de sus manos mientras yo me agachaba y tomaba la otra. Alrededor de la niña, los Ángeles estaban reunidos con gran luz y la abrazaban. Luego, detrás de ella apareció una luz morada vibrante y dentro de esa luz el

Ángel más hermoso brillaba con diferentes colores. Di un paso atrás alejándome un poco de la niña. Nunca había presenciado esa energía tan poderosa ni había experimentado esa dulzura y fuerza.

Apareció en una gran bola de luz, era alto, joven, con barba y su energía radiante iba más allá que la de cualquier otro Ángel que hubiera visto antes. Todos los Ángeles se hicieron a un lado para darle paso. Se inclinó, suavemente abrazó a la niña, la besó en ambas mejillas, primero en la derecha y luego en la izquierda. La mantuvo en su energía por algunos minutos. Su energía cambió, la tensión desapareció y se empezó a relajar.

El grandioso Ángel la tomó de la mano y el espíritu de la niña abandonó su cuerpo y una luz blanca y radiante brilló sobre todo su cuerpo. Tomó a la niña en sus brazos, entró en la luz morada y ambos desaparecieron.

—Qué bueno, no sintió dolor, estaba sonriendo un poco —dijo Jack.

—Ese Ángel, ¿quién es él? Nunca había visto su energía antes —dije en *shock* y sorprendido por el accidente y por todo lo que acaba de presenciar.

Esta es la energía Divina a quien tú llamas Metatron. Él es el que protege y guía a los niños en vida y en el más allá. Ahora ella está a salvo —contestó Jack—. El Arcángel Metatron llevará el cuerpo y el alma de la niña a un lugar de amor y luz eternos y de perfecta paz. Ahí en el Templo de Cristal, esa niña preciosa y perfecta será amada y arrullada por todos los Ángeles y también por sus familiares que fallecieron antes que ella. En ese lugar el miedo y el dolor es removido instantáneamente. Luego ella es colocada al cuidado de la amorosa energía de Dios.

—¿Por qué murió tan joven? Es tan hermosa… no me parece justo —dije aún conmovido hasta el fondo de mi ser.

—Era su hora. Ya había aprendido todo lo que tenía que

aprender y su muerte fue su última lección. Necesitará tiempo para acostumbrarse, al igual que sus familiares aquí —contestó Hannah amorosamente.

Aunque Metatron había partido con el espíritu y el alma de la niña, otros Ángeles protegían su cuerpo hasta que los paramédicos llegaron en sus ambulancias. Atendieron a la niña cuidadosamente y con gran respeto mientras la llevaban al hospital.

Me quedé en estado de *shock* por un par de días después de todo eso. Había sido una terrible experiencia a nivel humano, pero también había sido una experiencia de gran inspiración ver a los Ángeles ayudándola y presenciar el gran amor de aquél Ángel tan poderoso, Metatron. Eso me reconfortó mucho en los días siguientes. Ver a una pequeña niña morir por el descuido de un conductor hizo que empezara a cuestionar cosas a un nivel más profundo. Todo ese tiempo mis Ángeles y Jack me aseguraron que hay un Plan Divino en nuestras vidas y que todo pasa por algo. Pero aún así, era muy difícil de aceptar. Sin embargo, me sentía privilegiado de haber presenciado la transición de un alma de esta dimensión terrenal al plano espiritual.

El hecho de que el taller empezaría en pocos días hizo que me mantuviera enfocado y emocionado. Las dos semanas pasaron rápidamente y finalmente llegó el domingo. El taller se llevaría a cabo en el salón del colegio, en la parte norte de Dublín, era un lugar completamente diferente al primer taller al que había asistido en Navan.

Mary Cullen, la mujer que impartiría el taller, tenía una energía muy ligera y era muy amigable. Tenía muchos Ángeles a su alrededor, brillaban con una luz azul y dorada. Sus dos Ángeles de la Guarda eran fuertes y firmes y su energía era muy protectora.

Sonreía y nos saludaba a todos en la puerta a medida que íbamos llegando. En el centro del salón, en el piso había flores frescas, cristales, velas, una figura de un Ángel y cartas de los Ángeles esparcidas formando un círculo. Había incienso y música tranquila de fondo. El ambiente era pacífico y seguro. Había alrededor de treinta personas en el taller, todas mujeres excepto por mí y otro caballero. El cuarto estaba lleno de Ángeles y a todos nos rodeaban rayos de luz angelical. La energía en el cuarto era alegre y un poco nerviosa antes de empezar. Mary empezó el taller con una plática sobre los Ángeles, luego inició una meditación ya que sentía que la energía de todos debía ser aterrizada. Era un ejercicio muy sencillo pero extremadamente efectivo, y todos sentimos sus beneficios.

Nos pidió que cerráramos los ojos y que respiráramos profundo tres veces para que aflojáramos nuestros músculos. También nos pidió que pusiéramos nuestros pies sobre el piso para hacer contacto con la Madre Tierra.

Luego dijo:

—Exhalen cualquier energía negativa que hayan acumulado en su cuerpo, como preocupación, ansiedad, heridas pasadas, resentimientos o dolor físico o mental. Luego, uno por uno, vayan soltándolos sobre la tierra, viendo cómo se hunden en el suelo debajo de ustedes. Imaginen cómo es absorbida y sanada por la energía sanadora de la Madre Tierra. Ahora vean la energía sanadora de la Tierra levantarse y salir de la Tierra en las suelas de sus pies. Sientan esta energía y vean la luz verde sanadora del Arcángel Rafael. Sientan cómo la energía entra en su cuerpo, en su torso, sus brazos, sus hombros, su cuerpo, su cabeza y luego en la corona de su cabeza. A continuación, visualicen la luz blanca pura y sanadora del Espíritu Santo caer desde el Padre Cielo a través de la corona de su cabeza. Imaginen que esta luz fluye por todo su cuerpo y se hunde en el suelo a través de las suelas de sus pies. Vean cómo las dos energías se unen dentro de su cuerpo, armonizando y balanceando su energía. Permitan que ambas energías fluyan por algunos minutos y relájense, sientan cómo la energía tranquila y pacífica aterriza en ustedes".

Después de un par de minutos nos pidió que lentamente regresáramos a este momento, sintiéndonos más relajados y más en paz con nosotros mismos y con nuestros Ángeles. Me sentí muy relajado y en paz después de la meditación.

Eso marcó el tono del día. Mary dio diferentes pláticas cortas e hizo que el grupo se abriera al hacernos preguntas sobre qué significaban ciertas cosas para nosotros y qué rescatábamos de ello. Estaba ansioso por ver qué significaban las cartas de los Ángeles que estaban en círculo sobre el suelo. Eran coloridas y ya le había preguntado a mi hermana sobre ellas pero lo único que me había dicho es que me encantarían. El taller fue excelente, pero Mary me miraba constantemente y eso me estaba haciendo sentir un poco incómodo. No le dije nada a mi hermana al respecto porque pensé que sólo lo estaba imaginando.

Finalmente llegó la hora de las cartas.

—Escoge una sola carta —nos ordenó Mary.

Luego, una por una, fue explicando cada carta. Yo elegí *Armonía*, aún la recuerdo muy bien. Las cartas eran hermosas y en cada una de ellas había una palabra o un mensaje. Sabía que tenía que conseguir unas cartas lo más pronto posible. Y como Rosaleen lo había predicho, de inmediato me enamoré de ellas. Su energía era sagrada y todos estaban muy contentos con su mensaje, todos estuvimos de acuerdo en que los mensajes habían sido muy precisos.

Mary me explicó mi carta. Tenía todo que ver con la armonía y el equilibrio que venían a mi vida. Dijo que estaba en el comienzo de una etapa nueva y emocionante en mi vida, la cual me daría mucha felicidad. Era un mensaje muy positivo y muy significativo para mí. Más tarde, tendríamos la oportunidad de escoger otra carta. En el descanso del almuerzo, mi hermana me presentó a una de sus amigas de la clase de Ángeles. Su nombre era Michelle y era de Sudáfrica. Era una chica muy amigable y nos conectamos inmediatamente. Ella estaba muy involucrada en el trabajo con los Ángeles y también era psíquica.

De camino de regreso al taller mencioné a mi hermana que Mary se me quedaba viendo todo el tiempo y que me estaba haciendo sentir un poco incómodo. Me dijo que me relajara y que no me preocupara. Cuando regresamos, Mary había cambiado las cartas pero la energía y la sensación del cuarto aún era segura y la energía era muy alta. La tarde fue muy similar a la mañana, ligera pero interesante y todo lo que Mary decía parecía coincidir con lo que mis Ángeles me habían mostrado y me habían dicho.

De vez en cuando mi Guía Jack me daba unos golpes suaves en el hombro y asentía con su cabeza como diciendo: "te lo dijimos".

Era muy reconfortante escuchar las experiencias con Ángeles de las otras personas, igual que las de Mary. De nuevo llegó la hora de las cartas y yo no podía esperar para escoger una. Estas cartas eran mucho más grandes. Escogí la carta *Amor*. Mary nos pidió que le dijéramos qué es lo que nosotros pensábamos que significaban nuestras cartas. Estaba un poco nervioso pero me pude conectar con la carta instantáneamente. Todos dijeron "Aah" cuando mostré mi carta y luego todos rieron y dijeron que probablemente el amor me llegaría pronto y que debía cuidarme.

Unos minutos después Mary quería saber qué pensaba yo que significaba. Le dije que no era nada relacionado con el hecho de enamorarse sino con quererme a mí mismo y ser bueno conmigo mismo. Mary sonrió y estuvo de acuerdo y me llamó Alma Vieja. El taller llegó a su fin demasiado pronto, hicimos un círculo y nos dimos un abrazo en grupo y luego nos dimos un abrazo entre cada uno. Había sido un taller magnífico y yo lo había disfrutado sobremanera. La simplicidad de Mary y su energía amable y poderosa era maravillosa.

Justo antes de irnos, Rosaleen me miró y me dijo que yo estaba en lo cierto, que Mary me observaba mucho durante el taller. Michelle lo había notado también. Cuando me giré un instante, Mary se estaba acercando a nosotros. Su energía era alta y sus Ángeles estaban a su alrededor. Parecía que flotaba en cuanto más se acercaba a nosotros. Mary sonrió y me preguntó si estaba al tanto de la cantidad de Ángeles y Espíritus que tenía a mi lado.

—Tu energía alumbra el cuarto entero. Ve y trabaja en ello. Tus ojos pueden ver cosas que no todos pueden ver —dijo.

Eso era lo que había estado observando todo el tiempo, no podía evitarlo, explicó más tarde. Estaba muy contento de que ella pudiera ver todo eso, reafirmaba todo lo que mis Ángeles me habían dicho. Ese fue un día que aún recuerdo con mucha alegría.

Mientras manejaba a casa, las cartas de los Ángeles llenaban mi pensamiento. No podía esperar para comprarme un paquete de cartas. Dejé a Michelle en su casa y quedamos en vernos pronto. Los siguientes días estuve como un niño, muy emocionado, no podía dejar de pensar en el taller. Faltaban unas cuantas semanas para que fuera Navidad y el año 2000 estaba ya a la vuelta de la esquina. En el trabajo, nadie sabía qué esperar cuando el reloj marcara las doce. ¿El mundo sería afectado y todas las computadoras dejarían de funcionar? Estuvimos frenéticos copiando y respaldando información en discos toda la mañana, tarde y noche. Todos esperábamos con suspenso la media noche en la víspera del año nuevo.

Los Ángeles me habían asegurado que tal cosa no sucedería, me dijeron que no dejara que mi mente se distrajera con eso. Todas las personas en el campo de Mente, Cuerpo y Espíritu hablaban acerca de la Era de Acuario, pero los Ángeles me dijeron que estábamos acercándonos a la era de la CONCIENCIA, a la cual yo le encontraba más sentido.

Para ser honestos, lo único en lo que yo pensaba era en cómo adquirir uno de esos paquetes de cartas de los Ángeles. No las encontraba en ninguna parte, entonces me empezó a entrar el pánico (no había aprendido mucho en mi lección sobre el Tiempo Divino). Un par de días antes de Navidad mi hermana me dijo que había encontrado unas cartas de los Ángeles y que me las había comprado, pero que no me las daría hasta la mañana de Navidad, y sólo me lo decía para que mi mente se tranquilizara. No me importaba, faltaban sólo un par de días para Navidad.

Los Ángeles son más visibles de lo normal durante la época de Navidad. Es la época en la que sienten que todos los recuerdan y hablan de ellos en las iglesias. Había notado desde muy temprana edad que durante la temporada de Navidad los Ángeles brillaban con una luz roja y dorada y esa luz los hacía verse más sólidos, más como humanos. Zacarías me dijo que esa era la luz del poderoso Niño Jesús, esa es la energía de amor puro, de renacimiento. Entrar en esa luz roja y dorada es transformar tu mente, tu cuerpo y tu alma. Es una energía como de niños que levanta tu espíritu y te lleva hacia adelante con gran confianza y calma.

En la víspera de Navidad fui a misa de medianoche como lo hacía cada año. Entré a la iglesia y vi el altar. Parecía un atardecer dorado, un bautismo de luz blanca, dorada y roja. Los Ángeles brillaban con todo su esplendor. Era una vista para recordar. Finalmente llegó la mañana de Navidad. Me sentía como niño esperando mi regalo de Navidad. Finalmente llegó mi hermana con su familia.

Las cartas eran *hermosas*. Me conecté con ellas tan pronto como las abrí, se sentían sagradas. Vi todas las cartas y el libro que las acompañaba en una hora, pero luego decidí guardarlas hasta que todos se hubieran ido para poder verlas y estudiarlas con cuidado.

En mi recámara, las envolví en una bufanda de seda que nunca había usado y las puse en el primer cajón de mi buró.

En ese entonces no sabía por qué las había envuelto en esa bufanda, pero sentía que era lo correcto. Sabía que estas cartas cambiarían mi vida completamente.

Capítulo catorce

Cada gran trabajo, cada gran logro ha sido
manifestado a través de mantener una visión.

Florence Scovel Shinn

Más tarde esa misma noche, cuando todos se hubieron ido a casa, saqué mis cartas y nuevamente hice algo que en ese entonces no entendí por qué había hecho. Tomé las cartas y las puse cerca de mi corazón, le pedí a mis Ángeles y a otros Ángeles que quisieran ayudarme que trabajaran conmigo a través de esas cartas, que me dieran su amor, su sabiduría y su sanación.

Luego empecé a hacer preguntas sacando las cartas para ver las respuestas y leía en el libro sus significados. Estaba impactado de lo precisos que eran. No recuerdo las preguntas que hice, pero sí hice muchas, luego preguntaba otra vez y para mi sorpresa, las mismas cartas salían cuando repetía la misma pregunta. Moría de ganas de saber qué pensaban los Ángeles acerca de las cartas.

Me sorprendió saber que a los Ángeles les gustaron mucho y me aconsejaron que si eran usadas en la forma correcta con la intención correcta en busca de dirección, serían de mucha ayuda. Las cartas, me aseguraron, no le dicen el futuro a nadie, y no debemos pensar que lo hacen. Las cartas de Ángeles te dan dirección y te ayudan en el camino. También me dijeron que las usaría en mis sanaciones y que a través de ellas le daría sanación y dirección a muchas otras personas. Las cartas confirmarían lo que veía en la energía y el aura de la gente que venía a verme. De vez en cuando combinaría las cartas con mi terapia de curación con manos.

—Vas a dar sanación de cartas, no lectura de cartas —me informó Zacarías.

En los siguientes días leí y releí el libro que venía con las cartas de los Ángeles y fui repasando carta por carta. Sin embargo, me encontré con un pequeño problema: no podía recordar lo que el libro decía sobre cada carta. Había cuarenta o cincuenta cartas, ¿cómo las recordaría todas? Me sentía un poco triste mientras estaba sentado en mi cama antes de la media noche.

—Deja de preocuparte, Alma Pequeña, nosotros te ayudaremos —dijo Hannah amablemente.

—Muchas gracias. Simplemente no puedo recordar nada del libro —dije frustrado.

—Olvídate del libro y mira las cartas, fíjate en la imagen de las flores, ¿es de día o es de noche? ¿Los Ángeles están sonriendo o están tristes? Ámalas, no les tengas miedo. Cada imagen contiene muchas historias. No seas tan duro contigo mismo. Sabes que no necesitas las cartas. Tú puedes ver el dolor y los problemas de la gente que viene a ti. Nosotros te lo mostramos en su energía o en su aura. Nosotros, tus Ángeles y Guías trabajaremos contigo y a través de ti para guiarte y ayudarte a que des a tus clientes lo que es mejor para ellos. Ya sea en la dirección que deben tomar o en la sanación que necesitan recibir. Las cartas están diseñadas para ayudar a ver más claramente, para darte confianza y verificar lo que puedes sentir de tus clientes cuando estén sentados frente a ti. Las cartas son tus herramientas sagradas, son un regalo para ti, una herramienta que queremos que disfrutes y ames. Ellas aumentarán tu bendito regalo de sanación y te guiarán y ayudarán a llevarle sanación a muchos —dijo Hannah con su usual gentileza.

—Sí, siento que estas cartas de Ángeles me darán la confianza que necesito para empezar. Ya las amo y con su ayuda sé que podré hacerlo —contesté con mucha más certeza, aunque era la primera vez que escuchaba la palabra "cliente". De repente me di cuenta de lo serio que era todo. Mis Ángeles y mis Guías me ayudarían a convertirme en un sanador espiritual profesional.

Al día siguiente todos salieron, lo que significó que tuve toda la casa para mí solo. Hannah vino a mí y repasó las cartas conmigo. Me mostró cosas que de alguna otra forma no hubiera visto. Me habló sobre los colores, las formas en los cuerpos de los Ángeles, el sol al amanecer, la luna dormida, las nubes y mucho más. Era demasiado para absorber todo, así que en las siguientes dos semanas me daban lecciones todos los días y me hacían estudiar las cartas.

—Siente la energía. ¿Es primavera o es verano? Siente la frialdad, siente el enojo, siente el amor. ¿Qué te está diciendo esa carta? ¿Qué te están diciendo los ojos de los Ángeles? ¿La energía es calma o se siente como turbulencia en el mar?

A Hannah le encantaba enseñarme.

Las preguntas siguieron hasta que me sentí muy cómodo con las cartas y pude ver qué es lo que decía cada carta. Practicaba con mi familia mientras Hannah me estaba enseñando. No sólo mi familia estaba impresionada, yo también lo estaba. Las cartas eran muy precisas. Aún hoy en día, Hannah me muestra mensajes en las cartas que ayudan a mis clientes a sanar y a seguir adelante. Ella es el Ángel que se sienta al lado de mis clientes y me ayuda durante la sanación.

Todo iba muy bien y toda mi familia estaba muy contenta con lo que les decía en las cartas, pero necesitaba encontrar a alguien de quien yo no supiera nada. Todavía no quería pedirlo a mis amigos cercanos, necesitaba algunas pruebas antes de empezar más a fondo. Rosaleen sugirió que le hiciera una lectura de sanación a una señora de su clase que estaba más que feliz con la idea. Había asistido al taller y se había sentido atraída por mi energía. Estuvo de acuerdo en visitarme al día siguiente. Estaba muy ansioso por la sanación pero no me sentía nervioso.

Como Hannah me había enseñado a ver la información de las cartas, no las sentía nada extrañas. Era como si hubiera trabajado con ellas toda mi vida. Me hablaban y rectificaban todo. A la mañana siguiente fui a trabajar como de costumbre pero el día se me hizo eterno. Finalmente dieron las cinco de la tarde y me apuré para llegar a casa.

Después de cenar fui a la sala para prepararme. Era mi primera lectura/sanación y no sabía muy bien qué hacer. Nunca había ido a ningún tipo de lectura de cartas, así que todo me era nuevo. Cubrí la mesa con un mantel blanco y encima puse la imagen de un Ángel, encendí una vela y prendí incienso. Saqué mis cartas, las llevé a mi corazón, cerré mis ojos y le pedí ayuda a mis Ángeles y Guías y pedí la protección del Espíritu Santo. Podía sentir cómo la temperatura se elevaba en el cuarto.

Cuando abrí los ojos no podía creer lo que veía. El cuarto estaba iluminado con energía muy alta. Cada uno de los Arcángeles, Miguel, Gabriel, Rafael y Uriel, estaban parados en cada esquina sonriendo, mientras que mis otros dos Ángeles estaban a mi lado y los Ángeles de Sanación de Luz Verde estaban en diferentes partes de la recámara. La energía era tranquila y relajada, luego entró mi adorado Jack. Me vio y se empezó a carcajear.

—Bueno, bueno, pero mira nada más, tienes a los pesados aquí. Nada puede salir mal —dijo con una sonrisa en el rostro. Jack tiene un gran sentido del humor. La hora había llegado. Sonó el timbre y abrí la puerta.

Ahí estaba una chica como de treinta años, alta, con piel pálida y cabello hasta los hombros, tenía unos ojos hermosos muy amables, pero que cargaban gran tristeza. La pasé a la sala y nos sentamos uno frente al otro. Tomé sus manos y me conecté con su energía. Sus Ángeles se pusieron a su lado. Mientras tomaba su mano, sentía cómo mi energía cambiaba. Primero pude sentir su miedo y su dolor, luego una gran tristeza y luego vi a un pequeño niño perdido y solo. Me desconecté y abrí los ojos. Hannah me dijo que no tuviera miedo y que le dijera todo lo que había visto.

La miré a los ojos y luego miré su aura (la energía que está alrededor del cuerpo). Había energía gris en diferentes partes de su aura, lo que bloqueaba el flujo de su energía y no la dejaba seguir adelante con su vida.

Antes de usar las cartas, mis Ángeles me dijeron que le dijera lo que podía ver y que usara las cartas cuando terminara. Así que respiré profundamente y empecé. Le dije que había sentido gran tristeza, una tristeza que le estaba robando su energía y su vida.

—Estás cargando más de una tristeza, también estás cargando culpa —le dije.

Podía ver a una niña pequeña atrapada en la energía en el área del estómago. La niña abrazaba sus piernas con sus brazos y las jalaba fuertemente hacia su estómago. Inmediatamente supe que había abuso. Podía sentir su dolor. Recuerdo que rogaba: "Por favor no dejes que llore". Luego vi a una niña que la sujetaba de la pierna, una niña muy feliz de

179

alrededor de tres años. El corazón de la mujer se sentía muy pesado y su energía era muy baja en la parte del pecho. Esto tenía que ver con el amor. Un velo cubría su corazón. Era un velo de luto.

Había perdido a su pareja, me dijeron los Ángeles. Empecé a decirle lo que los Ángeles y Guías me habían mostrado. Primero le hablé del área gris y cómo a veces hacía que sintiera malestar en el estómago y todo eso se remontaba a su infancia. Alguien le había causado gran dolor en esa época. Impactada, me explicó que había sido abusada y que había empezado a hacer terapia y que había estado lidiando con ese dolor en las últimas dos semanas. Le expliqué cómo la veía abrazando sus piernas presionándolas contra su estómago.

Lágrimas empezaron a rodar por sus mejillas, pude sentir su dolor. Se quedó boquiabierta, sorprendida por lo que había visto. Esa era la posición que tomaba por horas después del abuso, se arrullaba con su cuerpo, llorando hasta que se quedaba dormida. No podía identificar a la niña pequeña, pero Hannah me dijo que le hablara de ella, que eso la haría feliz. Le dije que había visto el espíritu de una pequeña niña a su lado, como de tres o cuatro años. Sus ojos se abrieron y una gran sonrisa se formó en su rostro. Había perdido a un bebé cuando estaba embarazada hacía tres o cuatro años, estaba muy contenta de saber que era niña. Dice que siempre presintió que había sido una niña y la llamaba Ángela.

Luego hablamos de su corazón roto.

—Perdiste a alguien muy cercano, a tu pareja, y aún estás de luto —repetí lo que el Ángel me había dicho—. El luto es muy diferente para todo el mundo. Algunos están de luto por una semana, otros por un año y otros por más tiempo. Así que deja de ser tan dura contigo misma al decirte que ya debes superarlo —le expliqué. Pude ver el alivio que mostraba en su rostro. Su pareja había muerto en un accidente de bote hacía cuatro años y ella lo extrañaba demasiado, sentía que no podía superarlo.

De la nada, el espíritu de un hombre guapo entró en la sala. Era un hombre alto con cabello obscuro, su rostro estaba bronceado, tenía ojos pequeños brillantes y una gran sonrisa. Llevaba puestos unos jeans y un suéter con cuello polo. Me dio unos mensajes básicos para que se los diera a ella, luego empezó a reír mucho. Me dijo que le hablara del suéter con cuello polo. Me aseguró que se reiría. Su rostro se puso blanco como la nieve y a través de las lágrimas sus ojos se abrieron y empezó a carcajearse sin poder parar.

—Siempre odié ese horrible suéter con cuello polo y él lo sabía. Era la única vez que pelábamos, y se lo ponía sólo para molestarme.

Se inclinó y la besó en la frente, luego dos Ángeles en luz blanca y pura se pararon a su lado y lo guiaron al mundo espiritual. Cuando se fue, ella me miró tocando su frente con su mano y dijo:

—Me besó, ¿verdad? ¿Dónde me besó?

—En la frente —le contesté.

Entonces ella susurró:

—Fue él, ahora sé que fue él.

Le describí lo hermosos que eran los Ángeles que tenía a su alrededor y le dije lo mucho que la querían, pero que tenía que pedirles más ayuda y guía. Tenía dos Ángeles de la Guarda y al menos otros cuatro a su alrededor que la ayudaban.

Los Ángeles de Ayuda brillaban con luz azul verde y amarilla. Estos colores, me explicó mi Ángel, eran los colores de la sanación. Azul para la comunicación, el cual indicaba su necesidad de hablar y dejar de guardarse las palabras. El verde era para la completa sanación de la mente, el cuerpo y el espíritu. Y la luz amarilla era sobre el valor y coraje para enfrentar el futuro y sanar el pasado sin miedo. Estas eran las energías sanadoras con las cuales los Ángeles la cubrían. Luego escogió unas cartas y todas estaban relacionadas con lo que ya habíamos hablado. El consejo que le dieron fue que se mantuviera fuerte y que continuara con su terapia, que no fuera tan dura consigo misma, que fuera a sanaciones y que le pidiera a sus Ángeles ayuda para que permitiera que el amor volviera a fluir en su vida y que creyera que eso sucedería.

Cuando terminamos la miré, estaba muy relajada y su energía brillaba mucho más que cuando había llegado. Ya tenía algo de color en sus mejillas. Cuando me paré para estrechar su mano, ella me dio un gran abrazo y me agradeció una y otra vez.

—Tu abrazo es muy especial, al igual que tú, eres increíble —me dijo y me abrazó otra vez.

Cuando se marchó, regresé a la sala. Los Ángeles aún estaban ahí. Di las gracias a todos y les pedí que limpiaran mi casa de cualquier energía negativa y que la enviaran a la Luz para que fuera sanada. También les pedí que le dieran sanación, amor y luz a la chica en los siguientes meses. Todos los Ángeles desaparecieron excepto mis Ángeles y Jack. Me dijeron que lo había hecho muy bien y me dijeron que apenas era el principio. Me dijeron que muy pronto iba a estar muy ocupado. Jack sabía que quería preguntarles algo.

—¿Qué es lo que nos quieres preguntar? —me dijo.

—Quiero preguntarles sobre el espíritu de su pareja y de su hijita. ¿Cómo es que vinieron aquí? No les pedí que lo hicieran. ¿Eso está bien?

—Mi querida Alma, cuando los espíritus de seres amados vienen por sí solos, debes saber que vienen en paz y en amor. Cuando vienen sin ninguna resistencia y sin ninguna interferencia, significa que su periodo de transición y sanación ha sido completado y su energía se ha ajustado a la nueva vibración de la luz de Dios. Nunca debes llamar u ordenar que los Espíritus se hagan presentes. Esto puede que prolongue y afecte su periodo de sanación —explicó Zacarías mientras Jack movía su cabeza asintiendo.

Estaba contento de saber eso. Vi la hora. La sesión había tomado dos horas y quince minutos. No se había sentido tan larga y yo me sentía muy bien. Había hecho mi primera lectura de sanación con una persona extraña, era algo que nunca pensé que sería capaz de hacer, realmente lo había disfrutado.

Mientras daba gracias esa noche, mi corazón brincaba con emoción y le rogué a mis Ángeles que me enviaran a más personas. Había aprendido muchas cosas esa noche que los Ángeles me habían enseñado. Me habían mostrado la ansiedad en otros, era como si su energía estuviera atrapada y eso las estaba afectando de gran manera. Empecé a entender sobre la sanación de los Ángeles y lo que significaban los colores en la sanación, y también me habían enseñado que no debes forzar a seres queridos que se han ido a cruzar para que nos visiten; visitarán cuando lo tengan que hacer o si hay algo que nos quieren decir.

Esa noche dormí muy bien, pero aún desperté a las cuatro de la mañana, lo cual había sucedido regularmente por un año. Todavía dormía un promedio de cuatro horas en la noche, pero aún así, no me sentía muy cansado. Era un oscuro día de febrero y podía sentir el frío en la habitación. A pesar de eso, me sentía bien por dentro, mi corazón se sentía cálido y yo me sentía feliz. Era sábado y había quedado de verme con Michelle esa noche.

Íbamos a ir a cenar temprano y luego iríamos a hacer meditación a un lugar que una de sus amigas había recomendado. No podía esperar para decirle lo bien que me había ido en la sanación y lo bien que me sentía. Ya habíamos salido unas cuantas veces y disfrutábamos mucho platicar sobre los Ángeles y la sanación. Teníamos el mismo despertar de conciencia.

Era temprano por la tarde cuando sonó mi teléfono. Era Michelle, debe de estar llamando para cancelar nuestra cita, pensé mientras contestaba su llamada. Estaba tan emocionada que al principio no pude entender lo que me decía. Le pedí que se calmara. Me dijo que había ido a ver a una mujer para que le hiciera una lectura y que era increíble. Me dijo que tenía que ir a verla. Me dijo que aún estaba con ella y que si quería haría una cita para mí. Dejé que la hiciera. Michelle me dijo que me llamaría en unos minutos. Diez minutos más tarde mi teléfono sonó.

—Anota, tu cita es con Jayne Fitzgerald a las cuatro de la tarde el próximo sábado en la Casa de la Astrología en la calle Parliament. No te vas a arrepentir. Te veo en un rato, no llegues tarde —me dijo Michelle emocionada.

¿En qué me había metido? Pero confiaba en el juicio de mi amiga y también presentía que conocer a esa mujer era un paso importante para mí.

Capítulo quince

*Ningún hombre podrá revelarnos nada sino lo que ya está
medio adormecido en la aurora de su entendimiento.*

Jalil Gibran, *El Profeta*

Mi lugar de trabajo estaba muy calmado en esos días, extrañaba la compañía de Pauline. Justo antes de la Navidad del 2000
se había mudado al campo, así que no era tan fácil reunirnos.
Aún seguíamos en contacto por teléfono pero no era lo mismo. Sabía que con el tiempo me acostumbraría y todo estaría
bien.

El mundo corporativo empezaba a cansarme y la energía
negativa que me rodeaba cada día empezaba a causar efecto en
mí sin importar cuánto me protegiera. Era el inicio de los años
de abundancia para Irlanda, el llamado Tigre celta: la energía
tóxica de la avaricia y el ego habían empezado a dominar y a
apoderarse de la vida de todos. La gente pasaba por encima
de los demás con tal de salir adelante, y si no formabas parte
del "Club de los Grandes" en el lugar de trabajo, entonces no
tenías mucha oportunidad.

Sí, la vida de todos mejoró económicamente, los pobres sobrevivían tratando de mantenerse a flote mientras que los ricos se volvieron más ricos. En general la experiencia humana se volvió más barata y el dinero se convirtió en el nuevo Dios. La gente era juzgada de acuerdo a la posición que tenían en la vida, el dinero que ganaba, y cuántas casas tenía. Nadie podía ver más allá de la riqueza material. La gente empezó a acumular grandes cantidades de dinero, cantidades que no podría gastar en muchas vidas, mucho menos en esta vida, y lo hacía sólo porque podía, no porque lo necesitara. La economía no podría sobrevivir con esta energía de avaricia y todos lo sabían, pero muy pocos estaban dispuestos a cambiar.

"Es la avaricia del hombre y la falta de Dios lo que llevará la economía a que se derrumbe como nunca antes visto. Esa gente no puede ver más allá de sus propias narices y de su avaricia. Lo que ellos no entienden y no pueden ver es que le están robando el futuro a sus hijos, la misma gente a la que dicen querer proteger y la razón por la que están haciendo todo esto. No han aprendido sobre la ley de la demanda, la cual es: Dios es nuestra demanda y suficiente es nuestra abundancia. Lo que Dios da, Dios lo puede quitar si no se comparte con amor y gratitud y para el beneficio de los hijos de Dios" — Zacarías me dijo un día.

Había llegado la época de la gran abundancia. En Irlanda se respiraba ambiente de emoción, de confianza, de poder. Si no estabas contento con tu trabajo o con tu profesión, era muy fácil cambiar de trabajo en cualquier momento. Las oportunidades eran para el que las quisiera tomar. Sin embargo, yo no estaba muy seguro de qué era lo que tenía que hacer exactamente. No tenía caso dejar mi aburrido trabajo para entrar a otra aburrida oficina, era mejor quedarme con el diablo que conocía, como decía mi madre.

¿Qué es lo que debía hacer? Esperaba que Jayne, la mujer

que vería el sábado, pudiera decirme más sobre qué dirección debía tomar. Michelle había quedado encantada con ella.

Finalmente llegó el sábado. El día pasó muy lento, como siempre sucede cuando estás esperando algo muy emocionante. Mi hermana Rosaleen había decidido acompañarme, así que salimos temprano para caminar un rato por el centro. Era un día templado y el ejercicio nos haría bien. Íbamos caminando despacio mientras platicábamos, de repente nos encontramos cerca de la Catedral de Dublín, la Iglesia de Cristo, en una de las partes más vieja de la ciudad. Caminamos sobre el empedrado, mi corazón empezó a latir muy rápido y me puse muy nervioso.

Podía ver el Castillo de Dublín en la distancia y unos minutos después empezamos a caminar por la calle Parliament, ya estábamos muy cerca de la tienda de astrología donde Jayne daba sus clínicas. En una placa dorada en la ventana se leían las palabras *Instituto de Sanación y Reiki Master*, debajo de esas palabras estaba su nombre. El cuarto de espera en la parte de arriba era oscuro y viejo pero tenía buena energía, la cual me hizo sentir relajado y tranquilo. Después de quince minutos oímos los pasos de alguien que bajaba por las escaleras, volteé a ver a mi hermana y sonreímos. Una mujer pequeña apareció en la puerta. Tenía pelo corto y rubio y una voz muy fuerte para alguien tan pequeño. A su alrededor había muchos Ángeles grandiosos brillando y protegiéndola con su energía.

—¿Me imagino que tú eres Aidan? —dijo con una sonrisa mientras extendía su mano. Tenía un saludo firme y cálido y me miró directamente a los ojos—. Mi cuarto está allá arriba, vamos a empezar —me dijo.

Las escaleras eran anchas y Jayne caminó frente a mí. Después del segundo o tercer escalón miró a su alrededor, sacudió su cabeza y luego repitió lo mismo hasta que llegamos al cuarto.

El cuarto era muy luminoso y estaba lleno de humo denso, olía a salvia. El espacio se sentía seguro y sagrado y había Ángeles por todos lados, en cada esquina y en cada pared del cuarto. Había pequeños altares con adornos y cristales y había cartas de los Ángeles esparcidas en la mesa frente a ella. Mientras se sentaba frente a mí, miró a mi alrededor, sonrió y me dijo:

—¿Sabes a cuántos Ángeles tienes a tu alrededor? ¿Estás al tanto de que llegaste con un *ejército*? Nunca había visto a nadie con tantos Ángeles. ¿Estás al tanto de ello?

—Bueno, creo en mis Ángeles y trabajo con ellos.

—Sí lo creo. Siento que sabes más de lo que pretendes saber. ¿No eres capaz de verlos y comunicarte con ellos también?

—Oh, sí, lo hago todo el tiempo. Entonces no estoy loco, ¿tú también los puedes ver? —Sonreí, aliviado de saber que entendía que los podía ver.

—No, no estás loco y lo sabes. Siento que tú deberías estar sentado donde yo estoy y yo debería estar donde tú estás —dijo Jayne.

Prosiguió a decirme lo mucho que mis Ángeles me amaban y que debía trabajar con ellos. También me dijo que necesitaba sanación para balancear mi energía. Así que puso música relajante, prendió incienso y me pidió que cerrara los ojos y me relajara. Colocó sus manos sobre mi cabeza y sentía cómo quemaban la corona de mi cabeza. Sentí como si hubiera levantado algo de mi cabeza y esta se hubiera vuelto más ligera y clara, un río de luz y color empezó a fluir y me sentí en paz.

Empezó a trabajar en mis hombros y me pidió que pensara en todas las personas que me habían causado dolor y que me visualizara atado a ellas por medio de un lazo. Llamó al Arcángel Miguel a que cortara esos lazos y me liberara. Miguel apareció y se paró enfrente de mí con su poderosa luz azul y blanca y cortó los lazos. Me sentí ligero nuevamente.

Su energía me era muy familiar. Era fuerte, gentil, una energía vieja y sabia. El abuelo de la energía.

Cuando la sanación terminó, Jayne se sentó nuevamente a mi lado. Se dio cuenta de que me había aclarado y que había experimentado mucho dolor en el pasado, pero insistió en que me encontraba del otro lado y que nunca más tendría que regresar a ese lugar oscuro. Me dijo que tenía gran cantidad de energía sanadora, la cual tendría que aprender a usar para llevarla a otros. Dijo que ella me ayudaría si me dejaba guiar y me sentía cómodo con ella.

Yo estaba encantado. Me había encantado su energía y confiaba en la gran conexión que había sentido con ella desde el momento en que la vi. Me pidió que escogiera una carta, saqué una carta que decía *Amistad*. Ambos sonreímos mientras explicaba:

—Esta carta y mis Ángeles me dicen que estás en el inicio de un gran cambio en tu vida y que Dios está poniendo a las personas correctas en tu camino. Muy pronto tendrás un nuevo círculo de maravillosos amigos en tu vida.

Eso era justo lo que necesitaba. Jayne me dio un fuerte abrazo y me acompañó a la puerta. Hice una cita para otra sesión y me sentí muy bien mientras iba de regreso a casa. La paz y la calma me habían hecho sentir revitalizado y me sentía muy emocionado de haber encontrado otra persona más de quién aprender, otro maestro que me ayudaría a seguir adelante en este nuevo camino de exploración espiritual.

En los meses siguientes vi a Jayne cada dos semanas y me enseñó mucho sobre mí mismo y sobre la sanación. Era una gran persona y no dejaba que nada se le escapara; a veces se adentraba en un tema más de lo que me hubiera gustado pero era por mi propio bien y sí me hizo sentirme más fuerte e incrementó mi despertar mental y espiritual. No tenía miedo de preguntarle nada, era una gran maestra.

Jayne fue una de las primeras personas que me ayudó a aplicar Curación con Manos. Durante cada sesión que ella hacía en mí, me invadía un gran sentimiento de calma y experimentaba el gran poder de sanación de Dios. Después de la sesión, nos sentábamos a platicar sobre lo que había sentido o lo que había visto. Una y otra vez me decía que yo era una sanador nato y que no necesitaba que me enseñara.

—Tienes el don, llevas la energía de Jesús, y Jesús camina contigo —me dijo en una ocasión.

—¿La Energía de Jesús? ¿Llevo la Energía de Jesús? Claro que no —le dije asombrado.

—Sí, ya te han dicho esto antes, Aidan, pero has decidido hacer caso omiso. Es hora de que empieces a practicar el método de Curación con Manos. Esto es muy importante para ti y debes asegurarte de siempre trabajar con tus manos y con tus cartas —dijo Jayne de forma empática mientras me miraba fijamente a los ojos.

—No sé cómo hacer eso, y bueno, ¿a qué te refieres con la Energía de Jesús? —protesté.

—La Energía de Jesús es la energía más alta que puedes tener, es una energía excepcionalmente poderosa —me explicó cándidamente. Luego me dijo que empezaría un curso en unas semanas el cual incluía información sobre la Curación con Manos. Dijo que despertaría mis dones de sanación y me ayudaría a desarrollar mis habilidades intuitivas y físicas. Acepté asistir al curso, consciente de que sería bueno para mi desarrollo espiritual.

Jack y los Ángeles consideraron que era una idea maravillosa. Me dijeron que me daría más confianza en mí mismo y que en los días siguientes no debía de preocuparme por nada cuando mi mente, como de costumbre, se llenara de dudas.

—Este curso realzará tu vida —me dijo Hannah.

—¿Me pueden explicar un poco más sobre la Energía de

Jesús? Necesito saber más al respecto —pregunté un poco confundido.

—La Energía de Jesús que tú llevas es la energía sanadora. Es una energía de vibración muy alta. Es la energía que no juzga. Es una energía suave pero muy poderosa de quietud y calidez. Es la energía que toca el corazón y el alma y sana a través de la empatía y el entendimiento del amor incondicional. Esta es la energía sanadora que le darás a la gente, Aidan —me contestó Jack.

—Es un gran honor y un don muy sagrado. Debería ser dado a alguien que sea digno de ello —le contesté sintiendo gran humildad por sus palabras.

—Jesús te eligió para trabajar a través de ti. Has aprendido muchas lecciones durante tu viaje y has entendido el porqué de todo lo que te sucedió. También has aprendido la lección más grande de todas. La lección del perdón, la esencia del amor y el poder sanador que es Jesús. Esto es lo que llevas dentro, Alma Pequeña. Esa es la energía por la cual la gente se siente atraída a ti —me dijo Jack mientras me daba un abrazo.

En las semanas siguientes hice algunas lecturas de sanación para las amigas de mi hermana. En todas me fue muy bien y ahora estaba ansioso por empezar a desarrollar mis habilidades para trabajar con mis manos.

El curso se llevó a cabo en el salón de su lugar de práctica en la calle Parliament. Era un día soleado y caluroso de verano. Michelle también había decidido asistir al curso. Cuando llegamos, la mayoría de los participantes ya estaban ahí. Éramos diez en total y todos casi de la misma edad, con excepción de un joven y una chica como de veinte años. Todos teníamos diferentes oficios y profesiones. Había una sobrecargo, un abogado, un estudiante, algunos ejecutivos, una ama de casa y dos practicantes holísticos. Todos íbamos en busca de lo mismo: dirección en nuestro camino espiritual. El cuarto se sentía limpio y seguro y estaba lleno de Ángeles y Espíritus de gran luz.

El curso sería uno de los mejores cursos y con mayor información de todos a los que asistiría en mi vida. Era una mezcla de Curación con Manos y lectura de cartas, nos conectábamos con nosotros mismos para ver qué es lo que podíamos percibir. El curso completo estaba diseñado para despertar nuestras habilidades psíquicas y a enseñarnos a usarlas, y sí que lo hizo. Cuando llegamos a la parte de Curación con Manos, me quedé sorprendido con el resultado.

Jayne nos puso en parejas e hizo que pusiéramos nuestras manos en la corona de la cabeza (el chakra de la coronilla) y que viéramos la luz pasar a través de nuestras manos hacia la otra persona con la que estábamos trabajando, para ver su energía y ver en qué debía trabajar, si es que debía trabajar en algo. Nos dijo que le pidiéramos ayuda a nuestros Ángeles para que nos dieran dirección y que hiciéramos lo bueno y lo correcto. Era sorprendente, la primera persona con la que trabajé fue la chica joven. Su energía era muy fría y no pude percibir mucho. Cualquier cosa que sentía o percibía, ella lo negaba, así que me sentí desilusionado sintiendo que no era bueno para eso. Afectó mucho mi confianza hasta que Zacarías me dijo que la chica tenía mucho miedo y no confiaba en nadie. La chica tenía mucho trabajo por hacer y por lo tanto bloqueaba su flujo de energía y le tomaría muchas sesiones de sanación para que se abriera. Le expliqué eso a Jayne y me dijo que no me diera por vencido. Me recordó que esa era mi primera vez y sentía que la chica con la que me había tocado trabajar estaba poniendo resistencia. Después de media hora cambiamos de parejas y me tocó con el otro hombre en el curso.

Cerré mis ojos, respiré profundo y puse mis manos sobre él, pidiendo ayuda a mis Ángeles y Guías. No podía creer la energía y el poder que salía de ese joven. Estaba cubierto de una suave luz blanca y verde pálido, la cual parecía fluir hacia la corona de su cabeza. Tenía tres hermosos Ángeles a su alrededor vestidos con los mismos colores que su energía. Me saludaron con una pequeña reverencia. A mi lado tenía a mis Ángeles, los Ángeles de la Luz Verde, Jack y a mi izquierda, por primera vez pude ver la más hermosa Luz Dorada, la cual todavía no había tomado forma completa pero parecía ser el contorno de una figura masculina.

La Luz Dorada me rodeó. Era una energía buena y segura. Al cerrar los ojos, pude sentir la calidez de esa energía otra vez. La cabeza y el pecho del joven se sentían muy pesados, el flujo de energía no era muy fuerte en esas áreas, ambas partes se sentían algo frías. Escuché a Jack decir:

—Mantén tus manos ahí hasta que la energía fluya nuevamente y sientas que el calor fluye de la misma forma y con la misma temperatura a través de todo su cuerpo.

—¿Cómo sé que ya debo retirar mis manos de él? —pregunté.

Jayne me contestó lo mismo que Jack me había dicho:

—Cuando sientas que la energía fluye de forma suave y uniformemente.

También podía percibir ciertas imágenes, por ejemplo, este joven era muy feliz detrás de su escritorio, pero su cabeza se sentía muy pesada, podía percibir un dolor de cabeza. Su pecho se sentía pesado también y hueco, pero no encontré el significado de eso. Cuando terminé y antes de que el joven empezara a trabajar en mí, Jayne nos pidió que comentáramos lo que habíamos percibido de nuestra pareja. Le expliqué lo que había sentido en su pecho y su cabeza y le dije que lo había visto detrás de su escritorio. El joven me dijo que tenía sentido todo lo que había percibido, que padecía de fuertes dolores de cabeza y que amaba su trabajo. Luego sentí un impulso y le dije que el hueco en su pecho significaba que no tenía un amor en su vida porque estaba muy inmerso en su trabajo. Sentí esto, instintivamente, y Jack me dio una palmadita en la espalda, como diciéndome que lo había hecho muy bien. El joven aceptó que todo eso era verdad. Me sentí muy contento conmigo mismo y con la sensación de que tal vez con el tiempo y con más práctica podría hacer una Curación con Manos.

Luego llegó mi turno. Me senté en la silla y este gigante puso sus manos sobre mi cabeza. La energía fluía muy lentamente y yo me sentía cómodo y muy seguro. Sentí mucha paz y poco a poco me quedé dormido. Los treinta minutos pasaron muy rápido, y sentí al joven desconectarse, como si desconectara un cable del enchufe. Se sentó frente a mí y estaba un poco nervioso al decirme lo que había percibido. Había sentido un cansancio a mi alrededor, sentía que estaba intranquilo en mi lugar de trabajo y que tendría que hacer un cambio, que mi corazón se sentía pesado y que no confiaba muy fácilmente. Dijo que me vio salir de un cuarto oscuro y luego entrar en un cuarto de luz y calidez, y que era allí donde debía quedarme. Me miró y levantó sus hombros como no sabiendo qué más decir. Le dije que todo lo que había dicho tenía sentido, que no era feliz en mi trabajo y que quería hacer un cambio en esa área, el cuarto oscuro era mi pasado y es ahí donde la confianza en mí mismo había sido dañada, y el cuarto luminoso era yo el día de hoy. Le agradecí, nos dimos la mano y él quedó muy feliz.

Jayne terminó el curso con un pequeño resumen de cada uno de nosotros y lo que ella percibió de cada persona. Me dijo que estaba a punto de hacer grandes cambios en mi vida y que siguiera el camino de la sanación, el cual había aceptado seguir antes de entrar en esta vida. Tenía muchos Ángeles y Espíritus maravillosos en mi vida, y con Jesús a mi lado no tenía nada de qué temer. Mientras seguía explicando persona a persona, me di cuenta de que el Jesús al que siempre había amado estaba caminando conmigo. Esa era la Luz Dorada que había visto en Gerry y en muchos otros en el transcurso de los años. Esta energía cálida, fuerte, pacífica y amorosa que te abraza y fluye a través de ti como un riachuelo de amor y quietud, esa energía Dorada que fluye desde ti hacia todos, para nutrir y alimentar el alma. Me sentía seguro, bendecido y honrado de saber que el Jesús al que yo amaba también me amaba y caminaba conmigo.

Jayne terminó el día con una meditación en silencio. Le di gracias a mis Ángeles, a mi Guía Espiritual y a Jesús por tan bendecido y maravilloso día. Sabía que acababa de hacer amigos de por vida. Finalmente, sentía que pertenecía.

Capítulo dieciséis

Señor, hazme un instrumento de tu paz.
Donde hay obscuridad, luz;
donde hay tristeza, alegría.

De *La Oración de Paz de San Francisco*

Era 2002, el tiempo estaba pasando muy rápido: los meses volaban y durante ese tiempo empecé a conocer a más y más personas en el campo espiritual y empezaba a tener clientes cada semana. Me encantaba hacer mi trabajo de sanación y conocer gente nueva. Mis Ángeles eran maravillosos y me daban toda la ayuda que necesitara para ayudar a esas personas y brindarles dirección en sus vidas.

Las personas que se han convertido en mis clientes a través de los años venían a mí con diferentes tipos de problemas, y lo que todos tenían en común era la necesidad de sanar. Una de mis clientes era Joanna. Cuando la conocí era una persona muy insegura, con muchos problemas. Tenía casi treinta años pero se veía mucho mayor. Joanna había sufrido de abuso sexual a manos de un familiar cuando era muy pequeña. Luego ella se volvió adicta a las drogas y al alcohol. Era soltera y tenía dos hijos.

Cuando fue a verme tenía seis meses sin consumir drogas ni alcohol. Se sentía perdida y muy confundida. Sentía que no tenía ningún futuro y tenía miedo de que le quitaran a sus hijos. Después de hablar un poco de forma general, me conecté con ella sentado frente a ella tomando sus manos. Llamé a los Ángeles y los Guías Espirituales parar que le brindaran ayuda. Sus Ángeles se reunieron en un instante y me pusieron al tanto de lo difícil que había sido para ella pero que ahora estaba haciendo grandes cambios en su vida. Aunque era muy difícil para ella, le dije que todo cambiaría en su vida de forma muy positiva y que no regresaría más a los problemas del pasado. Su pasado había sido una gran oportunidad para aprender lecciones y que ahora se encontraba con una luz y energía mucho más fuerte que antes.

Los Ángeles me informaron que Joanna era una sanadora muy fuerte y que debía trabajar con niños que habían sufrido igual que ella. Me dijeron que a través del sufrimiento de su pasado había adquirido amplio conocimiento, entendimiento y empatía la cual debía dar a otros niños para darles esperanza y que éstos pudieran sanar. Joanna no podía creer lo que escuchaba. Es lo que había sentido en los últimos meses pero ella sentía que no era digna de hacer tal trabajo.

Su energía se elevó y los Ángeles le dijeron que se pusiera en contacto con grupos locales y que se ofreciera como voluntaria para ayudar en los programas de rehabilitación. Me dieron otros mensajes sobre su familia y su vida privada, pero el tema más importante era el de trabajar y ayudar a niños con problemas. Estaba muy feliz con las noticias y me dijo que empezaría por hacer el trabajo voluntario en algún grupo que la aceptara. Sus Ángeles le aseguraron que ellos la ayudarían a dar con el lugar correcto.

No vi o escuché más sobre Joanna en nueve meses. Cuando entró a mi cuarto de sanación la siguiente vez no la reconocí. Estaba radiante. Sus ojos brillaban y se veían con vida, su piel se veía limpia y caminaba con una postura recta y con confianza en sí misma.

Estaba trabajando como voluntaria con niños que habían consumido drogas. Estaban progresando mucho y estaba fascinada con ello. También se había inscrito en un curso para estudiar para terapeuta, estaba disfrutando de su vida nuevamente y pasaba mucho tiempo con sus hijos. Joanna cumplió su sueño, es ahora terapeuta y sigue trabajando con niños que han sufrido diferentes tipos de abuso. Es feliz, exitosa y está en paz consigo misma nuevamente.

Vicky tenía una historia completamente diferente a la de Joanna. Ella era dueña de un negocio muy exitoso en Dublín. Había empezado a venir a verme unos años atrás, justo antes de iniciar su empresa, y todo lo que los Ángeles habían predicho sobre ella y sobre su negocio había sucedido. Así que dos veces al año, Vicky venía a verme para que le dijera los mensajes que los Ángeles tenían para ella. También venía cada mes por Reiki, tenía mucha fe en los Ángeles y había seguido todos sus consejos sin cuestionarlo desde sus primeras visitas.

Vicky acababa de cumplir cuarenta años y se había casado con un exitoso hombre de negocios. Tenían diez años de casados. Eran muy felices juntos pero ninguno de los dos quería tener hijos. Sin embargo, durante todos esos años, los Ángeles me mostraban el latir de un bebé en su aura, lo cual siempre significa que un bebé nacerá de esa persona. Cada vez que le mencionaba esto me decía que era imposible porque tenía un problema en su matriz, la cual no le permitiría tener hijos.

Pero cuando los Ángeles me muestran el latir del corazón, siempre están en lo correcto.

Y era el mismo caso de Vicky. Una fría noche de invierno llegó a mi puerta con su esposo, sin hacer cita, rogándome que la atendiera. Era una noche que no trabajaba, así que les dije que pasaran. Habían recibido la noticia de que ella estaba embarazada y no sabían qué hacer. No estaba segura de si podría con ello, dijo que estaba pensando en hacerse un aborto ya que acababa de firmar un contrato que requería que viajara dos veces al mes y no podría hacerlo con un bebé. El esposo estaba sentado a su lado sin decir nada, podía ver en sus ojos que él no quería que abortara.

Le preparé un té y le dije que se calmara, saqué mis cartas y me conecté con sus Ángeles. Los Ángeles me aseguraron que el bebé era sano y que el embarazo sería muy sano. Este bebé había escogido a estas dos personas para que fueran sus padres y quería aprender y crecer con ellos. Los Ángeles le informaron que el asunto del aborto era una reacción impulsiva creada a partir de su miedo y nerviosismo del gran cambio que experimentaría en su vida. Si decidía seguir adelante con el aborto, las consecuencias a largo plazo serían devastadoras para ella y para su salud mental. Sería algo de lo que siempre se arrepentiría y sería muy difícil para ella vivir con ello. Este bebé traería muchas bendiciones para su relación, la cual necesitaba una chispa de romance. El bebé no se pondría en medio de su carrera, seguiría siendo muy exitosa con el bebé en su vida.

Vicky escuchó con atención todo lo que los Ángeles tenían que decirle. Pocos meses después, dio luz a un niño hermoso. Hoy en día sigue siendo una mujer de negocios muy exitosa y una mamá y esposa muy feliz.

Había empezado a intentar diferentes tipos de sanación. Todo eso era muy nuevo para mí. Si alguien me decía que había visto a cierto sanador y que les había gustado mucho, yo iba a verlo también para que me diera sanación. Me sentía revigorizado y listo para intentar diferentes caminos de sanación. El problema era que las cosas no siempre eran como me las había imaginado. A veces salía de los lugares sin haber sentido nada y me sentía desilusionado. Un día mientras manejaba de regreso a casa después de una de estas visitas, le pregunté a mis Ángeles por qué no había sentido nada durante la sanación, no me había sentido con mayor energía y no me había sentido bien. De hecho, estaba un poco molesto porque me habían dejado ir a ver a tal persona y dejaban que me sintiera desilusionado.

—Mi querida y preciosa Alma, no escuchas a tu corazón, escuchas a tu cabeza y te apresuras a tomar decisiones con miedo de que te estés perdiendo de algo. Tu cabeza muchas veces es la voz, los pensamientos y las opiniones de otras personas. Cuando escuchas a tu cabeza tú piensas que si es bueno para otras personas entonces también debe de ser bueno para ti. Pero si escuchas y te conectas con tu cuerpo, tu corazón te dirá si necesitas de esa sanación —dijo Zacarías.

—¿Entonces me tengo que tomar mi tiempo y asegurarme de que de verdad necesito de esa sanación y que lo estoy haciendo por las razones correctas y no porque un amigo o un cliente tuvo una gran experiencia en él? —pregunté.

—Exactamente. Recuerda que no todo sanador es tu sanador. De la misma forma, mi querida alma, tú no eres el sanador de todos. Los sanadores trabajan con diferentes vibraciones de la energía de Dios para llevar consuelo y sanación a la gente en diferentes formas y para diferentes problemas —me explicó.

En esta ocasión, mis Ángeles me estaban enseñando a discernir. Le encontré sentido a todo lo que me habían dicho y mi mente se tranquilizó. Durante ese tiempo estaba viendo a un practicante de Reiki, iba a verlo algunas semanas. Me sentía muy atraído por el Reiki y quería sentirme conectado con mi cuerpo. El hombre del cual recibía el Reiki había sido Maestro Reiki por muchos años. Tenía alrededor de cuarenta años, era alto, tenía el pelo canoso y usaba lentes. Su energía era buena, pero por alguna razón nunca me sentí completamente relajado.

Después de mis sanaciones me daba retroalimentación por quince minutos y me decía cómo había removido energía negra y pesada, la cual había estado ahí desde que era muy pequeño o desde algunos años atrás. Cuando llegaba a la sanación no me sentía tan mal, pero cuando terminaba me sentía peor por toda la energía negativa que decía que me había quitado o por toda la energía negativa que tendría que quitarme en la sesión siguiente.

Para ese entonces había hecho muy buenos amigos en el campo de la sanación, y debido al tipo de trabajo que estaba haciendo, mi nombre empezó a ser reconocido. Fue en esa época cuando conocí a una persona maravillosa llamada Susan Reddy.

Susan era una mina de información, era alguien en quien podías confiar sin reservas. Me encantó desde el momento en que la conocí. Ella había estado en su camino espiritual por años y yo me sentía muy bien al hablar con ella cuando me sentía perdido o confundido. Ella había trabajado como sobrecargo por muchos años en la aerolínea irlandesa Aer Lingus. Ahora trabajaba a nivel administrativo en el mundo corporativo. Ella había asistido a un gran número de talleres, había leído gran cantidad de libros, su conciencia estaba muy despierta y estaba muy conectada con sus Ángeles y con su Guía Espiritual. Pasábamos horas hablando por teléfono hasta muy entrada la noche o a veces nos veíamos en nuestras casas o salíamos a algún lugar. Nos convertimos en maestro y sanador uno del otro y la pasábamos muy bien.

Aprender de Susan siempre era muy divertido e interesante. No sentíamos que tomáramos algo del otro sino que aprendíamos y compartíamos lo que sabíamos o lo que pensábamos. Susan fue el primer eslabón dorado en mi cadena de amigos espirituales. Es una maravillosa amiga con muchos dones. Cuando llegó la hora de ir a otra sesión de Reiki, estaba un poco renuente. Finalmente me relajé y decidí que sí asistiría. Susan pensaba que él no era el sanador para mí porque se enfocaba mucho en la energía negativa. Debería estarme ayudando a seguir adelante, me dijo, y yo debería estar manifestando un futuro más positivo.

En ese día en particular, después de que la sesión terminó, me dijo que ya había sanado todo lo que debía sanar en mi vida y que me encontraba en perfecta forma. Dijo que había trabajado muy duro para llevarme hasta ese punto, pero para poder seguir en ese nivel tendría que sanar todo lo negativo de mis vidas pasadas. Mi karma debía de ser sanado y debíamos iniciar tan pronto como fuera posible, me informó.

Me quedé en estado de *shock*. ¿Cuánto tiempo más tomaría esa sanación? ¿Cuánto karma negativo tenía? Realmente necesitaba ayuda porque me sentía muy afectado y ansioso por todo eso. ¿Algún día llegaría a sanar completamente? Tenía que preguntarle a mis Ángeles, así que los llamé.

—¿Qué es lo que debo sanar de mi pasado? —les pregunté—. No siento ninguna conexión con miedos o energía negativa que vienen de ese pasado.

—Ah, mi querida Alma, ¿qué es lo que la gente está haciendo contigo? Escucha lo que nosotros te decimos. Una y otra vez te decimos que dejes el pasado de esta vida en el pasado, deja el pasado donde pertenece: en el pasado. No puedes cambiar nada del pasado, lo único que puedes hacer es aprender de él. Nuevamente te digo: pregúntate a ti mismo, ¿qué es lo que he aprendido? No, ¿por qué sucedió? Si

202

escoges seguir viviendo en el pasado entonces te quedas ahí y no puedes seguir adelante con tu vida. Ahora, si nosotros te pedimos que OLVIDES el PASADO en ESTA VIDA, ¿por qué te pediríamos que te preocupes por recordar lo que te sucedió en otra vida? En aquella vida aprendiste lo que debías aprender y si te perdiste la lección, entonces siempre tendrás otra oportunidad de aprender esa lección en alguna otra vida. Deja de preocuparte sin necesidad sobre tales cosas y recuerda: Dios es un Dios de amor incondicional y estás aquí para aprender sobre tus imperfecciones. Tú eliges cargar con el karma si así lo deseas, pero sólo hará que tu vida sea mucho más difícil. Cada vida se trata de aprender diferentes lecciones y llevar a tu alma en diferentes vibraciones en el amor, entendimiento y conciencia de Dios —contestó Zacarías con gran autoridad en su voz.

—Muchas gracias, todo esto tiene sentido y ahora lo puedo entender —contesté.

Zacarías me miró y sonrió.

—Así es mi Pequeña Alma, empiezas a entender con claridad y estás entrando dentro de tu propio poder. Muy pronto tu camino se volverá muy claro.

Estaba muy contento con la respuesta que Zacarías me había dado, así que decidí no continuar con el tratamiento de Reiki. Había decidido que él no era mi Maestro Reiki y que no aprendería información sagrada sobre el Reiki de esa persona. Siempre sentí que mi maestro Reiki sería una mujer.

Me sentí atraído por otro maestro Reiki que llegué a conocer a través de Jayne, así que empecé a ir a sesiones de Reiki una vez por mes. Sus sanaciones eran más suaves y me sentí más relajado con ella. Me sentía muy bien después de cada sanación. Me quedó muy claro durante esos momentos de quietud en la sanación que mi vida se trataba del balance, de encontrar paz conmigo mismo mientras interactuaba con las personas más cercanas a mí.

Una cosa que aprendí en mi despertar fue que mis padres fueron mis maestros. Fue en 2002 cuando decidí llevar a mi mamá de vacaciones a Italia. Ella siempre había querido regresar a Roma y visitar el santuario de Santa Rita en Cascia. Mi madre tenía ya en ese entonces más de ochenta años y habían pasado más de veinte años desde su última visita.

En ese viaje iríamos al Vaticano, donde tendríamos una audiencia con el Papa, también visitaríamos el santuario de la Madre del Buen Consejero y el santuario de Santa Rita de Cascia y luego pasaríamos una semana en el mar disfrutando del sol y del aire fresco. Rosaleen y mi tía vendrían con nosotros. Deseábamos profundamente que llegara el momento de partir, sabía que algo mágico sucedería en ese viaje. Muy pronto, la fecha de partida llegó. Era una mañana obscura y con lluvia en Dublín. La lluvia era pesada y persistente y se sentía la humedad por todas partes. Casi todo el verano el clima había estado así, por lo que todos pensábamos que el sol nos haría bien al levantar nuestra energía.

El vuelo se retrasó por cuatro horas, así que ya estaba oscuro cuando llegamos a nuestro hotel. Era un pequeño y concurrido hotel en el centro de Roma, muy cerca del Coliseo. La magnífica estructura se veía impresionante, bañada con los rayos del sol contra la oscuridad de la noche. Roma es una de las ciudades más antiguas en el mundo, pero es muy ruidosa, está muy contaminada y es de vida rápida. A pesar de todo esto, la gente tenía una energía cálida y amistosa.

El calor era insoportable. Gracias a Dios por el aire acondicionado. De hecho, si los autobuses no hubieran tenido aire acondicionado, tal vez nunca hubiéramos ido a Roma. Nuestra audiencia con el Papa Juan Pablo II sería en nuestra primera mañana en Italia en su casa de verano en Castel Gandolfo, un pequeño pueblo arriba del Lago Albano.

Cuando llegamos a la puerta de ese palacio de verano nos mostraron nuestros lugares. Teníamos asientos hasta adelante, por lo que mi mamá y mi tía estaban muy emocionadas. Eventualmente, el frágil cuerpo de Juan Pablo II apareció en un balcón arriba de nosotros. Ese no era el mismo hombre que había estado en el parque Phoenix, en Irlanda, veinte años atrás. En 1979 era un hombre de gran energía, con una mente muy despierta y aguda y un cálido corazón. Los años no habían sido buenos con él. Ahí estaba el que fue alguna vez un gran líder, parado frente a nosotros, viejo y frágil, esforzándose por decir unas palabras. No se quedó ahí por mucho tiempo, tampoco saludó a nadie personalmente, sólo dio unas palabras de bienvenida, nos bendijo y se retiró.

En los siguientes días, visitamos los lugares turísticos que podíamos incluir en el día y disfrutamos cada segundo. En nuestro último día en Roma iríamos a visitar el Vaticano. Yo era el primero en el autobús. La Plaza de San Pedro estaba llena de vida y de turistas, lo cual me hizo sentir como si estuviéramos en un mercado: todos se empujaban tratando de pasar antes que tú. La Plaza es de forma circular, con filas y filas de pilares y estatuas.

El calor era sofocante y no parecía haber un lugar con sombra. El área era gris y plana, y yo me sentía un poco intranquilo por la energía que emanaba de la plaza. Al lugar le faltaba la energía sagrada y relajante que yo me había imaginado. Tal vez al entrar a la Basílica de San Pedro me conectaría con un ambiente más sagrado y pacífico.

Entrar a la Basílica fue otra pesadilla, los guardias de seguridad no me dejaban entrar porque llevaba unos shorts hasta la rodilla cuando se requería que uno usara pantalones, por respeto. No tenía ningún problema con ello, hasta que me di cuenta de que dejaban pasar a mujeres con pantalones muy cortos, con escote y con los brazos descubiertos. Me molestó mucho y les pregunté por qué permitían que eso sucediera. Me empujaron y me dijeron que me fuera, que me pusiera pantalones largos o que me fuera a casa. Eran muy agresivos y nada amigables.

Había visto que vendían pantalones de papel en la plaza, pero nunca los asocié con la Basílica. Así que fui a una de esas tiendas y compré un par de esos ridículos pantalones, eran largos y se sujetaban por la cintura con una banda elástica. Esta vez sí me dejaron entrar a la Basílica, me sentía como un payaso. De alguna forma muy extraña, los guardias de seguridad del Vaticano encontraban que ese *look* era más aceptable. La misma Basílica, aunque era hermosa, se sentía fría y vacía. La energía se sentía más como la que encuentras en un centro comercial que la de un lugar sagrado.

Todos caminaban y tomaban fotos y hablaban en voz alta, mientras los guías de turistas llevaban a la gente de altar en altar. Había muy poco recogimiento y me dio tristeza ver el poco respeto que la gente mostraba al visitar la casa de Dios. Se suponía que este era un lugar de quietud, de meditación, de silencio, de oración, un lugar sagrado donde podías encontrar paz y conectarte con Dios.

Tenía que salir de ahí para respirar aire fresco, la energía era muy pesada. Sentí cómo iba perdiendo mi propia energía como si estuviera a punto de tener un ataque de pánico. Necesitaba comunicarme con mis Ángeles para que me aseguraran que todo estaba bien, así que me dirigí a la salida.

Mis Ángeles me dijeron que la Iglesia estaba pasando por tiempos de limpieza y yo estaba percibiendo la energía pesada y negativa que estaba siendo limpiada. Me dijeron que la Iglesia estaba pasando por un gran cambio de energía, como si estuvieran dejando ir a toda la gente que causó mucha pena y dolor. Me dijeron que con el tiempo todo ese dolor sería sanado y remplazado con nueva energía, nuevas personas y una nueva manera de hacer las cosas. Esa era la época cuando la Iglesia Católica estaba bajo gran escrutinio porque estaban emergiendo todas las historias de brutalidad y abuso sexual.

Una vez que me sentí un poco mejor, me reuní con mi familia para continuar con el tour. No hicimos fila para entrar a la Capilla Sixtina, las filas eran muy largas y el sol era muy fuerte para mi mamá y para mi tía.

Me habían dicho que cuando la expectativa no concuerda con la realidad, causa gran desilusión y eso es lo que sentí ese día en el Vaticano. Sin embargo, cuando uno se enfrenta a situaciones como esta, es bueno buscar una simple explicación tal como la que me mostraron mis Ángeles.

Durante el viaje con nuestro grupo conocí a una señora muy amable llamada Sadie. Era una mujer de Dublín, con los pies en la tierra, con un corazón de oro y con una gran fe en Dios. Aunque sonreía todo el tiempo, sus ojos se veían tristes y ella parecía sentirse sola. No estaba seguro de qué parte jugaría en mi vida, pero podía sentir que teníamos una gran conexión y estaba dispuesto a que se desarrollara a su propio paso. Ya llegábamos casi al final de nuestra estadía en Roma y para ser honestos, estaba un poco contento de dejar aquella ciudad ruidosa y concurrida.

Rumbo a Cascia nos detuvimos en el santuario de la Madre del Buen Consejero en un pequeño pueblo llamado Genazzano. Es un lugar de peregrinaje de la Madre María donde muchas sanaciones han ocurrido y de las cuales todavía hay testimonios. De acuerdo con la leyenda, en 1467, la imagen de la Madonna fue milagrosamente transportada ahí desde Scutari, en Albania. Descansaba precariamente en la orilla de una piedra sobre una de las paredes dentro de la iglesia, la leyenda continúa y sigue ahí hasta hoy en día.

Lo primero que llamó mi atención es lo sencillo que todo se ha mantenido. La Iglesia sigue siendo pequeña, con una vieja energía que da seguridad, con olor a cera e incienso. Se puede sentir lo sagrado de este lugar cuando te sientas en silencio a meditar. Al ver el fresco de la Madre María y el Niño Jesús, sentí cómo el amor cariñoso de María me abrazaba y el amor del Niño Jesús renovaba mi energía y mi espíritu. Una energía como de niño llenó mi corazón. La gente que estaba ahí conmigo sintió lo mismo. Había amor y sanación para todos. Inclusive ahora, después de algunos años de ese viaje, todavía siento la felicidad y la paz cada vez que pienso en ello.

Al salir de Genazzano viajamos a través de Umbria, mejor conocida por sus viñedos, sus huertas de olivas, sus pueblos empinados y medievales. Aquí nació Santa Rita de Cascia y sus restos descansan en la Basílica, al lado del monasterio donde vivió los últimos cuarenta años de su vida.

A los doce años de edad, Rita se casó con Paolo Mancini. Fue un matrimonio arreglado por sus padres a pesar de que ella constantemente les rogó para que la dejaran entrar al convento. Mancini era un hombre rico, de fuerte temperamento y sin valores morales. Tenía muchos enemigos en la región. Santa Rita soportó sus insultos, su abuso y sus infidelidades por dieciocho años. Le dio dos hijos, Giangiacomo Antonio y Paolo María. Aunque trató de educarlos con valores cristianos, sus hijos crecieron como su padre.

Al final de la vida de su esposo, Santa Rita lo ayudó a vivir una vida más noble. Aunque Mancini se volvió más dócil, sus enemigos lo traicionaron asesinándolo de una puñalada. Antes de su muerte se arrepintió y le pidió perdón a Rita por todas sus transgresiones contra ella.

Después de la muerte de su esposo, los hijos de Rita deseaban vengar la muerte de su padre. Sabía que asesinar no era correcto, así que trató de convencerlos de que no lo hicieran, pero sin éxito alguno. Rezó fervorosamente a Dios para que se llevara la vida de sus hijos en lugar de verlos cometer tal pecado. Dios escuchó las oraciones de Rita y sus hijos murieron por causas naturales un año después. Luego de las muertes de sus hijos y de su esposo, Santa Rita intentó entrar al monasterio de Santa María Magdalena pero fue rechazada porque sólo se permitía la entrada al convento a mujeres vírgenes.

Sin embargo, ella insistió y el convento le puso una difícil prueba antes de aceptarla. Tenía que reconciliar a su familia con los asesinos de su esposo. Ella resolvió todos los conflictos y posteriormente le fue permitido entrar al monasterio. La forma en que lo hizo, después de todo lo sucedido, fue considerada un milagro. Durante la noche, las puertas del monasterio eran cerradas y las hermanas dormían, Rita fue transportada milagrosamente al convento por los santos patronos Juan Bautista, Agustín y Nicolás Tolentino. Cuando la encontraron dentro del convento a la mañana siguiente y cuando las hermanas se enteraron de cómo había ingresado, no se atrevieron a expulsarla. Permaneció ahí hasta su muerte. Muchos milagros y sanaciones han sido concedidos a través de su intercesión, y por tal motivo se le conoce ahora como la Santa de lo Imposible o la Santa de las Causas Perdidas.

Cascia es un pueblo pintoresco con calles angostas de muchas curvas, lo que hace que el tráfico sea difícil. Puedes oler la frescura en el aire y sentir el flujo de la energía tranquila y relajante. Toda el área está cubierta de Ángeles y energía sanadora. Umbria tiene una energía muy especial que no encuentras en muchos lugares; es un portal a una Dimensión Espiritual, un lugar santo digno de respeto. Un portal es una puerta o entrada que nos une con otros planos de existencia, como el Paraíso. Es donde el Paraíso y la Tierra se conectan con todos los Espíritus de Luz y Sanación. Umbria es famosa no sólo por sus hermosos paisajes escénicos sino también por sus poderosos Santos, tales como Benedicto, Francisco de Asís y Santa Clara, por mencionar algunos. Pasaríamos cuatro días en Cascia en total.

El hotel era muy básico y sencillo, igual lo era la comida. Podíamos escoger entre pasta con salsa verde, salsa roja o salsa blanca y la comida era la misma todos los días. Pero sólo reíamos porque el personal era muy amigable y los alrededores muy hermosos.

Las primeras dos noches empecé a tener sueños muy vívidos de un hombre joven que nadaba contra la corriente, intentaba llegar a un pequeño bote en la distancia. Cada vez que llegaba al bote, una ola llegaba y lo jalaba llevándolo lejos del bote y él tenía que empezar otra vez. Estaba exhausto. Pensé en el sueño todo el día pero no podía ver la cara del joven y no podía descifrar el significado.

La noche siguiente tuve el mismo sueño pero esta vez podía escucharlo gritar: "Dile a Sadie que me deje ir, estoy bien. Necesito descansar". En la mañana le conté a mi hermana de los sueños y estuvo de acuerdo conmigo en que tenía que contárselo a Sadie, la amable mujer con quien yo había platicado en Roma.

En los días previos al sueño, Sadie me había dicho que acababa de perder a su hijo en trágicas circunstancias. Esa tarde me encontré con ella en el lobby del hotel, nos sentamos en una pequeña mesa y le conté de mis sueños. Ella estaba en *shock* pero escuchó muy contenta el mensaje. Desde que su hijo había muerto un año atrás, no había podido dejarlo ir, su corazón estaba roto pero sabía que con la ayuda de Dios, podría vivir su dolor y su pérdida.

Me dio un abrazo y me dio las gracias. El sueño tenía sentido porque Sadie y el resto de su familia seguían jalándolo de regreso y eso estaba haciendo que las cosas fueran difíciles para él en el otro lado. Su alma quería descansar en un gran

Templo de Luz donde el alma cura el dolor que tuvo en la vida terrenal y se sintoniza con la ligera Energía de Dios que habita en el nuevo mundo. En ese hermoso lugar te encuentras con tus seres queridos que han cruzado antes que tú y te ayudan a que te ajustes a esa energía nueva y pura. El espíritu del joven tenía problemas para regresar con sus seres queridos para reconfortarlos y consolarlos, pero ya estaba cansado y necesitaba descansar y sanar, por lo que le había pedido a su madre que lo dejara ir.

Esa noche, durante la cena, el guía del tour anunció que habría un viaje de un día a Asís. Nos advirtió que era un pueblo con muchas pendientes y que no sería apto para gente mayor.

San Francisco de Asís era un santo del cual yo no sabía mucho, no era un santo al cual yo acostumbraba rezarle aunque probablemente le pedí ayuda cuando mis perros o gatos estaban enfermos cuando yo era muy pequeño. Sentía gran resistencia a ir a ese tour, pero mi mamá insistió en que Rosaleen y yo fuéramos juntos.

Ella y mi tía se quedarían para darnos a ambos un día de descanso de cuidarlas. Era otro hermoso día y mi hermana y yo abordamos el autobús que nos llevaría a Asís, donde Francisco había crecido.

San Francisco era el hijo de un comerciante muy rico, era un hombre rebelde. Le encantaba cantar y le gustaban las ropas finas. Pero cuando el pueblo de Asís entró en guerra con Perugia cuando Francisco tenía veinte años, fue capturado y enviado a la cárcel. Una vez que fue liberado, cambió su vida por completo, le dio todo lo que poseía a los pobres, ayudaba a los leprosos y daba mensajes de pobreza y humildad, felicidad y simplicidad. Empezó a llevar una vida de meditación, oración y penitencia. Cuatro años más tarde renunció públicamente a las riquezas de su padre y empezó a vivir una vida de pobreza y penitencia.

Muy pronto muchos siguieron su ejemplo, incluyendo Santa Clara quien fundó la orden de religiosas de las Claras Pobres. San Francisco creó una serie de principios, los cuales adquirió y siguió su comunidad: pobreza, castidad y obediencia. Fundó la orden de los franciscanos, la cual aún funciona bajo estos principios. Murió en Asís en 1230 y su cuerpo descansa allí.

San Francisco amaba y respetaba mucho a toda forma viva, desde los pájaros en los aires, los animales y peces y las plantas de la naturaleza. Se comunicaba diariamente con las criaturas de Dios.

Estaba al tanto de que respetar a los animales era una forma de respetar el medio ambiente. Después de todo, son las plantas y los animales los que hacen que la Tierra sea un lugar sano para que los humanos puedan vivir. Su sabiduría fue inspirada por el amor a Dios y por su creencia de que cada ser vivo ha sido creado a partir del amor de Dios. Sentía gran compasión por los animales y Francisco quería verlos felices y en su divino derecho de habitar su hogar.

Tomamos un corto viaje en taxi a las cuevas de Monte Subasio, justo afuera de los muros de Asís. Este era el lugar donde Francisco venía usualmente a hacer oración, contemplación y penitencia. Podía ver por qué. El aire puro, la tranquilidad, la quietud y el silencio alrededor te hacían estar muy consciente de la belleza de la naturaleza. El único ruido que se escuchaba era el cantar de los pájaros.

Al mirar hacia Asís empecé a llorar y mis piernas se volvieron débiles. La belleza de ese lugar me llevó de regreso a la Montaña Sagrada. Era como el lugar sagrado al que mis Ángeles me habían llevado hacía muchos años y a donde había viajado tantas veces con mi adorado Jack. Sentí una gran presencia en mi corazón.

Al voltear a ver a mi hermana para contarle lo que estaba

sintiendo, me di cuenta de que me encontraba solo en ese lugar que unos minutos antes había estado lleno de gente. A mi lado estaban mis dos hermosos Ángeles brillando más de lo que los había visto brillar antes, y también estaba Jack con su gran sonrisa y su brazo por encima de mi hombro.

—Sí, este es un lugar muy especial, es el lugar sagrado del adorado Francisco. Es su lugar de Dios y su lugar de energía. Este es el lugar que le es dado a mucha gente como su lugar sagrado, donde encuentran sanación y paz. Tiene una vibración energética del amor de Dios muy alta y es aquí donde Francisco lleva a muchos para que despierten al amor, el entendimiento y la sanación de Dios. Hoy, mi querida Alma, tú escucharás la voz de Francisco en tu corazón y no le temerás —dijo Zacarías.

Justo cuando estaba a punto de responderle, desaparecieron y vi a mi hermana en la distancia con un grupo de personas pidiéndome que me apurara o nos perderíamos la misa. Bajamos por la colina de Asís, por las pequeñas y angostas calles a través del campo abierto donde las ovejas pastaban libremente y a veces brincaban frente a ti dándote el susto de tu vida.

En Asís el grupo se dispersó y mi hermana y yo nos encontramos solos otra vez. La energía pacífica no me había abandonado y me sentía, de forma extraña, como si estuviera en casa en Asís. Aunque las pequeñas calles estaban llenas de gente y todos hablaban y estaban ocupados con sus cosas, había una quietud sublime en ese pueblo sagrado. Todo parecía moverse a un paso más lento.

Habíamos llegado a tiempo y teníamos media hora para pasear, así que decidí sentarme a tomar un café y disfrutar del sol. Justo cuando estaba a punto de sentarme, vi a Sadie del otro lado de la calle. Le hice una seña con mi mano y fue hacia mí. Me dijo disculpándose que no quería molestarme pero que le gustaría hablar conmigo. Luego vio a mi hermana y estuvo a punto de marcharse pero le insistí que se quedara.

Hablamos más sobre el sueño que tuve acerca de su hijo y me contó toda la historia. Los Ángeles me dijeron que le dijera que su hijo estaba bien, que estaba en la Luz y que no había sentido nada de dolor. El había estado consciente de su presencia antes de morir. No quería que se sintiera triste y que sentía mucho lo que había pasado. Le dijo que era una gran madre y que siempre la cuidaría. Luego, los Ángeles me dieron mensajes personales para su vida.

Mientras platicábamos nos sentimos tan cómodos e interesados en el tema que perdimos la noción del tiempo y del espacio. Una neblina blanca nos cubrió y de repente las campanas empezaron a sonar. Pensamos que eran las campanas para recordarnos que la misa estaba a punto de empezar, así que brincamos de nuestros asientos. Pero cuando miramos la hora, habían pasado dos horas y las campanas estaban sonando para anunciar que la misa ya había terminado. No podíamos creer lo que acababa de suceder, pero decidimos que Dios y San Francisco habían querido que fuera así.

Regresamos a la Basílica, a la tumba de San Francisco a rendir homenaje. En el camino, Sadie me detuvo, me dio un abrazo muy fuerte y me dijo que estaba desperdiciando mis dones trabajando en esa oficina. Me dijo que yo debería estar usando mis dones espirituales para ayudar a otras personas que lo necesitan.

Le agradecí por sus palabras y le di un abrazo, estaba contento de haber podido ayudarla un poco. Ella me miró, sonrió y me dijo:

—Deberías embotellar ese abrazo; hace que uno se hace seguro y amado.

Finalmente llegamos a la Basílica. Una energía maravillosa te envuelve al entrar. La Iglesia estaba repleta de gente, la gente entraba y salía, pero a diferencia de la Basílica de San Pedro en el Vaticano, aquí nadie hacía ruido. La energía sagrada, amorosa y pacífica no era perturbada y sabíamos que nos encontrábamos en un lugar de gran sanación, con la verdadera energía de Dios. Luego nos dirigimos a una iglesia en la parte inferior y a la cripta donde San Francisco estaba enterrado.

Aquí, enfrente de la tumba de ese hombre espiritual a quien honestamente acababa de recibir en mi vida ese día, sentí una gran conexión. En cuanto me paré enfrente de su tumba, mi corazón empezó a latir rápidamente, luego regresó a un ritmo normal y una gran calma se apoderó de mí. Nuevamente sentí una gran presencia dentro de mí. Luego sentí que mi corazón se abría y en mi mente vi una luz brillante flotar dentro de él. Me sentí en paz y me sentí uno con el adorado Francisco y pude escuchar estas palabras:

—No tengas miedo. Permite que la luz y el amor de Dios y sus benditos Ángeles fluyan a través de ti libremente. El amor de Dios es simple. Haz que todo sea sencillo de la misma forma en que yo lo hice, mi querido hijo de Dios.

A partir de ese momento mi corazón y energía se elevaron y supe lo que debía hacer una vez que regresara a casa. Me di cuenta de que la resistencia que había sentido al inicio de este tour era el miedo a caminar por mi verdadero camino. Ahora que había entrado en esta energía me sentí muy enfocado y que había recuperado mi poder.

El resto del tour lo pasamos en el mar relajándonos. Sin embargo, el padre del viaje, quien era nuestro Director Espiritual, decidió que esa semana estaba de vacaciones, así que no iba a guiarnos y darnos dirección de ningún tipo. Por alguna extraña razón, el grupo se dirigió a mí para que yo los guiara o les diera sugerencias. Mi hermana y yo nos reímos sobre cómo habían resultado las cosas, pero realmente disfruté de la experiencia y estuve de acuerdo con que era otra señal de que debería involucrarme más en el trabajo de sanación una vez que regresara a casa.

En la última noche de las vacaciones mucha gente fue a agradecerme por mi ayuda y me dijeron lo bien que se habían sentido al saber que yo estaba ahí esa semana. Había encontrado paz interior, fuerza y dirección en la sagrada energía de Umbria. Como dice la autora de *El juego de la vida y cómo jugarla*, Florence Scovel Shinn: "Todos somos un eslabón dorado en la cadena de nuestro viaje". Y eso era muy cierto en mi caso. Sadie y todas las demás personas del grupo formaron parte de la cadena dorada de mi vida y era gracias a ellos que había ganado valor suficiente para dar un gran salto de fe y seguir adelante.

Capítulo diecisiete

Para todo aquél que pide, recibe, y el que busca, encuentra,
y para aquel que toca, las puertas se abrirán

Mateo 7:7-8

La paz y la fuerza interior que sentí al salir de Italia permanecieron conmigo hasta finales de ese año y principios del 2003. La energía amorosa y fuerte de San Francsico de Asís todavía estaba conmigo y podía escucharlo hablar cuando meditaba. Hablaba sobre mi viaje y mi necesidad de dejar el pasado, de vivir con verdadera confianza y permitir que la energía del alma fuera la fuerza que guiara mi camino. Que lo hiciera como él lo había hecho y que supiera que Dios era mi sostén; Él y sus Ángeles Benditos no me negarían nada si lo que pedía era para mi bien y el bien común.

El miedo a lo desconocido aún se apoderaba de mí. Ansiaba hacer trabajo de sanación y dejar mi trabajo en la oficina, el cual había afectado mi energía y mi confianza en mí mismo por mucho tiempo. También sentía que me quitaba creatividad y estaba destruyendo el verdadero propósito de mi alma.

La energía en la compañía se estaba volviendo cada vez más tóxica y me costaba mucho trabajo encontrar las ganas y la energía de ir a trabajar cada mañana. Uno de los gerentes se había retirado debido a un problema de salud y un hombre mucho más joven tomó su lugar. Sentí como si hubiera ido del sartén al fuego. Con el antiguo gerente, lo que veías era lo que obtenías. No era la persona más fácil, pero si ignorabas sus frecuentes rabietas y no le contestabas durante sus explosiones de enojo, se alejaba y te dejaba en paz.

El nuevo gerente era una persona completamente diferente. Empezó siendo muy amable y estaba muy agradecido por la ayuda que le dábamos. Pero una vez que se acostumbró y aprendió todo lo que tenía que aprender, se alejó. Era el tipo de gerente que corría con la liebre y cazaba con los perros, le decía una cosa a una persona y algo diferente a otras y nunca admitía que había dicho tales cosas. Así que nunca sabíamos si nos decía la verdad o no.

Era muy difícil trabajar bajo este tipo de administración o más bien dicho, falta de administración, al menos así lo veía yo. Nunca antes sentí una necesidad tan fuerte de salirme de ese trabajo y empezar a hacer lo que más disfrutaba, mis sanaciones. No sabía por dónde empezar pues tampoco contaba con los fondos suficientes para iniciar mi propio negocio. Aún hacía lecturas de sanación como actividad de medio tiempo y no le cobraba a las personas que venían a verme por las noches después del trabajo. Mis Ángeles me decían una y otra vez que necesitaba dedicarme a ello de tiempo completo y que no tuviera miedo. Que era lo que tenía que hacer en esta vida, me reiteraban.

Aún no me sentía completamente cómodo con el método de Curación con Manos, sentía que debía contar con un certificado de algún tipo que dijera que estaba capacitado para hacer sanaciones. Aunque aún asistía a terapias de sanación, me había alejado del Reiki, ya no me atraía como antes lo había hecho; para ser honestos, me aterrorizaba.

En el verano anterior había ido a un curso de Reiki donde hice el primer grado de Reiki, durante el taller no había sentido nada y me había sentido un poco desilusionado. Sentí que los dos días habían sido muy largos y muy aburridos. El alineamiento me decepcionó mucho. Sentía que no había nada sagrado o personal para mí. El maestro nos explicó que debíamos hacer una desintoxicación por tres semanas, que probablemente nos sentiríamos enfermos y confundidos. Los efectos secundarios fueron terribles para mí, lo que hizo que se me quitaran las ganas de seguir estudiando la práctica del Reiki como método de sanación. Mientras manejaba a casa desde el taller le pregunté a Jack de qué se trataba todo eso, por qué me estaba sintiendo así.

Me dijo que todo se me haría muy claro y que era un aprendizaje; que no me diera por vencido.

Todo mi cuerpo se sentía sin energía, me sentía como muñeco de trapo. Durante la noche caí en un sueño profundo, soñé que caía y que me iba hundiendo. Más de una vez desperté sudando frío, mi corazón latiendo rápidamente y sin poder respirar. Me entró el pánico, y sólo quería que ya fuera de día.

Pero cuando llegó la mañana, me sentí tan mal que no pude levantar la cabeza de la almohada. Me sentí muy enfermo y empecé a temblar de forma incontrolable. El maestro Reiki nunca nos dijo que la desintoxicación sería tan severa. No podía mantenerme de pie y me sentía físicamente fuera de control. Asustado y deprimido, le rogué a mis Ángeles que no me enviaran por ese camino otra vez; no podría soportarlo.

No fue sino hasta tres días después cuando empecé a sentirme un poco mejor. Decidí consultar a amigos que habían sido alineados a través del Reiki para ver si ellos también se habían sentido de esta forma, pero ninguno de ellos se había sentido tan mal en la desintoxicación.

Llamé a mi maestro Reiki y me aseguró que todo lo que sentía era muy normal. Que simplemente estaba pasando por una limpieza de energía muy profunda, que no me preocupara y que no tuviera miedo. Que todo era muy bueno y muy positivo. No estaba muy seguro de ello, así que le pedí a mis Ángeles que me ayudaran a recuperarme.

Poco tiempo después estaba sentado en mi habitación cuando la amorosa luz verde del Arcángel Rafael entró en el cuarto y me cubrió con una niebla pálida como de color verde y blanco. La niebla se sentía fría y sentí cómo entraba hasta los músculos de mi cuerpo. Mientras absorbía esta energía reconfortante, sentía cómo mi cuerpo se relajaba más y el latido del dolor de cabeza que había sufrido por tres días desaparecía lentamente.

Mi corazón dejó de latir rápidamente y sentí como si el sol volviera a brillar sobre mí mientras esa energía negra depresiva que se había apoderado de mí desaparecía. Me sentí conectado con mi mente, mi cuerpo y mi espíritu y me sentí en paz nuevamente.

Le agradecí a Rafael. Siempre venía a mí a hacerme sanación con su suave y poderosa energía acompañado de su Angelical luz sanadora.

—No tengas miedo, todo ha vuelto a estar bien contigo, ese sentimiento de pesadez desapareció. Una vez más, te dejaste llevar por tu mente. Dejaste que te convencieran de hacer algo que no querías hacer. Debes elegir a tus maestros sabiamente. Esta es una lección de paciencia y confianza. El maestro correcto llegará y te familiarizarás con una sanación antigua y sagrada —dijo Rafael.

Desde mi visita a Italia había aprendido a confiar en mí mismo y en mis Ángeles y Guías. Había decidido que me relajaría y me dedicaría a observar más. También intentaría aguantarme las ganas de hacer cursos o talleres sólo porque había escuchado que alguien más había intentado cosas nuevas.

Cada vez más, mis Ángeles y Jack me estaban impulsando a que dejara mi trabajo. Yo les decía que lo haría pero que necesitaba más tiempo para arreglar mis aspectos financieros y, una vez que lo hiciera, entonces dejaría la empresa.

Sentía que necesitaba salir más y hacer más cosas fuera de la comodidad de mi propia casa. Me habían pedido que participara en eventos de caridad con la lectura de las cartas y también me habían invitado a unas ferias holísticas. Acepté las ofertas y me di cuenta de que realmente disfrutaba de ese tipo de experiencias.

Las ferias holísticas casi siempre eran en sábado en diferentes hoteles por todo el país. En estos eventos, muchos terapeutas ofrecían sus servicios al público en general. Las ferias eran lugares excelentes para conocer personas con la misma forma de pensar y para aprender más sobre diferentes terapias y para ponerse al tanto con las noticias del mundo espiritual. Mi hermana aceptó venir conmigo para ayudarme, nos la pasamos muy bien. Me encantaba el ambiente y la energía de estos eventos.

En esa época las ferias comenzaron a ser más populares, la gente quería saber y aprender más sobre los Ángeles, así que me hicieron muchas preguntas. Al principio, aunque parecía que yo siempre estaba ocupado hablando con la gente y siempre había mucha gente en mi stand, la mayoría de las veces se trataba sólo de preguntas con un pequeño número de lecturas de cartas o de sanaciones.

La gente venía a mi stand y me pedían que les diera un abrazo, luego se marchaban felices para regresar más tarde y compartir el bien que les había hecho ese abrazo. Llegaba a casa después de un largo día sintiéndome muy agotado, pero siempre muy contento. Las palabras no pueden describir lo bien que uno se siente cuando alguien te agradece y te dice que has hecho un cambio positivo en su vida o que sienten que los has hecho sentir mejor consigo mismos o que has causado una gran diferencia en ellos.

Es el mejor sentimiento que puedes tener y ninguna cantidad de dinero puede comprar ese sentimiento. Los Ángeles eran muy buenos conmigo y siempre gané suficiente dinero para cubrir los costos, lo que incluía el viaje, el alquiler de mi stand y el almuerzo para mí y para mi hermana. Sin embargo, me di cuenta, inclusive en ese entonces, que si iba a dejar mi trabajo de tiempo completo, tendría que empezar a ganar lo suficiente para cubrir mis gastos básicos. Para ser honestos, de alguna forma sentía alivio de no estar haciendo dinero con las sanaciones. Significaba que no iba a tener que tomar ninguna decisión acerca de dejar mi trabajo. Aún con todo lo mal que las cosas iban en mi trabajo, tenía un sueldo mensual, por lo que no me tenía que preocupar por pagar mis gastos; encontraba esa situación muy cómoda.

Podía hacer mis sanaciones con una mente despejada sin estar preocupado sobre cómo pagar mis recibos, ¿qué más podía pedir? Tal vez era la forma en la que debía operar, razoné.

Igual que mucha gente, le tenía miedo al cambio y no me gustaba todo lo que este podría ocasionar. Lo que escuchaba por parte de los practicantes en aquellas ferias era muchas veces negativo, lo cual no ayudaba a convencerme de que debía practicar mis sanaciones de tiempo completo. Muy pocos de ellos podían darse el lujo de abandonar su carrera y sobrevivir con lo que ganaran de su trabajo holístico. Había mucha competencia y me parecía que debías trabajar mucho y por muchas horas para sobrevivir en ese campo.

Me había hecho muy buen amigo de una chica llamada Suzanne Horgan, una psicoterapeuta que trabajaba con personas con problemas de alimentación y a quien conocí en la primera feria holística realizada en Irlanda. Ella se convertiría en una muy buena amiga y en un eslabón en la cadena de eventos de mi vida durante ese tiempo. Había venido a mí para que le diera una lectura de sanación y estaba más que satisfecha con lo que los Ángeles le habían dicho. Me llamó un par de semanas después y me invitó a dar una plática en Wexford a algunos de sus clientes y sus familias. La plática sería sobre Ángeles, sobre la Energía Angelical y sobre cómo trabajar con ellos.

Igual que yo, Suzanne era de la idea de que uno debía trabajar con la mente, cuerpo y espíritu para tener una sanación completa, de entendimiento y aceptación. Ella tiene una energía muy ligera de amor y confianza, llena la habitación con su energía y hace que tu espíritu se sienta feliz. Levanta la voz al hablar, es muy directa y tiene un aire de completa confianza en sí misma. Como yo y muchos terapeutas, ella también había tenido un pasado muy doloroso pero ya había salido al otro lado y estaba decidida a ayudar a otros mostrándoles que aunque la recuperación puede ser muy dolorosa y muchas veces muy lenta, sí es posible volver a encontrar paz y felicidad.

Estaba encantado de que ella me diera esa oportunidad, lo consideraba algo muy sagrado pues esa era la primera vez que yo estaría frente a un grupo de personas para dar una plática sobre los Ángeles. Repasé una y otra vez mis notas sobre lo que hablaría. Escribí páginas y páginas de material y estudié una y otra vez lo que iba a decir hasta que me supe mis notas a la perfección. Mi Ángel de la Guarda y Jack estaban muy contentos.

Al aceptar la invitación a dar la plática, ellos me aseguraron que no tenía nada de qué preocuparme. Me dijeron que todo iba a salir muy bien y que no tenía que sentir pánico.

El día llegó y salí de mi casa rumbo a Wexford, donde Suzanne vivía. Quedamos de vernos para tomar un té para conocernos un poco mejor. Más tarde nos dirigimos al hotel donde se llevaría a cabo la plática.

Cuando llegamos al hotel me dirigí rápidamente a la sala de conferencias, encendí unas velas e incienso y luego realicé mi Llamado. Instantáneamente, el cuarto se llenó de Ángeles y como siempre, los cuatro Arcángeles aparecieron en cada esquina, les pedí que me ayudaran esa noche para que recordara todo lo que había practicado los días previos.

Miguel estaba parado en la esquina más cercana a la derecha, me habló con una voz muy profunda y cálida, me dijo que no tuviera miedo, que ellos pondrían las palabras en mi boca si es que yo necesitaba de su ayuda. Luego exhaló una luz azul y con esa luz cubrió mi cuello y la parte baja de mi pecho, sentí una brisa cálida a mi alrededor y me sentí mucho más tranquilo.

Gabriel me habló y me dijo que alguien en el grupo venía para ponerme a prueba, pero que identificaría a esa persona inmediatamente. Me daba gusto saber de ello con anticipación y, aunque ya lo sabía, no me dio miedo ni me quitó las ganas de dar mi plática.

La gente empezó a llegar y me presenté a cada persona a medida que iban entrando. Había una mezcla de gente joven y adulta y hasta ese momento todos parecían ser muy amables. Un gran aire de emoción llenó el ambiente. Había de veinte a veinticinco personas y todos sus Ángeles de la Guarda estaban parados al lado de cada una de ellas, llenaron el cuarto con un arcoíris de luz de colores brillantes y con la energía más maravillosa y relajante. Empezamos con una breve meditación, luego me presenté y di una breve plática sobre los Ángeles. Muy pronto, las preguntas empezaron.

Todos tenían algo que preguntar y estaban más que dispuestos a aceptar los mensajes que los Ángeles me daban para ellos. Todos, excepto una mujer que estaba sentada con su abrigo cerrado, sus brazos cruzados y con una expresión seria en su rostro. Detrás de ella estaban los más hermosos Ángeles vestidos de un color rosa suave y tenían sus cabezas un poco inclinadas como si estuvieran haciendo oración. Cuando habló fue muy negativa en sus comentarios y básicamente me dijo que estaba en un cuento de hadas si es que yo creía en los Ángeles y todas esas cosas. Constantemente cuestionaba todo lo que decía e intentaba que yo cambiara de opinión sobre lo que acababa de decirle a las demás personas. Yo me sentía exhausto, pero le pregunté si quería saber lo que sus Ángeles querían decirle. Los Ángeles me dijeron que le dijera que ella sabía todo sobre ellos, que ella había trabajado con su energía por mucho tiempo que y dejara de tratar de ponerme a prueba.

Hubo un sonido de admiración y *shock* en el salón. La sangre se le subió a la cabeza y admitió que sí que había venido para ponerme a prueba. Luego se disculpó con los participantes y conmigo. Los Ángeles le pidieron que se disculpara con ellos también, que se saliera del lugar de ego en el que se encontraba y regresara a la Luz Angelical de amor y dirección. El ego se había apoderado de ella y creía que nadie sabía más sobre los Ángeles que ella. Se disculpó y se quedó avergonzada por aquel incidente. Antes de retirarse se acercó a mí y me agradeció por lo que había hecho, disculpándose nuevamente.

La noche terminó y todos estaban encantados con la forma en la que el evento había terminado, había sido todo un éxito. Los Ángeles estaban también muy contentos, me dieron todas las respuestas que necesitaba, como siempre. Fue hasta el momento en que todo terminó que me di cuenta de que no había visto las notas que había preparado para mi discurso ni una sola vez, ya que la plática había tomado su propio ritmo y energía y todos recibieron lo que necesitaban en ese momento. Yo estaba muy emocionado, realmente había disfrutado de esa plática. No me imaginaba que esa sería la primera de muchas pláticas que daría en los años por venir y no sólo en Irlanda.

Suzanne fue la primera psicoterapeuta en enviarme clientes, y me envió bastantes en los siguientes meses y aún lo hace.

En esa época conocería a otra persona muy interesante, la cual sería un eslabón muy importante para mí. Suzanne me había hablado de una tienda en Dun Laoghaire llamada The Angel Shop, la cual sentía que debía visitar. Estaba muy ansioso de ir a esa tienda, así que quedé de verme con mi amigo Mark para ir por un café y después visitaría la tienda. Era un día soleado de mayo, Mark estaba sentado afuera tomando un café y comiéndose un enorme pastel de crema. Pedí mi café y nos pusimos a platicar, poniéndonos al tanto en las noticias de cada uno. Dun Laoghaire estaba lleno de gente con ropa de verano, nadie parecía tener ninguna preocupación.

La energía era fresca y ligera. Inclusive los Ángeles parecían verse más brillantes y su energía también más brillante, brincaban de un lado a otro mientras las personas reían e interactuaban unas con otras. El reflejo del mar bailaba en las olas del océano. Platicamos por alrededor de una hora, luego Mark tuvo que irse, así que me dirigí al centro comercial de Dun Laoghaire y subí por las escaleras eléctricas dirigiéndome a la tienda de los Ángeles.

Lo que me causó mucha impresión al principio fue la energía serena que sentí al entrar. Era un espacio pequeño, pero los Ángeles se mostraban rectos, muy orgullosos y fuertes. Estaban por todas partes guiando a las personas a ver o tomar lo que necesitaban y también protegiendo la tienda de malas energías. Para mí era como la cueva de Aladino. Era como un niño en una juguetería, quería uno de cada cosa. Había libros, figuras, incienso, cristales y muchas cosas más. No sabía por dónde empezar, de repente detrás de mí escuché una voz decir:

—¿Te puedo ayudar con algo?

Cuando me giré para ver quién me hablaba, vi a una mujer pequeña muy bien vestida, con una sonrisa brillante y ojos claros como cristales. Su cuerpo entero desprendía jovialidad y felicidad. Instantáneamente sentí una conexión con ella y muchas ganas de darle un abrazo, pero me resistí, ella pensaría que era muy extraño. Se presentó, se llamaba Mairead Conlon y era la orgullosa dueña de esa hermosa tienda, un pequeño pedazo de Paraíso. Pasé mucho tiempo ahí y platiqué un rato con Mairead, instantáneamente nos conectamos y nos convertimos en muy buenos amigos en los meses y años por venir.

Esta tienda cambiaría mi vida y me haría sentir más cómodo conmigo mismo. Me mostró que yo era normal y que había mucha gente que creía en Ángeles, no sólo creían en ellos sino que también podían verlos, sentirlos y podían comunicarse con estos maravillosos seres de amor y luz de la misma forma en la que yo lo podía hacer. Hasta hoy en día, cada vez que veo a Mairead, le agradezco por su maravillosa tienda, pero también le agradezco por llevar los Ángeles de regreso a Irlanda y por la enorme contribución que ha hecho en el despertar de conciencia del Poder Angelical en este país. Una vez más, otro eslabón en mi cadena, y hasta hoy en día Mairead promueve mi trabajo y me envía clientes.

El año estaba pasando muy rápido y yo estaba empezando a tener un flujo de clientes constante. Disfrutaba del trabajo con ellos y hacía sanaciones casi todas las noches. Me sentía muy bien de saber que había ayudado a alguien aunque a algunos clientes les toma más tiempo darse cuenta de que la sanación ha marcado una diferencia en sus vidas. Por ejemplo, una de mis clientes, Linda, por fuera parece ser una chica muy inteligente con mucha confianza en sí misma. Era una chica muy divertida, de cerca de treinta años y su energía ligera llenaba el cuarto en cuanto entraba. Al saludarla, me pregunté por qué alguien como ella venía a verme. Cuando le di la mano, sentí una energía muy diferente. Sus palmas eran calientes y estaban húmedas, y la rodeaba una gran sensación de miedo. Su aura estaba cansada y desinflada y su chakra de la coronilla pulsaba y latía muy rápidamente.

Al principio hablamos de cosas en general, como siempre lo hago para darle oportunidad a la gente a que se acostumbre a mi energía antes de empezar la sanación. Decidí darle a Linda una Curación con Manos ya que su energía debía ser elevada y su mente debía ser aclarada. La sanación tomó cuarenta y cinco minutos y durante el proceso recibí algunos mensajes para ella.

Los Ángeles me dijeron que Linda era extremadamente ambiciosa y adoraba su trabajo. Había trabajado muy duro por los últimos seis años en la misma compañía. No lo había hecho en vano ya que había escalado posiciones muy rápidamente. Sin embargo, unas semanas antes no la habían considerado para un nuevo puesto que había sido dado a un joven que llevaba muy poco tiempo trabajando en la compañía. Ella estaba muy molesta y enojada con ello.

Cuando le conté lo que había percibido, estaba un poco sorprendida pero dijo que todo lo que los Ángeles habían dicho era cierto. Lo que quería saber era para dónde ir a partir de ese lugar en el que se encontraba. No quería quedarse en esa compañía, sin embargo los Ángeles le decían que no dejara ese lugar de trabajo. El chico a quien le habían dado el nuevo puesto no sería capaz de ejecutar el trabajo de forma diligente y renunciaría en los siguientes meses, entonces, el puesto sería suyo. Sentían que tenía mucho que ofrecer en la compañía y si se salía de ahí, tendría que empezar de nuevo para demostrar sus habilidades y capacidades y eso le tomaría un par de años.

Linda me miró y se rió. No creía que eso sucedería, sentía que aquel joven tenía mucha seguridad en sí mismo y nunca renunciaría. Cuando estaba lista para irse, le dije que me pusiera al tanto sobre cómo resultaban las cosas en su trabajo, le rogué que no lo dejara al menos en los meses siguientes. Me dijo que si los Ángeles estaban en lo cierto, entonces me mandaría el arreglo de flores más grande que pudiera encontrar. Yo sabía que no me creía a mí o a los Ángeles y sabía que no se iba más feliz que antes de venir a verme. Oré para que escuchara lo que los Ángeles me habían dicho.

No tuve que esperar unos meses para volver a saber de ella. Seis semanas después recibí un hermoso arreglo de flores con una nota que decía: "LOS ÁNGELES TUVIERON TODA LA RAZÓN. YO ESTABA MUY EQUIVOCADA. BESO, LINDA". Esa noche, Linda me llamó para agradecerme y para hacer otra cita. El trabajo había sido demasiado para el pobre joven y había renunciado, y tal y como los Ángeles lo habían dicho, le ofrecieron el puesto a Linda y ella con mucho gusto lo aceptó.

La primera vez que había visto a Linda yo estaba algo confundido porque parecía muy inteligente y sin preocupaciones. Marcus era muy diferente. Él vino a mí muy alterado con el corazón roto después de que su esposa de diez años lo dejó porque, según él, ya no estaba enamorada de él. En su opinión su matrimonio era bueno a pesar de los altibajos. Aún estaba muy enamorado de su esposa y no podía entender por qué estaba pasando todo eso ahora justo cuando se acababan de mudar a la casa de sus sueños y todo iba muy bien económicamente.

Al ponerme en sintonía con los Ángeles de Marcus, estos aparecieron rápidamente. Me dijeron que el matrimonio había pasado por situaciones difíciles hace algunos años. Marcus había sido infiel. Al principio se había negado a ir en busca de terapia conyugal pero finalmente había aceptado y pensaba que las cosas ahora marchaban bien. Estaba muy arrepentido por lo que había hecho. Marcus estaba un poco sorprendido de que le dijera todo esto, pero aceptó que era exactamente lo que había sucedido.

Los Ángeles me dijeron que su esposa necesitaba estar lejos de él por un tiempo para volver a encontrarse consigo misma y que una vez que eso sucediera, volverían a estar juntos. Pero le advirtieron que no apresurara las cosas, que no la aceptara de regreso inmediatamente. Primero tenía que llevarla a cenar y empezar el romance como cuando apenas empezaban a salir juntos. Insistían una y otra vez que él y su esposa volverían a estar juntos pero que tenían que hacerlo lentamente, que tenían que volver a conocerse y volver a enamorarse el uno del otro.

—Por favor, dile que no apresure las cosas, ya que al hacerlo la relación sufrirá de forma terrible y no podrán resolver sus problemas —me dijeron los Ángeles.

Le transmití el mensaje y Marcus se fue con mucha confianza y sintiéndose feliz por todo lo que le habían dicho los Ángeles. Aceptó todos los mensajes que le habían dado.

Para mi sorpresa, una semana después Marcus me llamó muy emocionado diciéndome que se había visto con su esposa ese fin de semana. Ambos habían estado de acuerdo en que debían estar juntos, estaban viviendo juntos otra vez y todo iba muy bien. En mi cabeza escuché una alarma, podía escuchar a mis Ángeles decir "no va a durar, díselo". Le dije que había hecho justamente lo que los Ángeles le habían dicho que no hiciera y ahora no estaba seguro de cómo resultarían las cosas. Me aseguró una y otra vez que todo estaría bien, que había interpretado de forma exagerada todo lo que su esposa le había dicho antes de que se fuera. No supe más de él por diez meses hasta que me volvió a contactar para decirme que su esposa lo había dejado otra vez, pero que esta vez no regresaría, que ella ya no lo amaba más y que ya había tenido suficiente, que necesitaba recuperar su vida. Marcus estaba devastado y aceptó que hizo mal en no seguir las advertencias que los Ángeles le habían dado con tanta claridad unos meses antes.

Aún no estaba muy seguro si debía dejar mi trabajo o no, pero no lo descartaba del todo. Seguí asistiendo a las ferias holísticas y estaba consiguiendo más clientes a través de esos eventos. En una de esas ferias en septiembre, Suzanne me presentó a Mary K. Hayden, esa mujer era entre muchas cosas más una maestra Reiki. También me presentó a Dolores O'Reilly, otra maestra Reiki quien se convertiría en una de mis mejores amigas.

Inmediatamente me sentí atraído por la brillantez y por la amigable energía de Mary. Tenía muchos Ángeles a su alrededor y tenía una presencia impactantemente fuerte. Iba vestida inmaculadamente, tenía pelo rubio y la piel más clara que yo jamás hubiera visto. Me invitó a su casa para que hiciera lecturas a sus amigas y sus clientes. Inmediatamente supe que ella sería mi maestra Reiki, no sé por qué, simplemente lo supe (supongo que estaba aprendiendo más a seguir mi intuición). Poco tiempo después de eso caí enfermo y no fui al trabajo por algunas semanas. Durante todo ese tiempo los Ángeles me decían que dejara ese trabajo e hiciera el de sanación de tiempo completo.

—Debes salirte de esa energía tóxica, debes liberarte de ese lugar, ya no es para ti. Tu trabajo ahí ha terminado y es hora de seguir adelante en tu camino. Por eso estás enfermo y exhausto. La energía es demasiado pesada en ese mundo —dijo Zacarías.

—No estoy seguro. Si me pueden garantizar el mismo estándar de vida que ahora tengo, entonces, muy bien, lo dejaré sin ningún problema —les respondí.

—Siempre te hemos dicho que nos pidas lo que quieras y si es para tu bien sagrado y el de los demás, entonces te lo daremos. ¿Entonces qué es lo que crees que necesitas para dejar el mundo corporativo? —preguntó.

—Me gustaría tener un flujo de clientes constante. Si tengo que preocuparme por no tener dinero suficiente para pagar mis gastos, entonces no voy a poder tener una mente clara para llevar a cabo mi trabajo —contesté.

Zacarías asintió con su cabeza, me pidió que lo dejara en sus manos. A decir verdad, me aterraba dejar la seguridad de mi trabajo. Mi mamá y el resto de la familia tampoco estaban del todo convencidos. Mis amigos, por otra parte, me daban mucho apoyo y me animaban a que lo hiciera. La Navidad estaba cerca; tomaría mi decisión en el Año Nuevo.

Al regresar al trabajo, me di cuenta de que las cosas habían cambiado con mi carga de trabajo. Pero no me di cuenta de ello sino dos semanas después, cuando noté que habían decidido darle parte de mi trabajo a dos personas más sin consultarlo antes conmigo.

Pedí que se hiciera una junta para que me explicaran lo que había pasado; después de todo, hacía mucho tiempo que había decidido que nunca más dejaría que alguien me pisoteara. No podían hacer la junta sino hasta después de Navidad. Eso fue suficiente y mi decisión ya estaba tomada. Iba a dejar ese lugar. Ya era demasiado, me habían empujado hasta la orilla y ahora ya estaba listo para volar.

Capítulo dieciocho

¿Qué es un amigo?
Una sola alma habitando dos cuerpos.

Aristóteles

La Navidad de 2003 no había sido una época muy buena para mí. Mi madre había estado enferma durante las fiestas, lo cual me preocupaba mucho ya que tenía casi noventa años y se estaba volviendo cada vez más frágil. También mi situación con el trabajo me tenía un poco deprimido. Me sentía herido y decepcionado por los gerentes. Después de todo, llevaba casi veinte años al servicio de esa compañía y el que me trataran con tan poco respeto era hiriente y degradante.

Decidí dejar el trabajo en el Año Nuevo, pero antes de hacerlo, debía dejar algunas cosas en claro. Había dejado que la gente en el trabajo abusara de mí en el pasado, pero no sería así en esta ocasión. Mis Ángeles y Jack me aseguraron que las cosas saldrían bien y que no tenía nada de qué preocuparme. No era el viejo Aidan con quien lidiaban, había aprendido a amarme y a respetarme a mí mismo.

Pero cuando la fecha de la junta llegó, nada sucedió. No quería terminar mi día con más incertidumbre, así que fui a ver al director de finanzas, quien era mi gerente directo y alguien a quien yo le tenía gran respeto. Él era un verdadero caballero.

Le pregunté por qué no se había llevado a cabo la junta y él tampoco lo sabía ni tampoco podía entender el porqué de su retraso. Él también había estado esperando todo el día a que lo llamaran. Me aseguró que investigaría qué había sucedido antes de que me fuera a casa esa noche.

La junta se pospuso para el día siguiente pero no me ofrecieron ninguna disculpa ni ninguna explicación. Al día siguiente el director financiero entró a mi oficina y me llevó a la oficina del gerente general. Me dijo que no estuviera nervioso y que fuera honesto con ellos y les dijera todo lo que sentía. En todo el corredor había Ángeles que me aseguraban que yo estaría bien y que el resultado sería muy diferente de lo que la gerencia esperaba.

Alrededor de la mesa en la oficina, nos sentamos el gerente general y el nuevo gerente. En toda la junta no hicieron contacto visual conmigo. No entraré en detalle sobre lo que hablamos en la junta pero llegamos a un punto en el cual yo dejé en claro que no tomaría una carga de trabajo aburrido y ellos no me darían el trabajo que yo ejercía antes. El gerente general me preguntó con voz exasperada:

—Bueno, entonces, ¿qué es lo que quieres?

Sabía que ellos querían que yo me fuera pero antes de que me diera tiempo de pensar en mis palabras me escuché decir:

—¿Qué es lo que quiero? Les voy a decir qué es lo que quiero. Quiero el paquete de renuncia que pagaban hace un par de años. Eso es lo que quiero.

—No te podemos dar eso, no estamos haciendo paquetes de renuncia en este momento —contestó el gerente abruptamente.

—Entonces no me voy a ningún lado —contesté sintiéndome orgulloso de mí por haberlo confrontado.

Salí de la oficina y me sentí aliviado y feliz. Mis Ángeles me dijeron que lo había hecho muy bien. En veinticuatro horas me ofrecieron el paquete de renuncia. Me pidieron que me quedara unos meses más, lo cual se acomodaba muy bien a mi plan pues me daría tiempo de preparar mi negocio a su adecuado tiempo. Sentía un gran alivio al dejar el tema del trabajo a un lado.

En ese tiempo le pedía a mis Ángeles diariamente que me enviaran clientes para llenar mi agenda un par de meses por adelantado. Para mi gran sorpresa y satisfacción, eso es exactamente lo que hicieron.

Es muy raro algunas veces pensar cómo hay gente que crea injusticias, que hacen el mal y te hieren de manera terrible, y cómo eso mismo llega a convertirse en el mayor regalo que hayas recibido. Eso es lo que me pasó. Mis Ángeles hicieron que las cosas se desarrollaran de esa manera y al hacerlo, me proporcionaron el apoyo financiero que necesitaba. Eso hizo que tomara la decisión, al empujarme un poco hacia la dirección correcta. Era prueba de que cuando una puerta se cierra, otra se abre.

Mi madre seguía muy enferma y temía que su condición empeorara con el paso de los días. Se la pasó en cama por dos semanas. Dormía mucho y podía ingerir muy poca comida. Los doctores la habían visto ya dos o tres veces y seguían recetándole antibióticos pero no parecían hacerle nada y cada vez se volvía más y más frágil. No sufría de ningún dolor pero estaba exhausta.

Su habitación estaba llena de los Ángeles más radiantes, y durante ese tiempo ellos me prometieron que ella estaría bien. Me senté con ella y le hice sanación y también le pedí a los Ángeles que la rodearan con su amor y su energía sanadora.

Siempre se sentía mejor despúes de las sanaciones y sus hermosos ojos brillaban otra vez por un par de horas.

Los Ángeles le explicaron que todo su cuerpo estaba muy cansado e inquieto y que estaba llegando a la etapa final de su camino, donde su cuerpo y su alma se irían a la vibración de paz interior y aceptación. A pesar de eso, se me hacía muy difícil darle sanación debido a lo apegado que me sentía a ella. Me empecé a alterar demasiado después de cada sesión, sin embargo los Ángeles me aseguraron que era muy común.

Desde entonces, me he dado cuenta de que la mayoría de los sanadores no pueden trabajar con su propia familia por la misma razón. Sabía que mi madre necesitaba sanación, así que llamé a una colega de esa época, a mi amiga Dolores O'Reilley. Después de haber conocido a Dolores en la feria holística, había venido a mí como cliente para sanaciones. Nos habíamos reunido para ir por un café y habíamos formado una gran amistad, aunque teníamos poco tiempo de conocernos. Dolores también me había dado sanación y había sido una maravillosa experiencia, poderosa y gentil al mismo tiempo. Ella es una sanadora que no se anda con rodeos, es muy fácil hablar con ella y sólo hace lo que le instruyen sus Ángeles y Guías. Mantiene todo de forma simple y explica las cosas con un lenguaje que cualquiera puede entender. Es un placer y un honor poder decir que es mi amiga.

Eran finales de 2004 y mi mamá había estado enferma por un mes, así que Dolores aceptó venir a nuestra casa esa noche desde Wicklow para darle a mi madre tratamiento Reiki. Yo estaba encantado pero mi mamá no lo estaba tanto, estaba un poco nerviosa con eso. Le aseguré que todo estaría bien y que los Ángeles la cuidarían. Aceptó que le hiciera la sanación pero insistió que la dejaría hacerlo sólo por quince minutos.

Esa noche el clima era terrible y mi madre se sentía culpable por hacer que Dolores viajara desde Wicklow sólo por quince minutos de sanación. Me pidió que le sobara la parte alta de su espalda ya que sus pulmones estaban adoloridos. Mientras le daba masaje suavemente en la parte superior de su espalda, llamé a Jesús y a los Ángeles para que colocaran sus manos sanadoras sobre ella, para que le dieran consuelo y paz.

Una niebla dorada llenó la habitación y una sensación de energía, de paz, calma y tranquilidad cayó sobre nosotros. El cuarto se quedó en silencio, el ruido del tráfico de afuera desapareció. Mi mamá había entrado en un sueño profundo. La luz dorada rodeó su cuerpo frágil, la energía entraba en ella como una corriente eléctrica y ella comenzó a respirar más fácilmente.

Sonó el timbre de la casa, era Dolores. Había llegado más temprano de lo que esperaba y yo estaba muy feliz de verla. Mientras mi mamá dormía, aproveché la oportunidad para platicar con ella sobre sanación y sobre Reiki mientras nos tomábamos una taza de té. Le platiqué sobre mi experiencia pasada con el Reiki y le dije que no quería que se repitiera.

Me comentó que a ella se lo habían enseñado de otra forma y me dijo que sentía que yo debía ir a que me alinearan nuevamente ya que me ayudaría a protegerme, a fortalecerme y a hacer la sanación más poderosa. Acepté leer más sobre el tema en las siguientes semanas. Llevé a Dolores al cuarto de mi mamá. La energía era aún muy pacífica y lentamente despertó y saludó a Dolores. Sentí gran alivio al saber que Dolores estaba con mi mamá y oré para que la sanación la ayudara.

Me quedé dormido, desperté una hora más tarde cuando escuché que Dolores bajaba por las escaleras hacia la sala. Ella sonreía y me aseguró que mi mamá estaba bien. Estaba enferma, pero su energía era muy fuerte. Me dijo que estaba durmiendo. Me dijo que mi mamá aún no se iba a ningún lado, me dijo que todavía había mucha vida dentro de ella.

Comimos algo y luego subimos a ver a mi mamá. Estaba acostada en la cama pero estaba despierta, se veía más brillante y podía respirar más fácilmente.

—¿Sabes qué? Me muero de hambre. Me encantaría cenar una rebanada de pan y un huevo. ¿Y puedes batir el huevo con mucha mantequilla? —me preguntó mientras se sentaba en la cama. No podía creerlo. Mi mamá, tal como siempre la había conocido, estaba de vuelta, sus hermosos ojos azules se veían llenos de vida y tenía una chispa traviesa en ellos, su rostro brillaba en la habitación.

—¡Pero claro que sí! —le respondí muy emocionado. Casi no había comido nada desde la Navidad ni había tenido ganas de nada en particular hasta ahora.

Comió pan tostado y un huevo con mucho entusiasmo, disfrutando hasta el último bocado.

—Qué delicioso, realmente lo disfruté. Creo que ya me siento mejor. Ese Raquel —quería decir Reiki— es fabuloso. Le tengo que pedir a Dolores que venga a verme otra vez, ella es muy buena —dijo. Yo no podía creerlo, estaba con la boca abierta. Había sido un milagro. Dolores le había regresado la vida a mi madre.

Mi mamá nunca podía recordar la palabra Reiki, así que le llamaba Raquel, y Dolores y yo bromeábamos con esa palabra cuando platicábamos. Inclusive hoy en día hacemos citas para una sesión de Raquel.

Cada día después de la sanación, mi madre se volvía más y más fuerte y se sentía muy bien consigo misma. En los meses y años siguientes, Dolores continuó haciéndole sanaciones a mi mamá hasta que murió. Se convirtió en otra hija para ella y un muy querido miembro en nuestra familia. Mi madre decía muchas veces que ella era mejor que cualquier doctor o padre y que a ella podías decirle cualquier cosa.

Así que eso hizo que las cosas cambiaran para mí. Ahora

yo quería aprender Reiki. Dolores me había sugerido que fuera a ver a Mary K. Hayden, su propia maestra Reiki. Desde el primer momento en que conocí a Mary K. sentí una gran conexión con ella y mi intuición me decía que ella sería mi maestra Reiki.

Llamé a Mary K. y me inscribí en su siguiente curso de Reiki, nivel uno, el cual impartiría en unos meses más, en marzo. Estaba muy ansioso por sentir una conexión con ella antes del curso, y sí fue así. Muy amablemente ella me invitó a un curso que daría sobre Ángeles, el cual sería el siguiente domingo en Enjniscorthy, en el condado de Wexford.

El domingo llegó y mi hermana Breda aceptó quedarse a cuidar a mamá, ya que todavía estaba un poco frágil como para quedarse sola. Durante ese tiempo la familia visitaba regularmente para ayudar a mi mamá, asegurándose de que nunca se quedara sola. Yo todavía estaba trabajando en la oficina de tiempo completo, así que mis hermanas hacían turnos para venir y quedarse con ella durante el día y yo la cuidaba durante las tardes y noches con la ayuda de mis hermanos y mis cuñadas. La ventaja de una familia tan extensa es que siempre había alguien a quien llamar. Era muy normal en nuestra familia cuidar de algún familiar enfermo. La familia de mi padre y de mi madre había cuidado de sus padres enfermos hasta que murieron. Así que cuidar de nuestra mamá era algo muy normal que hacíamos sin quejarnos y no nos causaba ningún problema. Sentíamos que era un placer y un privilegio poder ayudarla y cuidarla.

Finalmente llegó el domingo, y era una mañana de un día soleado de enero. Me sentía muy contento manejando hacia Wexford sabiendo que mi mamá estaba siendo cuidada y mejoraba día con día. El taller estaba lleno y el ambiente era placentero. Suzanne y Dolores estaban ahí y había algunas otras personas que conocía de otros talleres.

Una persona destacó de las demás, con la cual había sentido una conexión inmediata. Se llamaba Rina Beechey, era una mujer pequeña, delgada, con pelo rubio, vestía de forma muy arreglada y era un poco tímida. Tenía energía muy suave y su risa contagiosa iluminaba su cara y a los demás nos elevaba el espíritu y nos hacía reír. Tenía una tienda de sanación en Gorey llamada Mrs. Bees. Me pidió que fuera un día a hacer lecturas en su tienda. Yo estaba muy contento, quedamos de acuerdo de que iría en algunas semanas. Es uno de los lugares que llevo muy cerca de mi corazón y hasta hoy en día, me encanta trabajar en ese lugar. Los Ángeles inundan ese lugar con maravillosa energía sanadora de risa y amistad. Es una energía Celta antigua que no encuentras muy fácilmente en cualquier tienda estos días. A través de los años, Rina y su esposo Brian, junto con sus hijos, se han vuelto parte de mi familia y no puedo recordar desde cuándo los conozco ni puedo imaginarme mi vida sin ellos.

Después de haber levantado mi voz en el trabajo, y después de haber tomado ese gran salto de fe, las puertas empezaron a abrirse para mí y Rina fue una de esas primeras puertas. Poco tiempo después del taller, tuve una llamada de Nuala Ronan, la dueña de la tienda Evolv en Enniscorthy, quien también me había invitado a que hiciera lecturas y sanaciones en su tienda.

Era otra hermosa tienda con energía mágica y un lugar de gran sanación. Nuala, una sanadora muy poderosa, había dejado de dar sanaciones y no estaba segura de si debía seguir con ello o no. Yo la bauticé "la sanadora renuente" y le sugerí que escribiera un libro con ese título. Poco tiempo después recibí otra llamada, esta vez de una mujer llamada Catherine Fox, quien me invitaba a trabajar en su centro terapéutico Dawn of Hope Therapy Centre en Kells. Era un centro muy pequeño, pero tenía una enorme energía sólida y terrenal, la energía Druid.

Esta energía Druid irradia de Catherine, una mujer sencilla con un corazón enorme que tiene un gran amor maternal para todos. Ella es una maravillosa madre, esposa y una amiga muy especial y querida. Lleva una vida sencilla y espiritual, y ha tenido muchas experiencias, hace lo que predica. Es una maestra y sanadora muy poderosa. Ella y muchas personas más entraron a mi vida en esa época, me ofrecían lugares en dónde trabajar y me enviaban clientes.

Yo estaba muy contento. Sabía que había tomado la decisión correcta. Todavía estaba trabajando en el mundo corporativo pero los Ángeles estaban elaborando mi futuro de forma segura. Estas personas a las que conocí llegaron a formar parte de mi familia espiritual y hasta la fecha siguen muy presentes en mi vida. Durante esa época también conocí a una de las personas más importantes de mi vida, alguien quien se convertiría en mi mejor amiga. Su nombre es Patricia Scanlan, la autora de muchos *bestsellers* y una persona con el corazón más grande y amoroso que jamás haya conocido.

Había visto a Patricia por la televisión un par de veces a lo largo de los años y aun en ese tiempo, su energía me había atraído. Con su gran sentido del humor y su habilidad de hacerme reír, era una mujer con los pies bien puestos sobre la tierra, sin aires de grandeza y sin tomarse todo tan en serio. Mi mamá y mis hermanas habían leído sus libros y eran grandes admiradoras de su trabajo. Sabía que nuestros caminos se cruzarían algún día.

Patricia había conseguido mi número a través de un amigo en común y había dejado un mensaje en mi teléfono pidiendo una cita. Cuando la llamé, me conecté con su voz de inmediato. Le acababa de dar mi dirección cuando Hannah me dijo en voz baja:

—No, Aidan, tú tendrás que ir a ella, en estos momentos ella no es capaz de manejar. Se lo mencioné a Patricia y estaba sorprendida pero encantada ya que estaba a punto de tener una operación en su espalda y se le hacía muy difícil manejar.

Estaba más que feliz de que yo fuera a su casa, así que quedamos de acuerdo para la siguiente noche a las siete. Moría por conocerla.

Esa noche Patricia abrió su puerta y supe inmediatamente que habia una enorme conexión entre nosotros. Nos abrazamos y era como si me volviera a encontrar con una vieja amiga. Hablamos como por una hora y luego llevé a cabo la sanación. Luego hablamos por otro par de horas. Y desde esa noche nos hicimos los mejores amigos.

Patricia es la amiga más amorosa que uno pudiera pedir. No se cansa de ayudar o aconsejar y siempre está al otro lado del teléfono a cualquier hora del día o de la noche con una mano extendida, ofreciendo ayuda con una palabra de consuelo. Cuando conoces a Patricia, ella te cobija con amor puro y con la calidez que es la Energía de Jesús, y con el regalo del amor incondicional.

Al igual que Rita, Patricia es mi alma gemela, mi amiga espiritual, alguien a quien he conocido durante muchas vidas. No puedo recordar una época en la que ella no estuviera conmigo y me da miedo pensar que algún día ya no estará en mi vida. Me ha enseñado muchas cosas desde que nos conocimos y ella es la maestra que hizo que me regresara la confianza en mí mismo y me enseñó a creer en mí. Mi vida ha sido enriquecida por su amor, su apoyo y su amistad.

Esos eran los eslabones que rápidamente se unieron para formar una cadena de oro de unión y de amistad duradera y de amor incondicional.

Capítulo diecinueve

Sólo por hoy, no te preocupes.
Sólo por hoy, no te enojes.
Sólo por hoy, honra a tus padres, maestros y ancianos
Sólo por hoy, haz un trabajo honesto en tu trabajo.
Sólo por hoy, muestra gratitud a todo ser vivo.

Dr Mikao Usui, *Los Cinco Principios del Reiki*

El tan esperado fin de semana del Reiki finalmente llegó. Me dirigí en mi coche a Newtown Mount Kennedy en el condado de Wicklow a recibir mi primera alineación del nivel uno de Reiki con Mary K.

Era una mañana soleada de marzo y la emoción y la paz llenaban mi corazón mientras manejaba por esa magnífica parte del país, el condado al que llaman el Jardín de Irlanda. Los narcisos amarillos bailaban en la brisa fría primaveral, mientras el claro cielo azul pálido y el sol mantenían su promesa de que sería un hermoso día.

El azul del cielo enmarcaba un mar de arbustos de tojo amarillos que cubrían cada lado del camino. La esencia de la primavera llegaba en olas de luz dorada y una vez más nos recordaba que esta era la estación del renacimiento que refleja la suave energía del Jesús Resucitado.

Los Ángeles de la naturaleza habían esparcido su magia de colores primaverales sobre la Tierra. Amarillo primoroso y tonos frescos de color verde de energía sanadora bañaban los jardines esparciendo sanación a la madre Tierra mientras la despertaba de su sueño de invierno. Qué mejor día para aprender algo nuevo. Me sentía honrado y privilegiado por saber que sería alineado en esa energía antigua y sagrada en ese día tan hermoso.

Las dos semanas anteriores había leído información sobre Reiki. Había muchos libros y páginas de internet a la mano que me ayudaron a explorar la historia de este arte de sanación, y mi investigación me había dado un mejor entendimiento de sus orígenes.

En el siglo diecinueve, un académico japonés, el Dr. Mikao Usui, redescubrió el antiguo arte perdido de la sanación; el tipo de sanación que creía que usaban los monjes tibetanos hace muchos siglos. Fue guiado a través de la meditación, hacia un monte sagrado en el norte de Kyoto llamado Monte Kurama y ahí ayunó por veintiún días. Como resultado, su cuerpo y espíritu se iluminaron y recibió habilidades sanadoras.

En el vigésimo primer día despertó en completa obscuridad y a la distancia vio una luz brillante venir hacia él. Aceptó esta Luz Divina que entró a través de su tercer ojo (localizado en el centro de la frente). Ahí recibió los símbolos que aún se usan en las sanaciones Reiki.

En el camino de regreso, mientras caminaba, tropezó y se lastimó el dedo del pie; al tomarlo en sus manos, dejó de sangrar y se dio cuenta de que sus manos se ponían calientes con energía. Experimentó otros pequeños incidentes en los que la sanación ocurrió casi de forma inmediata. Pasó su conocimiento a otros y ahora el Reiki es conocido en todo el mundo. Esta antigua tradición sana con la colocación de las manos. La palabra Reiki está compuesta por dos palabras japonesas: *Rei,* la cual significa "universal" o "Alto Poder", y *Ki* significa "fuerza de vida energética:. El Reiki es "la fuerza de vida energética universal".

Es una energía segura, sin manipulación, que es muy efectiva en el área del crecimiento personal. La energía se ajusta a sí misma de acuerdo a las necesidades del que la recibe, la cual ayuda a alcanzar un completo estado de salud y plenitud. Trata a toda la persona —mente, cuerpo y espíritu— y algunos de sus beneficios incluyen relajación, sentimiento de paz, seguridad y bienestar.

El Reiki desbloquea e incrementa la energía en el cuerpo, lo balancea y acelera el proceso de sanación. Ayuda al cuerpo a retomar su habilidad natural de sanarse a sí mismo. Es un tipo de terapia complementaria y no alternativa. El Reiki es una práctica no religiosa y muchas personas de diferentes fes y religiones la usan con resultados exitosos.

Llegué a la casa de Mary K. diez minutos antes de que la clase comenzara. Todos se veían tan emocionados como yo. Mary me dio una bienvenida muy cálida, como siempre, y me sentí bien al volver a estar con su energía. Había ido a su casa un par de veces desde que la había conocido en la feria holística, pero la energía en su cuarto de entrenamiento era muy poderosa ese día.

Era un cuarto amplio con mucha luz, la decoración era sencilla y elegante. Había un olor delicado a incienso, el cual creó el ambiente perfecto. Inmediatamente me sentí en paz y en calma. Un grupo de diez personas más tomaría el curso y todos parecimos conectarnos desde el momento en que nos conocimos. Un gran sentimiento de conexión espiritual nos unió como grupo.

Primero que nada, Mary nos habló un poco sobre ella y sobre su camino espiritual. Nos explicó de forma clara y sencilla el arte de la sanación de Reiki y sobre la alineación, lo cual era lo primero que haría después del descanso del té. Mary nos explicó que durante el alineamiento ella estaría detrás de nosotros con sus manos sobre nuestros hombros y respiraría los colores de Reiki que fueran requeridos.

Se enfocaría en los cuatro chakras principales: la Coronilla, el Tercer Ojo, la Garganta y el Corazón. Luego, sobre esas áreas colocaría los Símbolos Dorados Sagrados, los cuales fueron pasados por generaciones desde el Dr. Usui. Dijo que se movería alrededor de nosotros mientras nos manteníamos sentados en nuestras sillas y que soplaría estos símbolos en el Chakra del Corazón para sellarlos. Mary nos pidió que cerráramos nuestros ojos durante el proceso, ya que cada uno iba a ser alineado de forma individual y no necesitábamos ninguna distracción exterior. Durante el alineamiento podríamos experimentar o no diferentes emociones o sentimientos, nos explicó.

Es posible que algunos vean colores o formas o símbolos. Algunos podrían escuchar sonidos o tener experiencias físicas mientras otros podrían no sentir nada en absoluto. Es una experiencia diferente pero maravillosa para cada uno, nos explicó, y que cualquier cosa que sintiéramos, era completamente normal.

Cuando regresamos al cuarto de entrenamiento después de nuestro descanso de té, me di cuenta de que la energía había cambiado. Ahora se sentía fresca y ligera. El aroma a sándalo llenaba el cuarto y había Ángeles y Guías Espirituales por todas partes. Tenían sus cabezas hacia atrás, levantando sus rostros hacia el cielo. Sus ojos estaban cerrados y sus brazos abiertos, luz pura blanca salía de ellos. En el centro del cuarto, Mary había colocado las sillas en forma de círculo. Mi Guía

Jack estaba parado al lado de una de las sillas, mi Ángel de la Guarda me llevó a ella.

Todos estábamos sentados de espaldas a los demás y una vez que estuvimos tranquilos y acomodados en nuestros respectivos lugares, Mary nos guió a través de una meditación para relajarnos y para prepararnos para el alineamiento. Cuando terminó, Mary se colocó en el centro del círculo y nos avisó que nos alinearía de uno en uno y que durante ese tiempo deberíamos escuchar la música, relajarnos y mantener nuestros ojos cerrados hasta que todos hubieran sido alineados.

Una vez que terminara el alineamiento de todos, lentamente traería nuestra energía de regreso al cuarto y nos pediría que abriéramos nuestros ojos. Todo se sentía correcto y en orden Divino.

Mis Ángeles y Guías me habían llenado de mucha confianza antes del curso, al asegurarme que estaba haciendo lo correcto y que ahora tenía un verdadero sentido al caminar por mi verdadero camino espiritual.

Después de un tiempo, Mary se colocó detrás de mí y colocó sus manos sobre mis hombros. Un sentimiento de quietud y paz llenó mi cuerpo y fui transportado a otra vida pasada, en otro lugar donde estaba sentado en un círculo con mucha más gente.

Los hombres y mujeres usaban túnicas azules y una luz blanca iluminaba la parte externa de sus cuerpos. Sus ojos estaban bien abiertos y tenían sus manos como señalando los cielos en profunda meditación. Un gran sentimiento de paz los rodeaba y eran uno solo con Dios. Ahí estaba yo sentado con ellos y podía ver un gran grupo de soldados, pero nosotros no mostrábamos ninguna señal de miedo o señales de que nos entregaríamos.

Afuera del grupo, había un incendio y la gente corría y

gritaba buscando refugio en las montañas y bosques aleda-
ños. Al mismo tiempo, este círculo de personas se puso de pie
y de forma voluntaria empezaron a caminar hacia las llamas.
Su energía era poderosa y victoriosa y no mostraron ninguna
emoción o miedo. Tiempo después me enteraría de que lo que
había visto había sido una vida en la cual yo había sido un
Catar en Francia.

De repente sentí cómo regresaba y sentí a Mary de pie detrás
de mí. Este alineamiento no era nuevo para mí y la energía
se sentía muy familiar mientras colocaba su manos sobre mi
cabeza. Pude sentir cómo mi chakra de la Coronilla se abría
y en mi mente podía ver luz blanca entrar por mi cuerpo y
sentí cómo un gran sentimiento de felicidad llenaba mi ser.
Luego Mary empezó a trabajar en el área de mi Tercer Ojo y
mi Garganta. Sentí el suave calor sanador que desprendían sus
manos, lo cual me dio gran consuelo. Finalmente colocó los
símbolos sobre mi corazón y mi cuerpo se impulsó hacia el
respaldo de la silla como si acabara de recibir un *shock* eléctrico.

Sentí como si alguien me hubiera jalado de las costillas. Mi
corazón se sentía abierto y una cascada de lágrimas y tristeza salió de ellas, dejándome hueco y vacío. Inmediatamente
después siguió un rayo deslumbrante de Luz Dorada, la cual
llenó el espacio vacío abrazando a mi corazón con un sentimiento de calidez, amor y paz total. Zacarías susurró con
una voz muy baja:

—Recibe la amorosa luz sanadora de Jesús y Buda, ellos te
aman y te protegen. Ahora comparte este amor y sanación
con otros. Alma Pequeña, ya estás a salvo, eres muy amado.

Cuando Mary terminó y se fue con otras personas, pude
sentir cómo las lágrimas rodaban por mis mejillas, pero eran
lágrimas de alegría y felicidad, no de tristeza. El alineamiento
me había abierto y me había alineado para muchas cosas grandiosas por venir. Sentía un renacimiento y reconexión con mi

alma, lo cual le dio un toque místico y sagrado a toda la experiencia. Percibí ese sentimiento familiar de Zacarías, Hannah y Jack dándome un suave abrazo y entonces supe que todo estaba bien. Poco tiempo después, Mary nos pidió que abriéramos nuestros ojos lentamente para regresar al momento presente.

Fue hermoso ver el cuarto y ver que el aura de todos era más brillante y clara. Todos en el cuarto brillaban y su energía era más alta. Sobre nosotros cayó un maravilloso sentimiento de paz interior. Mis manos se sentían cálidas y de ellas salía una suave y ligera sensación de flujo de energía, el cual había substituido la sensación caliente que había sentido antes. Era una sensación muy agradable.

Todos queríamos quedarnos sentados y relajados. Los Ángeles y Guías de todos los presentes brillaban en una Luz Dorada y vi que Mary se veía diferente. Estaba radiante y su energía era aún más alta de lo que había estado esa mañana. A su alrededor estaban sus Ángeles y sus Guías y su rostro brillaba con amor y encanto.

Recorrió el cuarto preguntándonos a cada uno cómo nos habíamos sentido durante el alineamiento y nos aseguró que los Símbolos Sagrados Dorados habían entrado en nosotros. Era hora del almuerzo y algunos de nosotros necesitábamos conectarnos con el exterior, con la tierra y la naturaleza.

Después del almuerzo regresamos al salón de entrenamiento y nos dimos cuenta de que Mary había colocado diferentes camas de Reiki alrededor de la habitación. Los Guías aún estaban muy presentes pero su energía era más ligera. Mary eligió a uno de los estudiantes para que se acostara sobre una de las camas y nos explicó los siete chakras con gran detalle. Nos explicó la relación de cada una con nuestro cuerpo y nos explicó la forma en que funcionaban. También nos daría una demostración práctica de cómo posicionar nuestra mano sobre los clientes durante las sanaciones.

Al final de este libro hay una explicación breve sobre los chakras, para los que no estén familiarizados con ellos.

Cuando Mary terminó su demostración, nos puso en parejas para que practicáramos sobre el otro. Me tocó una chica muy amable llamada Siobhan. Ya habíamos platicado durante el descanso del almuerzo y ambos estábamos contentos y nos sentíamos cómodos de trabajar juntos. Yo sería el primero en recibir el tratamiento. La energía de Siobhan fluía muy bien, era una energía muy angelical. Se sentía cómoda y me hizo sentir seguro y amado. Me sentía en el Paraíso. No quería que esta sesión terminara nunca. Le di mi retroalimentación a Siobhan sobre cómo había sentido su energía, le expliqué que se sentía suave y ligera y que me sentí totalmente relajado durante la sesión.

Luego le tocó el turno de acostarse en la cama. En la base de la cama había un Ángel de Sanación de Luz Verde, y sobre él, el Arcángel Rafael. Mis Ángeles de la Guarda estaban conmigo al final de la cama, mirándome como un orgulloso padre mira a su hijo en su primer partido de fútbol. Todos ellos enviaron rayos de Luz Radiante Dorada y Blanca a Siobhan mientras estaba ahí acostada con sus ojos cerrados y profundamente relajada. Empecé por la corona de su cabeza y no pude creer la diferencia en mi energía. Fluía más suavemente y la podía controlar mucho mejor, casi como un efecto de rayo láser. Parecía como si mis manos fueran dirigidas a las diferentes partes de su cuerpo que necesitaban sanación, era como si hubiera espíritus guiándome suavemente.

Para mi sorpresa, pude ver sus chakras y su aura muy claramente. Mi entendimiento se volvió más claro mientras los Ángeles me mostraban las partes bloqueadas en su cuerpo o sombras más obscuras en los colores de sus chakras, y su aura me mostraba en forma de imágenes por qué cierto chakra estaba bloqueado.

Me di cuenta de que mi energía no se cansaba tan fácilmente y me sentí muy bien cuando terminó el tratamiento. Siobhan sintió la energía también con claridad y disfrutó mucho de su tratamiento. En su retroalimentación me dijo que mi energía era sutil pero firme y muy poderosa. Practicamos con varias personas en el transcurso de los dos días que duró el curso y cada sanación que di y recibí las sentí de forma diferente.

Durante todo el fin de semana Mary dedicó tiempo a cada uno de nosotros, siempre asegurándose de que entendiéramos todo y que lo estuviéramos haciendo correctamente. Llevamos a cabo cada práctica de sanación de forma amorosa y sagrada. Mary fue muy amable y paciente con nosotros. Todos nos sentimos tristes cuando el curso llegó a su fin, pero nos alegramos mucho cuando recibimos nuestros certificados. Mary nos dijo que tendríamos una limpieza de veintiún días, como lo haríamos siempre que recibiéramos un alineamiento Reiki.

La razón de este tiempo, nos explicó, es que la energía pasa veinticuatro horas en cada chakra, así que le toma siete días pasar por cada chakra, y para estar absolutamente seguros de la limpieza, la energía pasa por todo el cuerpo tres veces (el Número Divino), creando así un período de veintiún días.

Los efectos de esta limpieza son diversos, algunas personas sólo experimentarían un dolor de cabeza o la sensación de tener la cabeza fría, mientras que en otros se materializa como un gran cambio de energía. Sin importar la lección o el reto que debemos enfrentar durante este proceso, nos explicó Mary, nuestra reacción dependía de nosotros y nos dijo que deberíamos estar seguros de que siempre se nos darían los medios para lidiar con cualquier situación que surgiera, que no debíamos sentirnos solos o asustados.

Mary, al ser nuestra maestra Reiki, siempre estaría al otro lado del teléfono, disponible para nosotros mientras pasábamos por esta limpieza. Yo me sentí totalmente seguro ya que mi energía se había levantado y había sido renovada. Durante los siguientes veintiún días sentí muy pocos síntomas, excepto por una pequeña migraña por un par de días. Con excepción de eso, me sentí muy bien y con mucha más energía que en mi alineamiento anterior.

Mi familia y mis amigos notaron la diferencia en mí y en mi técnica de sanación. Era capaz de ver y sentir mucho más claramente y no podía creer la gran diferencia que había hecho el nivel de Reiki uno en mis sanaciones y en mi confianza interna. Había decidido que regresaría con Mary K. el año siguiente para terminar mis estudios de Reiki hasta llegar al nivel maestro.

Durante ese tiempo aprendí el primero de los Símbolos Sagrados Dorados y recibí mi segundo alineamiento, el cual me dio el título de practicante Reiki y aprendí cómo enseñar Reiki a otros, y tiempo después recibí el título de maestro Reiki.

Ningún alineamiento fue más emocionante o poderoso como el primero con Mary K. pero cada uno de ellos había sido significativo y sagrado de alguna forma u otra. Cada nivel me dio más confianza y un conocimiento más profundo de la sanación, así como del incremento de mi energía sanadora.

Una vez que terminé mi entrenamiento de Reiki no tuve más miedo al hacer sanaciones o al enseñar esta antigua práctica de sanación. Había cambiado mi vida de una forma positiva y me había hecho sentir que podía lograr cualquier cosa. Todos comentaban lo bien que me veía y yo me sentía fantástico. Mi prima y gran amiga Bernadette había regresado recientemente de Canadá. No la había visto en más de un año y, cuando nos vimos, lo primero que hizo fue dar un paso hacia atrás y me miró de arriba abajo, y con una gran sonrisa dijo:

—¡Dime el secreto para verme igual que tú, Aidan!

Por fin me sentía cómodo en mi propio cuerpo y me sentía bien y en paz conmigo mismo. ¡Prepárate mundo, que estoy de regreso! Estoy muy agradecido con mi maestra Reiki Mary K. Hayden, una excelente maestra. Me inspiró para continuar mis estudios y seguir mi camino de sanación. Sus clases me parecieron inmensamente interesantes y fue un gran placer asistir a ellas. Siempre la llevaré muy cerca de mi corazón y le deseo miles de bendiciones cada día.

Capítulo veinte

Para cada cosa hay una estación,
y tiempo para cada propósito bajo el paraíso.

Eclesiastés 3:1

Era abril de 2004 y las semanas pasaban muy rápidamente. Estaba ansioso de empezar mi propio negocio y todo parecía encajar en su lugar. Llegaba al fin del par de meses que me quedaban en el mundo corporativo y nunca antes había estado tan listo para dejar algo como lo estaba ahora. Contaba cada minuto hasta el último día con gran alegría.

Me di cuenta de que guardar resentimientos en contra de mis colegas o de los gerentes era estúpido y no tenía sentido. Era una pérdida de mi precioso tiempo. Mentalmente yo ya había terminado de trabajar en ese lugar desde hacía meses y ahora sólo me estaba tomando las cosas de forma más relajada.

No permití que la energía pesada y tóxica de la avaricia y el poder me molestara, me sentía seguro y protegido. Ya no me importaba más, estaba en la última base y me sentía muy bien. Todavía estaba haciendo sanaciones durante esa época,

254

pero desde mi alineamiento sentía que necesitaba más tiempo para mí. Así que decidí reducir algunas de esas horas y dejar unas horas libres para mí.

A finales de abril de ese año, acepté hacerle una lectura a una amiga. Me había sentido desganado y cansado todo el día en el trabajo y mi estómago estaba inflamado. Me sentía un poco enfermo, pero lo atribuí a algo que había comido. Recuerdo que llegué a casa esa noche sin ganas de cenar. Realmente no me sentía con ganas de hacer una lectura, pero ya había aceptado, así que sentí que debía cumplir con mi promesa. Mi madre me dijo que me veía muy pálido, que me acostara un rato pero le aseguré que me sentía bien.

Poco tiempo después mi hermana llegó de visita y cuando me vio me dijo que me veía muy pálido y cansado. Ya era muy tarde para cancelar la lectura de mi amiga, de seguro ya iba en camino. Cuando llegó me dijo que me veía muy bien, así que pensé que mi mamá y mi hermana habían exagerado. Empezamos con la lectura y todo iba muy bien hasta que de repente sentí la necesidad de vomitar. Le pedí que me disculpara por unos minutos; afortunadamente la sensación desapareció y continué con la lectura. En el transcurso de la sesión empecé a sentirme mareado y con náuseas. Terminé la sesión tan pronto como pude, contento de que no había vomitado.

Desafortunadamente, no le dije a mi amiga cómo me sentía, y debido a que ella no tenía prisa de llegar a casa, continuó charlando por otra media hora más. Llegó el punto en que no pude más, y le tuve que pedir que se fuera ya que no me sentía muy bien. Ella se disculpó y se retiró de inmediato. Tenía muy poco que se había ido cuando tuve que correr al baño.

Me entró gran pánico al ver que estaba vomitando sangre y sabía asquerosa. Me asusté mucho así que llamé a mi hermana para que viniera a ayudarme. Ella se mantuvo en calma y me llevó a la cama. Ella sugirió que llamáramos a una ambulancia pero le pedí que esperara un rato para ver si me sentía un poco mejor. Mi pobre madre se entumió de tanta preocupación. Estaba aterrada, creo que realmente pensó que me estaba muriendo, decidió irse a la sala a rezar por mí.

Fui a mi habitación y me acosté en mi cama, llamé a mi Ángel Hannah para que me ayudara. Me aseguró que me recuperaría pero que sería mejor, por el bien de todos, que fuera al hospital de inmediato. Debido a mi terquedad y a mi miedo me aguanté por un par de horas hasta la medianoche, cuando volví a vomitar de forma violenta, esta vez perdiendo gran cantidad de sangre.

Llamaron a mi hermano Jim y cuando llegó, él y el resto de mi familia decidieron llamar a una ambulancia. Los Ángeles y Jack me decían una y otra vez que todo estaría bien, pero el miedo se apoderó de mí de tal manera que sus palabras alentadoras caían en oídos sordos.

La ambulancia me llevó al hospital y mi hermano nos siguió en su coche. Era una noche fría de abril. La sala de Urgencias estaba llena de gente. Me llevaron a un cubículo pequeño y sucio donde la enfermera tomó mis datos. La enfermera tenía una actitud indiferente y no hizo ningún tipo de conversación, ni me dijo cuándo me vería algún doctor.

Por media hora todo lo que podía oír era a un borracho maldiciendo e insultando al personal del hospital y el llanto de un niño muy pequeño al final del corredor. Había una energía muy pesada y rara en Urgencias aquella noche.

Mi hermano estaba afuera esperándome, así que me puse de pie y salí para decirle que se fuera a casa porque eran casi las dos de la mañana y tenía que ir a trabajar temprano por la mañana. Me dijo que se iría con la condición de que le prometiera llamarle si lo necesitaba para algo. Regresé al cubículo y me acosté. Poco tiempo después el doctor entró a verme.

Me examinó rápidamente y me explicó que en ese momento no había camas disponibles públicas o privadas, pero que me podía quedar en el cubículo hasta que hubiera una cama disponible. Dijo que me harían unos rayos X pero estaban muy ocupados en ese momento, así que tuve que esperar por largo tiempo antes de que me pudieran atender.

¡Qué bien! Había pagado seguro médico público y privado por los últimos veintiséis años y no me podían dar una cama. ¡Genial! Así que eso era lo que el Tigre Celta tenía para ofrecer, pensé, un hermoso hospital nuevo sin espacio para camas y doctores y enfermeras que trabajaban de más y estaban cansados y exhaustos. Estaba furioso y me sentía débil y frustrado. Estaba conectado a una intravenosa, lo que significaba que sólo podía acostarme de espaldas; la cama de ruedas era extremadamente incómoda, lo cual empeoró mi miserable situación. Eventualmente, caí en un sueño intranquilo sintiéndome disgustado y abatido.

Desperté poco tiempo después y vi al Arcángel Rafael parado al final de mi cama. Brillaba con una fantástica luz blanca, y en el contorno de esta luz blanca brillaba una hermosa luz verde pálida. Inclinó su cabeza ligeramente y puso su dedo sobre mi cama, movió su cabeza de un lado a otro como diciendo: *no digas ni una palabra.*

Se dirigió hacia mí y levantó mi brazo derecho. Dibujó un círculo sobre mi mano con una luz dorada, luego la cubrió con ambas manos y levantó sus hermosos ojos azules al cielo. Luego repitió el mismo extraño ejercicio con mi mano izquierda. Cuando terminó, sentía hormigueo en mis manos y una sensación cálida fluía a través de ellas.

—Recibe el Sello Angelical de Sanación, Amor y Luz, y úsalo amorosa y sabiamente. Permite que sane tu propio cuerpo, restáuralo en salud total —dijo Rafael.

No pude emitir ningún sonido con mi voz para responderle,

ni tampoco comprendí su petición completamente, así que solamente asentí con mi cabeza para mostrarle que haría lo que me pedía. Levantó sus manos suavemente sobre mi cabeza y un gran arcoíris de color cayó sobre él y cada color se volvió sólido con la energía que formaba al Ángel.

Alrededor de mi cama había siete poderosos Ángeles, cada uno vestido con un color del arcoíris. Brillaban con una luz poderosa.

Yo estaba sorprendido. Me restregué los ojos para ver si estaba soñando. Cuando me convencí de que realmente estaba despierto, estiré mi mano y pude sentir su suave energía. Mi corazón empezó a latir muy rápidamente y de nuevo el miedo se apoderó de mí.

¡Me estaba muriendo! Eso es lo que debía de ser todo esto… ¿Por qué otro motivo estarían aquí todos reunidos alrededor de mi cama? Empecé a gritar en mi mente: *Oh Dios, por favor, no me dejes morir en este horrible lugar sin mi familia a mi lado.* Mi cabeza empezó a pulsar, me encontraba en un estado terrible.

Pregunté:

—¿Han venido a llevarme a casa? ¿Me estoy muriendo?

Rafael sonrió, y lo mismo hicieron los otros seis Ángeles.

—No, mi adorada Alma, no te estás muriendo. Estos son los Ángeles de Sanación de la Luz del Arcoíris, los Ángeles de la Luz Divina. Estos grandes Ángeles y yo caminaremos contigo y te ayudaremos en tus sanaciones diarias de ahora en adelante. En las semanas siguientes, estos Ángeles de sanación te visitarán y te explicarán sus energías y cómo puedes trabajar con ellos. No tengas miedo, estamos aquí para ayudarte y para protegerte. Te ayudaremos con tus sanaciones y te protegeremos de energías negativas en todo momento.

—Estoy muy contento y con mucho gusto recibo y acepto todo lo que tengan que decirme —les respondí aún en estado de *shock.*

—No nos verás ahora más, pero nos mantendremos a tu lado. Ten por seguro que no te quedarás mucho tiempo en este lugar, ya que no encontrarán nada serio con tu salud. Vas a disfrutar de muy buena salud por muchos años —afirmó Rafael.

Antes de irse, colocaron sus manos suaves y cálidas sobre mí e inclinaron sus cabezas como si estuvieran orando. Luego soplaron un aliento suave sobre mí y sentí cómo una energía cálida y relajante llenó a mi cuerpo entero. Me sentí muy bien y muy animado. Lentamente empezaron a desaparecer de mi vista, y al partir, el cubículo se llenó de quietud y silencio. Me sentí seguro y contento, y poco a poco me quedé dormido.

Eran alrededor de las cinco de la mañana cuando desperté y todavía estaba esperando a que me asignaran una cama. No había visto a nadie para preguntar sobre el asunto, pasó mucho tiempo hasta que un asistente llegó a verme, era un hombre muy jovial, extremadamente parlanchín y con mucha energía. Me dijo que estaba ahí para llevarme a otra área de espera. El "área de espera" era el pasillo del departamento de Urgencias, que tenía camas a cada lado. Sentí que yo era uno de los suertudos ese día ya que me habían asignado una cama, aunque fuera en el pasillo.

La cama era cómoda comparada con la camilla dura y angosta del cubículo. Las sábanas eran suaves y estaban limpias. Me hundí en la cama y todo lo que quería hacer era dormir. Me llevaron de vuelta al departamento de Rayos X y luego me regresaron a mi cama. No me permitieron ingerir nada de agua o alimentos sólidos por dos días, pero me sentí mucho mejor. Mis visitas iban y venían, pero ningún personal médico podía decirme algo sobre mi condición hasta que me hubieran hecho una endoscopia.

No podían realizarla hasta que me dieran una cama en Urgencias, y no podían realizarla si estaba en Urgencias. Qué raro era eso. Así que me quedé en el corredor en ayuno por los siguientes tres días. El tercer día por la noche encontraron una cama para mí y finalmente me llevaron a la sala.

El doctor me informó que me haría la endoscopia a la mañana siguiente bajo anestesia general y que tendría que quedarme en el hospital al menos veinticuatro horas después de eso. Si no encontraban nada serio, me dijo que me darían de alta y me podría ir a casa.

Estaba contento de que al menos las cosas empezaran a moverse de forma positiva en relación con mi condición. Francamente, era un alivio no estar en el pasillo. El ruido y el movimiento constante de la gente esperando ahí las veinticuatro horas del día era suficiente para hacer que cualquiera se enfermara.

La mañana siguiente llegó y yo esperé y esperé y finalmente a la una de la tarde me llevaron a la sala y me durmieron. Lo único que recuerdo después de eso es a una enfermera llamándome por mi nombre sacudiéndome suavemente para que me despertara. Me llevaron de regreso a mi cama, me sentía agotado. Caí en un sueño profundo y lo siguiente que recuerdo es a otra enfermera despertándome mientras me decía: "Se puede vestir e ir a casa, no encontraron nada serio. Le enviaremos una carta y verá a un doctor en una clínica en una semana o en diez días. ¿Tiene a algún familiar en casa al que pueda llamar para que lo lleve a casa?".

Estaba confundido, no sabía qué hora o qué día era. Lo único que podía ver era a esta enfermera parada frente a mí, y que hablaba con un tono de voz muy alto.

—¿Qué hora es? ¿Dormí toda la noche? —pregunté.

—No, no para nada. Son las cuatro de la tarde y lleva aquí dos horas desde de la endoscopia —respondió.

—Me dijeron que necesitaría al menos veinticuatro horas para que la anestesia se pasara antes de que me dejaran ir a casa —respondí de mal humor, sólo quería que me dejara solo y me dejara dormir.

—No, no, usted está bien. No encontraron nada malo y necesitamos la cama.

Así que así sería, con o sin anestesia, me estaban corriendo. Les di el número de Rosaleen y vino por mí para llevarme a casa. Aún no recuerdo cuando salí del hospital ese día. Tres días en el pasillo y menos de veinticuatro horas en la sala, y aún no sabía por qué me había enfermado.

Diez días después regresé al hospital para un chequeo general. El doctor confirmó que no encontraron nada malo conmigo, pero que sentía que podría ser una pequeña ruptura en la mucosa del estómago lo que había causado el sangrado interno.

Me sentí aliviado. Como siempre, los Ángeles tenían razón. El doctor me recomendó que no fuera a trabajar por un par de semanas, y así lo hice. Aproveché esa oportunidad para hacer mucha meditación y para dar paseos a pie, lo cual me ayudó a relajarme y a dormir más plácidamente.

Habían pasado dos semanas desde mi estancia en el hospital cuando una noche me desperté y encontré a Zacarías y a Hannah parados al lado de mi cama con Jack. La habitación estaba cubierta de neblina y sabía que alguien estaba a punto de hacer una visita o me iban a llevar a alguna parte.

—Los Ángeles de Sanación vienen en camino, Aidan. Siéntate y quédate quieto —me dijo Zacarías.

En eso, el cuarto se llenó con un gran arcoíris de luz de colores y los Ángeles aparecieron y se presentaron.

El primero en aparecer fue Uriel con una luz flameando en círculos a su alrededor.

—Yo soy la energía de Uriel, nombrado por la gente de la Tierra. Soy el que guarda los secretos de la Tierra, la naturaleza y el universo. Yo llevo serenidad y paz y conocimiento a cada uno de ustedes, hijos de la Tierra. Mi regalo para el universo es el de Director del Alma y el Guardián de los Registros. Yo, Uriel el de la luz flameante, te brindo dirección cuando estás perdido y cansado, entendimiento cuando tienes miedo, sabiduría cuando estás confundido e información y conocimiento para guiarte en el camino de tu vida. Haré que tu conexión con la Madre Tierra sea más fuerte y profunda y te haré sentir conectado con ella en momentos de intranquilidad. Le daré a la gente tranquilidad y dirección con su sanación. Soy el portador de la Luz Roja de Sanación y el protector del Chakra de la Raíz —declaró.

El siguiente en aparecer fue Cassiel con una suave luz naranja a su alrededor.

—Yo soy la energía de Cassiel, nombrado así por la gente de la Tierra. Yo llevo el sagrado poder de manifestar y crear rápidamente. Presido sobre los riachuelos, ríos, lagos y océanos. Soy el protector de todo lo que vive dentro de las aguas de tu universo. Yo te ayudo y hago que con tu poder aclares tu negatividad para que sanes, sientas y reveles lo positivo en ti. Pídeme ayuda cuando no seas capaz de resolver problemas que te preocupen. Incrementaré tu entendimiento sobre la situación y fortaleceré tu habilidad de hacer lo correcto. Abriré tus dones verdaderos y despertaré tu creatividad. Permite que mi energía, la cual fluye como un riachuelo tibio, fluya con tu energía dentro de tu cuerpo para que des sanación y alegría a aquellos que se acercan a ti buscando sanaciones, mi querida alma. Yo le daré felicidad y positividad a la gente en tus sanaciones. Yo soy el que lleva la Luz Naranja de Sanación y soy el protector del Chakra Sacro.

El gentil Gabriel dio un paso hacia adelante con una luz dorada y amarilla irradiando a su alrededor.

—Yo soy la energía de Gabriel, nombrado así por la gente de la Tierra. Yo llevo la suave luz dorada y amarilla del cielo, y en esta luz de Dios llevo bondad y fortuna. Yo te ayudaré y te guiaré cuando estés haciendo cambios en tu vida. Yo estaré siempre un paso más adelante para abrirte las puertas de las oportunidades para que tu camino sea más fácil. Yo soy la energía de la protección y nacimiento, y soy el protector de las madres que esperan hijos. Cuando te sientas perdido y no puedas entender, pídeme ayuda y guía y yo haré que te llegue la información que necesitas para resolver situaciones, problemas y preocupaciones. Permite que mi energía fluya como el calor del sol fluye con tu energía para llevar sanación y alegría a aquellos que vienen a ti por sanaciones, mi querida alma. Mi misión es la de darte esperanza y dirección durante las sanaciones. Soy el que lleva la Luz Amarilla y soy el protector del chakra del Plexo Solar —dijo.

Luego Rafael dio un paso hacia adelante con una ligera brisa de luz verde pálido a su alrededor.

—Yo soy la energía de Rafael, nombrado así por la gente de la Tierra. Yo llevo el gran regalo de sanación al universo. Soy el sanador y protector de todos los sanadores y llevo sanación a los enfermos. Cierren sus ojos cuando estén enfermos o se sientan débiles, mis queridas almas de la Tierra, y pídanme a mí, Rafael, que les envíe sanación a su cuerpo. Vean una luz verde cubrir el área del malestar y quédense en oración hasta que el dolor cese y repitan este proceso si vuelven a sentir malestar. También les ayudaré a cambiar sus hábitos de alimentación y les puedo ayudar a que logren un estilo de vida más sano. También soy el guardián del amor, los amantes y los viajeros. Llámenme para obtener sanación, apoyo y amor. Soy el maestro de la sanación y les enseñaré cómo sanar a partir de su corazón, el lugar donde reside el amor incondicional y la casa del poder del alma. Sólo desde este lugar pueden realmente sanar. Este es el amor de Dios. Sólo Dios puede dar completa sanación y amor. Permite que mi energía clara fluya hacia ti y lleve sanación y amor incondicional a todo aquél que te busca para que le des sanación, mi querida alma. Le daré a la gente amor y paz durante la sanación. Soy el que lleva la Luz Verde Divina y soy el protector del Chakra del Corazón —anunció.

Miguel dio un paso hacia adelante con una fuerza majestuosa en una bola eléctrica de luz azul, la cual chispeaba como una corriente eléctrica.

—Yo soy la energía de Miguel, nombrado así por la gente de la Tierra. Yo le llevo protección al universo y a todos sus habitantes. Los fortaleceré y les ayudaré a hablar su verdad, a guardar su palabra, a entenderse a ustedes mismos y a otros y a tener fe. Con mi espada dorada cortaré cualquier lazo emocional que los mantenga atados a lugares o personas que no les permiten seguir adelante con su vida. Yo les proporciono un escudo de hierro de protección cuando se sienten vulnerables y con necesidad de protección de la energía de otros. Llámenme en momentos de dificultad y confusión. Haré todo lo posible para ayudarlos y protegerlos. Yo soy el Espíritu Guerrero y vendré a su rescate y les daré justicia, calma y sabiduría en cualquier situación. Permite que mi energía, la cual fluye como tormenta eléctrica, fluya con la tuya para que les des confianza y fuerza a aquellos que

van en tu busca para ser sanados. Llevaré protección y balance a la sanación. Soy el portador de la Luz Azul Sanadora
y soy el protector del Chakra del Garganta —dijo y luego
sonrió.

**Luego Camael dio un paso hacia adelante con una
suave luz índigo a su alrededor.**

—Yo soy la energía de Camael, nombrado así por la gente
de la Tierra. Yo llevo calma a mis hijos de la Tierra con gratitud y amor. Les ayudo a conectarse con aquello que es justo y les doy dirección para que lleven esa energía durante su
vida diaria. Siempre protejo a aquellos que no pueden prote-
gerse a sí mismos y camino al lado de los que son abusados.
Mi regalo para la humanidad es darles valor para seguir
cuando se sienten cansados o deprimidos. Compartan sus
preocupaciones conmigo y a cambio yo les mandaré amor
sanador más allá de lo que imaginan. Incrementaré su entendimiento sobre la situación y les ayudaré a hacer lo que
es correcto. Les ayudaré a planear su futuro. Por favor,
permite que mi energía, que fluye como el mar calmado
en el verano, fluya con ustedes para que restaure la calma
a aquellos que te buscan para ser sanados, alma preciosa.
Les daré sabiduría y perspectiva en sus sanaciones. Yo soy
el portador de la Luz Índigo y el protector del Chakra del
Tercer Ojo —dijo.

**El último en dar un paso hacia enfrente fue el poderoso
pero sutil Metatron, rodeado de una suave luz violeta y
blanca.**

—Yo soy la energía que la gente de la Tierra llama Metatron. Yo
soy el portador de todo lo espiritual. Cuido tus pensamientos

y buenos actos. Yo les ayudaré a aclarar su mente y les llevaré paz. Yo soy su ayuda y conexión con el Ser Supremo. Yo les mostraré el amor de Dios y los guiaré en su camino espiritual. Yo le doy confort a los que están falleciendo y soy el que recoge las almas. Soy el sanador y protector de los niños. Camino junto con ellos y les llevo sabiduría y entendimiento. Pídanme ayuda y amor cuando necesiten inspiración o motivación. Les ayudaré a entender los problemas que les preocupan y que no son capaces de resolver. Estoy aquí para ayudarles a entender y a inspirarlos y a mostrarles el camino. Permite que mi energía pacífica fluya con la tuya para que les lleves quietud y paz a aquellos que se acercan a ti para que les des sanaciones, mi pequeña alma. Yo le daré entendimiento y sentido total a las sanaciones. Soy el portador de la Luz Sanadora Violeta y Blanca y soy el protector del Chakra de la Coronilla —proclamó.

Había pasado mucho tiempo desde la última vez que tuve una visita tan intensa. Los siete Seres Serenos de Luz Perfecta y Amor estaban parados alrededor de mi cama, extendiendo sus manos con increíbles rayos brillantes con los colores del acroíris.

Ese viejo sentimiento de quietud, de espacio sin tiempo y de paz llenó el cuarto. Zacarías les indicó que era suficiente por el momento. Ellos desaparecieron, dejándome sólo con Zacarías, el cual me dijo que necesitaba dormir y descansar. Estos Ángeles me visitarían nuevamente en las siguientes noches y todo se volvería más claro para mí. Zacarías desapareció de mi vista, la habitación se quedó obscura y yo caí en el sueño más profundo. Desperté temprano al día siguiente; la mañana era calurosa y soleada con el cielo azul. Me sentí revigorizado y feliz. Las noches previas se sentían como si hubieran sido un sueño, pero yo sabía que no lo era. Había aprendido a no dudar de mis Ángeles o de mis experiencias angelicales.

Los Ángeles no me visitaron esa noche pero sí lo hicieron la semana siguiente. Una vez más me despertaron de mi sueño a las dos de la mañana.

Zacarías y Hannah estaban parados a mi lado, me tomaron de la mano e instintivamente supe qué es lo que estaba a punto de suceder. Tomé sus manos y lentamente salí de mi cuerpo físico. Veía abajo hacia mi cuerpo acostado en mi cama, era una experiencia surrealista. Zacarías me hablaba durante el proceso para que me mantuviera enfocado y calmado. En cada esquina estaban los Ángeles del Norte, Sur, Este y Oeste, esas son las direcciones que gobiernan el flujo de la energía.

Luego, los Ángeles de Luz Divina de la Sanación de la Luz del Arcoíris se pararon en cada chakra y en un círculo exterior había muchos Ángeles más y Seres Supremos. Zacarías me dijo que pusiera mucha atención, que los observara y aprendiera ya que me mostrarían las técnicas de sanación que yo utilizaría y que enseñaría a otros a usar. Empezaron con una sanación en mi cuerpo y luego hicieron a mis chakras visibles. Pusieron sus manos sobre mí y tomaron la energía de cada chakra para colocarla en las demás. Soplaron color sobre mis chakras e hicieron un ejercicio muy sencillo para alinear todos los chakras. Una vez que hicieron eso, los chakras empezaron a rotar en la dirección correcta y con la velocidad correcta. Lo mantuvieron todo muy sencillo y de forma sagrada. Mi cuerpo estaba cubierto por una Gran Luz Blanca mientras trabajaban sobre mí. Después de como una hora, al menos así es como lo sentí, le agradecieron a Dios por la sanación y desaparecieron de mi vista. Regresé a mi cuerpo, el cual dormía plácidamente.

Al día siguiente me sentí desconectado y como si no estuviera en la Tierra, de la misma forma como me sentía cada vez que tenía una experiencia fuera de mi cuerpo. En las siguientes

dos semanas estos hermosos Ángeles de sanación vinieron a
mí para enseñarme los secretos de la sanación Angelical y me
pidieron que enseñara este método de sanación a otros. En
la última noche del entrenamiento, Rafael me alineó con el
Símbolo Dorado del Alma para despertarme e iluminarme.
Esto era para ayudarme en mi camino y para fortalecerme y
hacer más poderoso el propósito de mi alma.

El símbolo sagrado que me pasó era para ayudar a alinear
a otros y también para ayudarles con el camino de sus almas.
Me dieron instrucciones de usar las nuevas técnicas en mis
sanaciones desde ese momento en adelante, lo cual acepté con
mucho gusto. Sin embargo, me tomaría un par de años, me
explicó, antes de que pudiera pasar estas técnicas a otros y
alinearlos con el Símbolo Sagrado del Alma.

Regresé a mi trabajo de una forma muy extraña, pero regresé con gusto. Sólo me quedaban dos semanas más antes
de que firmara mi renuncia, así que pude soportar el trabajo
fácilmente. Estuve ordenando mi escritorio lo más que pude
y me dediqué a atar cabos sueltos en la parte administrativa.
También me puse de acuerdo con mis colegas de la oficina
para ir a comer o cenar para despedirlos y agradecerles por
su apoyo y camaradería durante mi tiempo en la compañía.
Había hecho amigos muy fieles a través de los años y todavía
nos mantenemos en contacto hasta el día de hoy.

Finalmente, el último día en el trabajo llegó y mi energía
estaba muy inquieta. Recuerdo el día claramente porque era
un glorioso día de junio y la energía tenía un sentimiento de
felicidad. El día pasó muy rápido y a las tres de la tarde dejé
mi escritorio y la compañía, para siempre. Había prestado
mis servicios en esa compañía por veintiséis años y me sentía
contento de ponerle fin a ese capítulo en mi vida. Realmente
no tenía ningún sentimiento de arrepentimiento o de tristeza.
Me subí a mi coche, manejé hacia mi casa y nunca miré atrás.

Mis días de sanación comenzaron a ser de tiempo completo desde ese día, y desde entonces he sido bendecido con mucho trabajo y muchos clientes.

Uno de mis clientes fue Tony. Lo conocí en el verano del 2005 cuando vino a mí para que le hiciera una lectura de sanación. En esa época estaba pasando por grandes cambios en su vida y tenía mucho miedo de lo que le deparaba su nuevo camino espiritual, el cual había empezado. Al hablar con él, sentí que por primera vez en su vida entendía exactamente lo que debía hacer. Él había sido un niño muy brillante en la escuela y lo habían animado a que siguiera el camino académico en el cual demostró ser muy exitoso, pero ya no quería ese estilo de vida. Sabía que su verdadero propósito era ayudar y sanar a la gente y dar consuelo, consejos y guía a esas personas.

Los Ángeles le aseguraron que sus sentimientos estaban en lo correcto y le dieron instrucciones de que siguiera el campo holístico y espiritual, el cual ya estaba siguiendo ya que había hecho muchos cursos de sanación en los últimos años. Los Ángeles le dejaron muy claro que necesitaba salir y trabajar en el área de sanación ya que había mucha gente esperando su sanación y dirección. Eso es lo que hizo y hoy en día es un practicante holístico muy exitoso y feliz.

—Te agradezco a ti, Aidan, y a los Ángeles por ayudarme a encontrar la felicidad y plenitud en mi vida, la cual no había experimentado nunca antes.

Fue en ese tiempo también cuando conocí a una mujer de gran fuerza y coraje. Había hecho una cita conmigo para una sanación. Su nombre era Teresa, una madre y esposa que había pasado por la peor pesadilla de cualquier padre: la inesperada muerte repentina de su hijo. Su hermosa hija adolescente se había ido a dormir temprano por la noche, feliz y sana. Tenía su vida por delante. Tristemente, esa no sería la forma en que su vida se desarrollaría. Cuando Teresa fue a su cuarto a la mañana siguiente para despertarla para que se fuera a la escuela, encontró a su hija sin vida en la cama. Había muerto pacíficamente al caer en un sueño profundo y eterno y nadie hasta ese momento había podido explicar a sus padres cómo o por qué había sucedido.

No había pasado mucho tiempo desde la muerte de su hija cuando esta maravillosa mujer creó un grupo de apoyo para ayudar a otros padres que se encontraban en las mismas circunstancias.

Durante la sanación, su hija vino a darle mensajes de amor y a decirle lo feliz y en paz que estaba. Quería asegurarse de que su mamá entendiera que no era culpa de nadie y que no debían culparse a sí mismos sobre el desafortunado evento, le aseguró que no habían hecho nada malo.

Le explicó que había vivido una vida maravillosa y se sentía bendecida de haber sido tan amada en su corta vida y ahora en su muerte. También tenía unos mensajes privados para su madre, los cuales la hicieron reír y llorar. Teresa estaba muy agradecida de que su hija la hubiera contactado y le dijo que hacía una gran diferencia en la forma en la que se sentía sobre la inesperada muerte de su preciosa hija.

Mientras platicábamos, Teresa me habló sobre su otra hija de seis años, Zara, y cómo ésta había sido abusada sexualmente por su primo. Teresa había descubierto esta horrible situación casi al mismo tiempo de la muerte de su hija. Después del terrible incidente, Zara comenzó a recibir ayuda por parte de un terapeuta, pero Teresa sentía que su hija no estaba lidiando muy bien con el problema a pesar de la ayuda. Sentía que su hija se había vuelto muy callada y me preguntó si podría verla. Hice planes para verla lo más pronto posible, lo cual afortunadamente pude hacer la semana siguiente.

Nos despedimos con un abrazo y me di cuenta del

considerable cambio en la energía de Teresa: su energía era
más elevada. La fuerza y el amor de esa mujer tuvieron un increíble efecto en mí durante la semana y no podía quitármela
de la cabeza. Su valentía, valor y capacidad de perdón eran
sorprendentes. Quedamos de acuerdo en vernos el domingo
por la tarde en un hotel en el cual asistiría a una feria holística. Amablemente me permitieron usar un cuarto privado
para ver a Zara. Por alguna razón me sentía nervioso e intranquilo por todo lo que le había pasado. La familia llegó y
les dije que vería a Zara únicamente si su mamá o su papá
estaban presentes durante la sesión. Su madre aceptó y entró al cuarto y pude ver cómo Zara se relajó inmediatamente
después de saber que su mamá estaría ahí con ella. Zara es
una niña hermosa con pelo claro, una risa nerviosa y los más
hermosos ojos color avellana.

Tenía a su alrededor una multitud de Ángeles, lo cual era
una bendición ver. Se sentó frente a mí y su madre estaba sentada detrás a mi lado izquierdo. Empezamos a hablar sobre
diferentes cosas que encontraba interesantes, como Navidad,
Santa y la escuela. Muy sutilmente toqué el tema de su terapeuta y le pregunté si le gustaba. Me dijo que sí y la pude ver
relajada cuando me respondió.

Luego le pregunté sobre el abuso y pude ver cómo toda su
energía cambió en un abrir y cerrar de ojos. Sus ojos cam-
biaron, se volvieron aburridos y sin vida. Noté que todo su
cuerpo se puso rígido mientras recordaba todo el incidente.
Me dijo con una voz casi como un susurro que el niño que lo
había hecho no era bueno y no le gustaba. Su pequeño cuerpo
temblaba y empezó a llorar mientras me contaba la historia;
pude ver que estaba asustada y vulnerable.

Sólo quería tomar a esta niña preciosa en mis brazos y
abrazarla hasta exprimir todo el dolor de ese recuerdo. En mi
mente yo gritaba: *Por favor, no dejes que esta hermosa alma sufra*

años de dolor y culpa. No le robes su espíritu. Por favor, no dejes que nadie la lastime o la hiera de ninguna forma. ¿Cómo alguien podía lastimar a una niña inocente como Zara?, me pregunté.

Con lágrimas en los ojos le expliqué a Zara que teníamos algo en común porque lo mismo me había pasado a mí cuando tenía su misma edad, pero que con el tiempo todo estaría bien. Le dije lo valiente que era por haberle contado a su mamá sobre ese niño y lo que le había hecho. También le dije lo inteligente y fuerte que era, le dije que cuando yo tuve el valor de contarle a alguien lo que me había pasado yo estaba muy viejo. Soltó una risilla inocente cuando le dije esto. Luego le pregunté si entendía que lo que le había sucedido no tenía que ver nada con ella, que ella no tenía ninguna culpa.

—Sí, yo sé que no —me contestó.

—Muy bien, entonces corazón, ¿por qué no hablas con tu mamá y con tu terapeuta sobre ello? —le pregunté.

Me miró con sus hermosos ojos muy abiertos, con lágrimas rodando por sus mejillas y dijo:

—Lo que pasa es que cada vez que hablo sobre ello mi mamá se pone muy triste. Empieza a llorar y ya no quiero que esté triste.

Dijo esto con tanta preocupación y amor para su madre que me dolió el corazón. Volteé a ver a su madre, quien también tenía lágrimas rodando por las mejillas. Le prometió a su lastimada pero valiente hija que no lloraría más cuando ella quisiera hablar con ella al respecto. Le dije lo afortunada que era de tener a una terapeuta y a una mamá que sabían lo que le había pasado y con quienes podía hablar. Le expliqué que estaba a salvo ahora y que era muy amada por todos, luego le pregunté si sabía quién era el mago Merlín. Para mi gran sorpresa, sí sabía. Saqué un cristal y se lo di para que lo tomara entre sus manos, le expliqué que eso era como una varita mágica.

Le dije que iba a llamar a Merlín al cuarto y que cuando

272

viniera, él regresaría la magia y la diversión a su vida. Le pedí que sostuviera fuertemente el cristal mágico entre sus manos y le pedí que lo llamáramos juntos. Generalmente llamo a la energía de Merlín cuando trabajo con niños ya que es una energía ligera y divertida con la cual trabajar. Es una energía muy poderosa y la asocio con el Arcángel Metatron, el protector de los niños, y también la asocio con la energía segura y la dulzura y cuidado de la Madre María. Así que ambos cerramos nuestros ojos y llamamos a Merlín y le pedimos que se quedara con Zara.

Cuando abrí los ojos pude ver la energía y la forma que había tomado. Era la energía de un hombre alto y viejo, estaba vestido de morado y tenía un sombrero alto y barba blanca y larga, tenía una varita mágica con la cual esparcía sus polvos mágicos mientras bailaba alrededor de Zara. Me reí al verlo.

—Entonces Zara, ¿lo puedes ver? —le pregunté.

Me miró con sus grandes ojos bien abiertos, brillosos como dos botones nuevos.

—Sí, lo puedo ver, está vestido de morado y tiene un sombrero largo. Mira, está ahí —dijo apuntando directamente hacia Merlín. Soltó una risilla y luego preguntó—: ¿Qué es esa cosa plateada que nos está salpicando?

—Ese es su poderoso polvo mágico que hará que te vuelvas a divertir, y ¿sabes una cosa Zara? Él estará siempre contigo de ahora en adelante, así que nada malo te pasará —le expliqué.

Se sintió muy bien cuando le dije eso. Le dije que llevara el cristal consigo todo el tiempo y le expliqué que Merlín vendría siempre en su ayuda cada vez que ella lo llamara. Los cristales nos encuentran y se quedan con nosotros todo el tiempo que los necesitemos. Luego estos son pasados a otras personas o nos damos de cuenta que no los encontramos, que los "perdimos" sin alguna explicación. Esa es una señal de que su trabajo se ha completado.

Zara se fue mucho más feliz y progresó de forma extraordinaria en los meses siguientes. Se abrió y empezó a hablar más con sus padres y su terapeuta, y el amable Merlín la ayudó a través de toda la experiencia.

Conocer a esa pequeña niña me ayudó a encontrar paz perfecta conmigo mismo y finalmente supe con certeza que no había jugado ningún papel en mi abuso. Igual que Zara yo también era libre de toda culpa. Le agradezco a Dios por enviarme a esta perfecta alma pura llamada Zara para mostrarme que esos actos viles en mi contra no habían empañado o enturbiado mi alma ni tampoco me habían robado mi espíritu. Zara tuvo el efecto más profundo en mi vida y llegó a ser mi más grande maestra. Le agradezco desde el fondo de mi corazón por el gran regalo de libertad que me dio ese día.

Aún mantengo ese maravilloso sentimiento de libertad dentro de mí y realmente amo mi vida y a toda la gente con quien la comparto. Mis adorados Ángeles y Jack caminan a mi lado diariamente y me ayudan en todas mis necesidades.

Ahora puedo mirar hacia atrás y veo mi vida con todas sus eventualidades y retos con gratitud por todo lo que he aprendido y por todo lo que puedo compartir con otros. Ya no miro atrás con culpa o con lamentos, ya que hacerlo no lleva a ningún lado. Los sentimientos de enojo o de arrepentimiento te harán amargado y harán que te quedes atrapado en el dolor y el resentimiento del pasado.

Estoy rodeado de amor y doy gracias todos los días por este maravilloso regalo. Mi vida está bendecida con un gran círculo de familia y amigos. Mi adorada madre me enseñó a una edad muy temprana el verdadero significado del amor incondicional.

Me mostró diariamente que el amor incondicional nunca juzga ni tampoco busca nada a cambio. Ella fue, es y siempre será, mi más grande Guía.

Agradecimientos

Quiero agradecer profundamente a mis queridos Ángeles de la Guarda, Zacarías y Hannah, a mi Guía Espiritual Jack, al Espíritu Santo, a Jesús, la Virgen María, al Apóstol Juan, Santa Bernadette, San Francisco y Clara de Asís, a Santa Rita y a todos mis Ángeles, Santos y Guías quienes amorosamente me guían, apoyan y acompañan diariamente.

A mi amada Murtagh, todo mi amor.

A mis hermanos, quienes siempre me han dado todo su amor y a quienes quiero con todo mi corazón. Muchas gracias por toda su ayuda y apoyo durante la creación de este libro. A todos mis sobrinos adorados, en especial a Matthew, Janice, Paul, Martha, Tine, Peter, Jayne y John por demostrarme tanto cariño en estos últimos años. Me siento muy bendecido por tenerlos en mi vida.

A Judith Curr, Johanna Castillo, Kaitlyn Zafonte y a todos en Atria Books/Simon & Schuster, muchas gracias por su ayuda y apoyo.

Mi mayor agradecimiento para Francesca Liversidge por creer en mi libro. A mi editora Brenda Kimber, gracias por tu dirección y tu paciencia. Hiciste que el desarrollo de este trabajo fuera más fácil. A Eoin McHugh y Lauren Hadden en Transworld Ireland, Beth Humphries y a todos el equipo de Transworld, gracias por todo su entusiasmo y apoyo.

A Helen, Declan, Simon y a todo el equipo de Gill Hess Ltd., gracias por su excelente trabajo.

A Mary Bellew, quien de vez en cuando hace uso de mi cuarto en España. Es tuyo cada vez que lo necesites. Te quiero mucho.

A Alil O'Shaughnessy por toda su amabilidad y por su ayuda en la meticulosa revisión del libro, y a Lisa Gordon por su buen humor y su enorme paciencia.

A Sibby, mi adorada mascota, gracias por tu compañía y por tu amor incondicional.

A todos mis clientes, muchas gracias por sus amables palabras y sus buenos deseos. Les deseo Amor, Luz y Sanación.

Aidan Storey

Preguntas y respuestas

Le he hecho muchas preguntas a mis Ángeles, preguntas que la gente me ha hecho a mí durante los últimos meses, y me gustaría tomarme el tiempo para compartir con ustedes algunas de las respuestas que he recibido sobre el Amor, la Economía Global, la Sanación del Planeta, la Muerte, el Dinero, el Abuso, el Mal, el Perdón, la Edad Adulta y sobre cómo trabajar con los Ángeles. Mi esperanza es que al hacer este ejercicio pueda compartir con ustedes la sabiduría que estos maravillosos seres quieren que entendamos.

Mucha gente le tiene miedo a la muerte o tiene miedo de morir. Esto es lo que los Ángeles dicen al respecto:

Queridas almas, por favor no le tengan miedo a la muerte, nosotros los prepararemos para ese gran viaje. Por un periodo de tiempo antes de morir, su cuerpo y su alma viajan al Templo de Cristal para su preparación. Aquí en este gran Templo de Luz se encuentran con los seres queridos que han fallecido, y estarán en sintonía constante con la energía ligera de Dios a la cual han viajado. Se convertirán en hijos de ambos mundos por este tiempo bendito y esa es la razón por la cual mucha gente habla sobre los seres queridos que han fallecido antes de que ellos mismos emprendan el viaje a la tierra de la luz y del amor eterno. No le teman a la muerte ya que más allá de este espacio les espera un hermoso lugar de paz perfecta. Este es un lugar de reunión. Aquí no se les juzga por lo que hicieron o no hicieron en la Tierra, sino que se les pregunta lo que han aprendido. La vida es un camino de aprendizaje y todos escogemos aprender ciertas lecciones en cada vida. El Dios que te creó te ama de forma incondicional. El amor incondicional no juzga ni condena.

¿Qué hay de los abortos o la muerte súbita infantil?

Antes de que un alma llegue a la Tierra, se reúne con su familia celestial en el gran plano divino. Aquí es donde planifican su vida juntos en la Tierra. Dentro de esta familia celestial, el alma infante escoge a los padres con los que desea vivir y cada alma dentro del grupo decide qué parte jugará en su trayectoria.

Puede haber un gran número de razones por las cuales el infante decide regresar al plano divino con una muerte prematura. Puede ser que el alma quiera experimentar el embarazo o un aborto. Puede que ellos mismos hayan sentido que no estaban listos para nacer, tal vez sintieron que no tenían el suficiente conocimiento para entender las lecciones que decidieron aprender. Tal vez no se ha recuperado completamente del trauma de la vida anterior. También puede ser que haya visto que con su muerte, la familia estaría más unida o se acercaría más a Dios o despertaría en ellos una consciencia espiritual.

Cualquiera que haya sido la razón, nunca es para crear culpa o sufrimiento a los padres. Siempre recuerda que esta preciosa y maravillosa alma los eligió para que fueran sus padres en un nivel espiritual, así que con el tiempo, esta alma siempre regresará a ustedes. Madres, nunca se culpen por este evento. Aunque se hubieran cubierto con algodón y hubieran permanecido en cama, esta alma preciosa y perfecta hubiera elegido partir y regresar cuando estuviera lista. Esta alma siempre regresa con su familia divina. Es muy importante recordar: es el alma la que regresa, no el cuerpo.

¿Qué es el amor?

Mis adoradas almas, no pueden tocar el amor, pero pueden ser conmovidas por un acto de amor. No puedes comprar el amor pero lo puedes dar de forma gratuita. El amor es la luz de Dios y Dios es amor. El amor de Dios es incondicional y sólo ve lo bueno del hombre. Amor es aquella sonrisa que le das a un ser querido o a un extraño cuando se ve cansado o triste y necesita apoyo. El amor es un saludo amistoso o ayudar al prójimo. Amor es ser confiable y verdadero. Es dar sin esperar nada a cambio. Puedes decir no y marcar tus límites y ser honesto sobre lo que tienes que decir, pero siempre que lo hagas hazlo con amor. El amor es permitir que la luz y sanación de Dios brillen dentro de tu alma y de tu corazón. Sé esa luz de amor que brilla e ilumina la oscuridad del conflicto y la avaricia, las cuales han obscurecido al mundo. Ustedes, mis queridas almas, han sido creadas de amor para ser amados y para dar amor. Sin amor, nada crecerá y nada prosperará.

Todos los días, la gente me pregunta sobre nuestra Tierra. Esta es la respuesta que los Ángeles me dieron.

La Madre Tierra está siendo destruida ante nuestros ojos. Han violado y asesinado este hermoso planeta que Dios creó con amor para ustedes. Han remplazado el amor de Dios con el ego. Han talado los bosques, drenado ríos, le han robado a la tierra casi todos sus recursos naturales, han contaminado el cielo y el mar, han llenado la Tierra de edificios de concreto hasta un punto en el que la Tierra ya no puede respirar. Esto es lo que ustedes han llevado a cabo en el nombre del progreso y las ganancias económicas. Luego ustedes se preguntan por qué la Madre Tierra se está comportando de forma impredecible, por qué suceden las tormentas y los desastres. Cuando ustedes y sus líderes ven el desastre ocurrido después de una tormenta terrible, se preguntan ¿por qué sucedió? Pero aún así no logran tomar la responsabilidad, sólo se preguntan: ¿Por qué Dios permitió que sucediera esto? Una vez más les decimos que no es la obra de Dios, sino del hombre y su libre albedrío.

Honren a la Tierra y a su belleza, agradezcan diariamente por todo lo que la Madre les provee, pero no lo usen en exceso ni extingan sus recursos. Permitan que descanse, que respire y que florezca nuevamente para que les proporcione los recursos junto con las formas vivientes que Dios creó para ustedes.

Todos ustedes han sido llamados a vivir en armonía con la Madre Tierra y respetar toda forma viviente. Todos los días usan y abusan los recursos que el planeta les provee, se han vuelto negligentes e irresponsables. Sean conscientes de sus acciones, recuerden que el planeta es un lugar sagrado. Sean gentiles, amorosos y respetuosos cuando caminen sobre este precioso suelo. Si toman responsabilidad por sus propias acciones, también pueden tomar parte en la sanación de la Madre Tierra. Inviten a los Ángeles de la naturaleza a que caminen sobre la Tierra y a que traigan consigo sus esencias sanadoras y sagradas para que la Tierra vuelva a respirar. Pidan a los Ángeles que lleven su amor, luz, sabiduría y sanación a la Madre Tierra y a todos sus habitantes.

Me han preguntado muchas veces qué es lo que los Ángeles piensan sobre la economía mundial y las causas de la tensión que se vive de forma global.

Mis queridas almas, la causa de esta inestabilidad económica a nivel mundial es básicamente el resultado de la AVARICIA. Han remplazado los valores morales con elementos efímeros como la carrera, la propiedad y otros bienes materiales. Le han dado la espalda al pobre, al anciano, al hambriento y a Dios. Todo esto no es una acción de Dios, sino el resultado de la falta de Dios en su vida cotidiana y en su interacción con el prójimo. Es debido a los valores inmorales que aceptan y enseñan unos a otros. La vieja forma de hacer las cosas y los viejos sistemas ya no funcionan. Deben aprender a ver y hacer las cosas de forma diferente. Ahora deben aprender de sus errores y elevar su vibración a un nuevo nivel de consciencia y entendimiento.

La gente tiene miedo de pedir ayuda a los Ángeles en cuestiones monetarias, así que les pregunté: ¿es malo pedir ayuda relacionada con dinero?

Adoradas almas, no, no es malo pedir o tener dinero. El dinero es sólo una energía de intercambio. Es el mal uso de esta energía y las cosas inmorales que la gente hace para ganar más y más dinero lo que está mal. No acumulen dinero y no dejen que controle su vida. Cuando viven sólo por el dinero, viven en un mundo frío. Al vivir en esta energía siempre se sentirán insatisfechos, buscando tener más sin nunca tener lo suficiente y como consecuencia nunca podrán encontrar la felicidad. El dinero no compra la felicidad. La infelicidad es producto de la falta de algo en tu vida. La felicidad sólo se puede encontrar en sus corazones; Dios es el verdadero recurso, no el dinero. Dios proveerá dinero si lo piden y entienden el motivo de su necesidad. El dinero es una energía positiva y no tiene nada de malo tener dinero. Puede mejorar su estilo de vida si lo administran de forma responsable, si lo usan con respeto y si lo usan para un bien superior. Pidan ayuda a los Ángeles de las Finanzas cuando tengan problemas económicos, ellos vendrán a su ayuda con su luz dorada para ayudarlos y guiarlos sin importar qué tan grande o pequeño sea su problema financiero. Como pueden ver, mis queridas almas, el dinero no es necesariamente la causa de todo mal. Es cómo deciden utilizar el dinero y qué perspectiva tienen sobre el dinero lo que hace la diferencia.

¿Qué son los Guías?

Sus Guías espirituales, a diferencia de los Ángeles, han vivido en la Tierra y lo han hecho en diferentes vidas. Han aprendido vastas lecciones hasta convertirse en almas perfectas. Llegan a ustedes como grandes maestros para guiarlos e inspirarlos de forma amorosa a través de su vida.

¿Qué son los Ángeles y de dónde vienen?

Dios creó el terreno angelical de la misma forma en que creó a la humanidad. Los Ángeles son seres de energía positiva y de amor y luz puros.

¿Qué hacen los Ángeles?

Ayudamos en cada aspecto de sus vidas. Somos su lazo directo entre el cielo y la Tierra. Los cuidamos durante sus vidas y durante la muerte. Somos los guardianes de su bienestar, la luz de todo lo que es positivo, bueno y verdadero.

¿Los Ángeles lo saben todo?

No. Nosotros somos también creación de Dios y somos sujetos al albedrío divino. Sólo Dios posee todas las respuestas.

¿Cómo nos comunicamos con ustedes?

Cuando deseen comunicarse con nosotros, simplemente llámenos y nosotros vendremos en su ayuda. Hablen con nosotros como si hablaran con un ser querido o un amigo cercano.

Cuando queremos hacer una pregunta, ¿cómo debemos preguntar?

Pregunten de forma clara qué es lo que desean y nosotros les ayudaremos, les daremos dirección y los guiaremos hacia el mejor resultado, siempre y cuando la energía sea positiva y lo que pidan sea para un bien superior y para el bien de todos aquellos involucrados.

¿Por qué no pueden intervenir?

Si interviniéramos, impediríamos su aprendizaje en diferentes lecciones que deben aprender en sus vidas, y como resultado alteraría su libre albedrío. Recuerden que ustedes escogieron venir a este planeta para ejercer su libre albedrío, así que nosotros podemos ayudarlos y guiarlos, pero son ustedes quienes toman la decisión final.

¿Hay Ángeles para todo?

Sí, hay Ángeles para cada situación en sus vidas, hay millones de Ángeles. Hay Ángeles del Amor, del Romance, de las Finanzas, de la Salud, del Trabajo, de la Diversión, de la Protección, hay Ángeles para todo.

¿Qué hay de los Ángeles caídos? ¿Existen?

No existen los Ángeles oscuros o Ángeles caídos. La oscuridad viene del miedo del ser humano y de su falta de Dios, viene de la avaricia, de la deshonestidad, la crueldad y el abuso. Los Ángeles son de luz y no conocen la oscuridad. Venimos de la luz pura de Dios y brillamos con la luz y amor de Dios y brindamos sanación cada vez que nos llaman o cada vez que piensan en nosotros. Nuestra energía protectora siempre está a su lado. La luz siempre vencerá a la oscuridad y el amor siempre vencerá al miedo. Sepan que la luz amorosa de Dios siempre está a su lado y también sepan que ustedes también están llenos de la luz y el amor de Dios.

¿Cómo debemos llamar a los Ángeles? ¿Tienen nombres?

No, no tenemos nombres; son los hombres quienes nos han dado los nombres. Le han dado nombres terrenales a energías angelicales que visitan la tierra frecuentemente, tales como Miguel, Gabriel, Rafael, por nombrar algunos. Todos los Ángeles aman y respetan la energía de los nombres que les han dado, así que no es necesario saber los nombres, simplemente llamen a los Ángeles del Amor, del Trabajo, de la Sanación y un cónclave de Ángeles vendrá para ayudarlos con los problemas en los que se encuentren.

¿Todos tenemos un Ángel de la Guarda?

Sí, todos ustedes tienen al menos dos Ángeles de la Guarda. Uno ha estado con ustedes en todas sus vidas y el segundo es un Ángel de la Guarda que les es asignado cada vez que su alma renace.

Ellos vienen a ayudarlos y a guiarlos para hacer que la trayectoria de su vida sea más fácil. Su Ángel de la Guarda siempre está con ustedes, no se aparta de su lado en ningún instante, y camina con ustedes durante toda su vida en este planeta.

Les ayudamos cuando se encuentran en peligro y los consolamos en tiempos de enfermedad y de luto. Somos la fuerza y el apoyo que ustedes encuentran dentro de sí en esos momentos difíciles. Es en esas circunstancias cuando ayudamos sin que hayan solicitado nuestra ayuda, porque durante esos eventos, normalmente el humano se siente desorientado y confundido y se olvida de pedir ayuda. Recuerden también que cuando le piden ayuda a Dios, nos enviará para que les ayudemos y enviará a los Ángeles que necesiten en ese momento en particular. Dios y nosotros los Ángeles amamos a toda la humanidad sin duda alguna. Antes de que su alma renazca en un cuerpo, este se reúne con otras almas en su círculo de almas gemelas en planos divinos. Sus Ángeles de la Guarda y sus guías están ahí para decidir el camino que tomarán y las lecciones que su alma necesita aprender en esa vida. Después, Dios abraza a sus almas y las llenan con la luz pura de la vida y sus almas inician su camino hacia la Tierra. Luego se mueven a través de diferentes rayos de luz celestial, de sabiduría y conocimiento antes de que sean colocadas en el vientre de su madre, donde empezarán a acostumbrarse nuevamente a la energía terrenal. Sus Ángeles de la Guarda y los de su madre estarán a su lado cuidándolos y nutriéndolos hasta el día en que nacen.

¿Qué hay de nuestros padres? ¿Son elegidos para nosotros?

Mis queridas almas, ustedes escogen a sus padres, sus padres no los escogen a ustedes. Los eligen por todas las cosas positivas que ellos les brindarán a sus vidas, no por las cosas negativas que ellos poseen. Por favor, no se obsesionen con los aspectos negativos que les hereden, decidan verlos como retos que les son dados para definir sus fortalezas y debilidades. Muchas veces sus padres no saben cómo lidiar con sus propias inseguridades y rasgos de personalidad y terminan descargando sus problemas en ustedes. Siempre traten de recordar que sus padres hacen lo mejor que pueden con el conocimiento que tienen en esa vida y en ese momento.

¿Qué hay de las personas que son adoptadas? ¿Por qué escogen a otros padres?

Las personas que son adoptadas también escogen a sus padres. Escogen a los padres con los que quieren vivir y crecer. Entienden que esos maravillosos padres no pudieron traerlos a este mundo, por lo tanto, escogen a una pareja que voluntariamente acepta traer el alma y cuerpo a la Madre Tierra. Este es uno de los mejores regalos que alguien le puede dar a otro ser humano, el regalo de un niño, de un alma perfecta.

Deben agradecer, amar y honrar a la madre responsable del nacimiento, por su fortaleza y su bondad. Al tener dos padres y madres, los niños adoptados son bendecidos más allá de lo que las palabras pueden explicar, pues ellos los aman de diferentes formas. No juzguen a sus padres, siempre hacen lo que creen que es mejor para ustedes con el conocimiento y entendimiento que tienen en ese momento.

¿Qué es un alma gemela?

Tendrán muchas almas gemelas en su viaje a través de la vida. Este es el círculo más cercano de su familia inmediata, amigos cercanos, maestros, compañeros de trabajo o cualquier persona que juega un papel importante en sus vidas. Ellos influenciarán sus vidas de forma positiva o negativa a nivel espiritual, físico y emocional. No tiene que haber necesariamente una conexión romántica, pero sí existe un lazo de amor y entendimiento. Han compartido mucho tiempo juntos en vidas pasadas y continuarán su relación para mejorar cada una de sus vidas en el viaje de sus almas.

¿Qué es una llama gemela?

Sólo tienen una llama gemela, así que no pasarán muchas vidas juntos. Son la misma imagen uno del otro, su llama gemela es la otra mitad de su alma. Una llama gemela no siempre nace en la misma vida que la otra, así que es muy raro que se conozcan. Estas relaciones al principio suelen ser muy intensas y ambos están muy conscientes de los pensamientos, sentimientos, deseos y necesidades del otro a tal nivel que es difícil de imaginar. El amor de las llamas gemelas es tan profundo que estar separados sólo por un día es sumamente difícil. Sus corazones sufren cuando están lejos el uno del otro. La intensidad puede ser extrema para estas almas que muchas veces terminan separándose porque nunca antes habían sentido lo mismo por nadie más y simplemente no están seguras de lo que están experimentando ya que el lazo puede volverse demasiado intenso. Siempre terminarán encontrándose nuevamente ya que estas almas están destinadas a estar juntas. Esa reunión puede que tome días, aunque algunas veces toma décadas, pero el sentimiento entre las dos siempre permanecerá, y de alguna forma siempre encontrarán la forma de estar juntas.

¿Cómo saber que se está con la persona correcta?

Cuando sus ojos no se cansan de ver, cuando sus corazones laten de alegría al pensar en esa persona, y cuando sus almas se sienten en paz al saber que están felices y seguros en esa relación. Tienen que saber que cuando están con la persona correcta nunca tiene que hacerse esta pregunta ni tampoco tienen que buscar la aprobación de nadie. Nunca se preguntarán, ¿estoy haciendo lo correcto? El gran regalo de la sabiduría que tienen en su corazón y la paz y la tranquilidad que sienten en su alma les asegurará que esa es el alma correcta para ustedes.

¿Por qué la gente se enferma?

La enfermedad no es un castigo, y no es correcto pensar que Dios debe de estar enojado con ustedes. La enfermedad siempre tiene un significado y siempre tiene que ver con el crecimiento de la persona. Muchas veces ese crecimiento puede ser muy difícil de identificar y de entender. No tienen que entender la enfermedad ni el dolor, y es comprensible que se sientan enojados con Dios durante esos momentos. En términos humanos, no hay palabras que puedan explicar por qué ciertas enfermedades ocurren, es una situación entre Dios y el individuo. Sólo Dios tiene la respuesta a esta pregunta y como todo lo demás en sus vidas, ustedes eligen aceptar y aprender diferentes lecciones cada vez que inician su viaje en la Tierra. Dios nos ama a cada uno de nosotros de forma incondicional y ese amor es constante y no tiene límites.

¿Los Ángeles pueden cambiar el curso de nuestro camino?

No, no podemos cambiar el curso de su camino. Esto es algo que ustedes eligen antes de llegar a la Tierra. Ustedes tienen el control de su propia vida y la forma en que la viven. Sólo su libre albedrío y su terquedad pueden cambiar el rumbo de sus vidas. Nosotros tenemos el mapa y la dirección de su gran viaje en cada vida. Sin embargo, nosotros podemos ayudarlos y guiarlos para que su viaje sea más fácil y más satisfactorio. Así que cuando se sientan perdidos o confundidos, llámennos y nosotros les ayudaremos a aclarar su confusión y los guiaremos de forma amorosa en su verdadero camino.

¿Podemos pedir algo a los Ángeles y recibir lo opuesto?

Mis almas preciosas, siempre procuramos darles lo que nos piden siempre y cuando sea para un bien superior y sea para beneficio de todos los involucrados. Nunca les enviaremos lo opuesto si significa que les dará sufrimiento y dolor. Si no les damos lo que nos piden, siempre les daremos algo igualmente bueno en respuesta a su petición. Sus oraciones siempre son escuchadas, confíen en nosotros y sigan nuestras direcciones, nunca dejaremos que se alejen de su camino.

Cuando pedimos la ayuda de los Ángeles, ¿le llevan esa petición a Dios? ¿O trabajan ustedes solos?

Recuerden siempre que todo viene de Dios, por lo tanto, todo lo que nos piden viene a través de Él. Ustedes son sus más queridas almas, nosotros nunca trabajamos solos, siempre trabajamos con la Voluntad Divina y el amor de Dios. Sólo Dios tiene el poder de conceder sus deseos.

Cuando pedimos algo a los Ángeles, ¿debemos pedir sólo una vez? ¿O debemos seguir pidiendo hasta que recibamos lo que pedimos?

Pidan tantas veces como lo deseen, pero una sola vez es suficiente. Cuando piden, inmediatamente llevamos su petición a la luz y amor eternos de Dios. Sólo mantengan la fe y dejen todo en nuestras manos y no se preocupen, nunca olvidamos nada de lo que nos piden.

Sólo quédense tranquilos y esperen, nosotros les daremos la guía que necesitan.

Cuando los Ángeles responden nuestras oraciones, ¿cómo debemos agradecerles?

Esto es muy simple, mi querido Alma. Sólo entren en meditación en silencio, pidan que estemos con ustedes y simplemente digan GRACIAS de forma clara. Agradezcan la ayuda y dirección. Al agradecernos a nosotros, también le están agradeciendo a Dios. Una simple palabra significa mucho para nosotros y para mucha gente en la Tierra; desafortunadamente esa palabra llena de energía y amor no es usada lo suficiente. POR FAVOR, úsenla más seguido y llenen la Tierra con la energía de Dios que contiene esa palabra. Háganla parte de su vida empezando por hoy.

¿Qué pasa si hago una petición y no recibo respuesta?

En este caso, Dios tiene otros planes. Muchas veces piden cosas por razones egoístas o por razones que no beneficiarán su vida de ninguna forma. Por tal motivo, Dios, con su gran sabiduría, no la responderá. Siempre tengan en cuenta que la voluntad y el amor de Dios es para su propio beneficio y para todos los afectados en circunstancias particulares.

Mucha gente no quiere saber nada sobre sus Ángeles y no cree en ellos. ¿Qué es lo que tenemos que hacer los que sí creemos?

Esa es su decisión, no permitan que afecte sus pensamientos o su conocimiento. Si deciden no trabajar con nosotros, aun así nosotros estamos a su lado. Con el tiempo, si deciden pedirnos ayuda, estaremos ahí para ayudarlos y guiarlos en su camino. Si deciden no hacerlo, sus habilidades serán limitadas.

¿Los Ángeles tienen género? ¿Son masculinos o femeninos?

Los Ángeles somos andróginos. Fuimos creados antes de que existieran géneros y antes de que existieran las diferentes razas. Llevamos la energía masculina y femenina. Los humanos nos permiten tomar la forma con la que ellos se sienten más cómodos. Por ejemplo, si buscan fuerza y protección, puede que escojan vernos con una energía masculina, si necesitan suavidad y cariño puede que elijan una energía femenina, realmente es cuestión de elección personal.

¿Los Ángeles están siempre a nuestro lado derecho?

¿De dónde sacan esas historias? Estamos donde debemos estar, en frente, detrás, al lado. En cualquier lugar donde nos necesiten, ahí estamos. Recuerden que somos energía y por lo tanto podemos estar en todos lados al mismo tiempo. Véannos, siéntannos, escúchennos, siempre estamos con ustedes.

¿Cómo invito a los Ángeles a mi vida?

Esto es lo más fácil. Siéntense en meditación e invítennos. Estaremos ahí inmediatamente. Después, háblennos como le hablan a su mejor amigo. Al principio puede que no sientan nuestra presencia o escuchen nuestras palabras, pero con el tiempo se acostumbrarán a nuestra energía y a nuestra vibración. Puede que sientan un cambio en la temperatura de la habitación, o perciban un suave y delicado olor a flores, o las luces brillen más, o tal vez sientan la presencia de alguien. La energía siempre es ligera y reconfortante. Por favor, no permitan que el miedo se interponga entre nosotros. No teman, no nos haremos visibles hasta que estén realmente listos y se sientan cómodos con nosotros.

¿Qué religión es la más cercana a Dios?

Todas las religiones están cerca de Dios y todas las religiones están lejos de Dios. Cada una de las religiones cree que es la verdadera seguidora de Dios y es la que lleva el verdadero mensaje. Hay muchas religiones que tienen reglas hechas por el hombre que no son de Dios sino son herramientas para conseguir poder y control. Su lugar de nacimiento generalmente determina qué religión tendrán o escogerán. Dios es amor y el amor es la llave del crecimiento, de la aceptación y del entendimiento. Permitan que todas las religiones trabajen en lo que tienen en común y no en sus diferencias. El amor de Dios es lo que tienen en común, y el ego es lo que las separa.

¿Por qué debo perdonar?

Pueden escoger perdonar para crecer física y espiritualmente. El perdón es el mayor regalo que se pueden dar a sí mismos y a sus enemigos. Tiene el poder y la energía de la paz y la libertad. El perdón es permitir que un nuevo capítulo en su vida inicie y les da permiso de seguir adelante con amor al dejar atrás el dolor y el sufrimiento.

¿Los Ángeles me harán felices?

La felicidad viene de adentro de cada uno de ustedes, y solamente ustedes pueden hacerse realmente felices. Los Ángeles los pueden guiar hacia la felicidad al darles alegría y paz en sus vidas, siempre y cuando se las pidan. Su derecho como almas de Dios es el de ser felices, nadie desea ser infeliz. Abran sus almas para que sean realmente felices, e inviten a la energía mágica de Merlín para que les dé diversión. Hagan algo todos los días que alimente esa felicidad. No importa qué tan pequeño sea, simplemente háganlo.

¿Qué hay del abuso? ¿Por qué Dios permite que suceda?

Hay muchas formas de abuso: físico, emocional, sexual, político, religioso, por nombrar algunos. Todos están centrados en obtener control con la finalidad de ejercer poder sobre otra persona, nación, raza, etc. El abuso es creado por el ego y este es creado por la falta de

Dios. La persona o personas que abusan de otros tienen el corazón cerrado y no permiten que entre el amor a sí mismos ni el amor y luz de Dios.

Ustedes culpan a Dios por permitir el abuso, pero no es nuestro amado Dios el que crea o permite eso. Recuerden que viven en un planeta con libre albedrío, así que es el hombre con necesidad de poder y control el que causa el abuso. A Dios le duele ver tales situaciones. Ustedes deben tomar responsabilidad de sus propias acciones, traten de buscar nuevas formas de lidiar con esas personas y protejan al débil y al inocente.

¿Qué es la abundancia?

La mayoría de las personas piensa en términos financieros cuando se habla de abundancia. Sin embargo, cuenta con diferentes significados para diferentes personas. El verdadero significado va más allá que el dinero y la riqueza. La abundancia cubre áreas de salud, felicidad, consciencia emocional y espiritual y la perfecta expresión personal. Tener lo suficiente en sus vidas es la abundancia. Nunca necesitarán más que lo suficiente para ser felices y llevar una vida sana y balanceada. La abundancia no es el acumular gran cantidad de bienes, eso es AVARICIA, y muestra una falta de confianza en nuestro Padre. Agradezcan diariamente por todas las cosas maravillosas que tienen en su vida, y esa pequeña oración creará más de lo mismo. Estén conscientes de todo lo que ya tienen en su vida y verán que ya cuentan con abundancia.

¿Qué sucede con la gente que se suicida?

Recuerden: Dios no juzga a las adoradas almas que se suicidan. Son bienvenidos en el Paraíso de la misma forma que cualquier otra alma que abandona el planeta. Nosotros los Ángeles vamos en su ayuda y cuidamos a estas hermosas almas y las guiamos hacia la Luz con amor y entendimiento. Por favor no tengan miedo por ellos o piensen que van a ser castigados. Son amados de forma incondicional y son llevados a la casa de sanación. En ese lugar nosotros los abrazamos con nuestras alas para que sanen y estén en perfecta paz. Ellos descansan en paz, luz y amor.

¿Qué hay de los ancianos?

Desafortunadamente, ustedes han dejado de aplicar una regla de oro con la cual antes vivían, la de respetar y honrar a los ancianos. Han dejado a un lado a los ancianos, los hacen sentir solos, aislados, inútiles y como una carga para sus familiares y para la sociedad. Pero estas grandes personas han dejado una huella en la vida. Ellas han trabajado arduamente, muchas veces bajo circunstancias difíciles. Han peleado crueles batallas y guerras para que ustedes tengan un mejor lugar dónde vivir. Tienen una abundante reserva de amor, sabiduría e información para compartir con ustedes, así que por favor, no les den la espalda. Escuchen y aprendan de estos grandes maestros del conocimiento. Ellos se han ganado su amor y su respeto. Envejecer no es una enfermedad, es parte de un ciclo humano y un proceso que ustedes vivirán algún día. Es parte del ciclo, el cual ustedes deben honrar y respetar. Abracen a los ancianos y cuiden de ellos, regrésenles su merecido lugar en la sociedad y permítanles que se hagan viejos con gracia y dignidad. La edad no es un peso, la edad es honorable.

¿Por qué no todos podemos ver Ángeles aunque se los pedimos? ¿Por qué no podemos ver a nuestro Ángel de la Guarda a pesar de tener intenciones de conocerlo?

Mis queridos niños, su miedo es lo que les impide vernos, así como el hecho de que sabemos que no están listos para este encuentro divino y poderoso. Nos haremos presentes cuando crezcan y cuando se desarrollen más espiritualmente y hayan formado una relación de confianza con sus Ángeles. Siempre recuerden que el hombre vive con la premisa de que "ver es creer", mientras que en el campo espiritual "creer es ver".

¿Cómo nos envían mensajes los Ángeles?

Les enviamos mensajes en diferentes formas, lo hacemos con elementos que sabemos que los harán sentirse cómodos, tales como una pequeña pluma blanca, una brisa suave en sus mejillas, encontrar una pluma en algún lugar inusual, una voz suave en su mente que les dice palabras hermosas y alentadoras, otras veces con, como ustedes les llaman, "corazonadas". Esos son los métodos más frecuentes para enviarles mensajes y lo hacemos para hacerles saber que estamos con ustedes, protegiéndolos y amándolos. Nosotros les enviamos mensajes todo el tiempo, mensajes de esperanza e inspiración.

A veces hablamos a través de otras personas, como familiares y amigos o inclusive extraños que les hacen plática en el autobús, todos ellos son personas que les darán inspiración y les levantarán el ánimo. Muchas veces puede ser el mensaje que encuentran en un libro que misteriosamente se cae del estante y que al leerlo les conmueve de manera especial o responde alguna de sus preguntas. A veces les enviamos mensajes en las canciones que escuchan, en un poema que han leído, en una foto o en un regalo que alguien les obsequia. Son muchas las formas en las cuales nosotros tratamos de comunicarnos con ustedes diariamente. Desafortunadamente, debido a su condición humana, muchas veces no ven la simplicidad con la que les hablamos. Nuestro mensaje siempre será positivo y nunca los hará sentir incómodos o intranquilos.

¿De qué forma podemos elevar nuestra consciencia?

Tener un nivel alto de consciencia es que lleguen a ser todo lo que son y que satisfagan su propósito y su potencialidad en su vida al seguir su verdadero camino. Puede ser alcanzado a través de la meditación, a través de la auto observación y la oración. Se trata de dejar el miedo del pasado y el presente, de abandonar la avaricia, el enojo, el egoísmo y el poder. Tienen que encontrar ese lugar de quietud y silencio dentro de sus corazones y sus mentes y permitir que su alma se conecte nuevamente con Dios de forma cotidiana. Esta práctica les ayudará a seguir adelante y sentir mayor confianza, seguridad y compasión. Encontrarán la paz dentro de ustedes, en el universo y en Dios. Elevar la consciencia se trata de nutrir el cuerpo, el alma y el espíritu al conectarse con su verdadero yo, el cual es Dios dentro de ustedes. Sigan el camino que sea correcto para ustedes y sean tolerantes con los demás, ya sea que estén de acuerdo o no con ellos. La consciencia es simplemente alcanzar la felicidad en su vida estando abiertos al cambio y estando dispuestos a enfrentar lo desconocido con verdad y confianza.

¿Por qué se generan opiniones negativas con la relación entre la mujer y la religión?

No es negativo lo que la religión expresa ante la mujer, es discriminación, miedo y total falta de respeto hacia la energía femenina. La energía femenina y masculina: no es más fuerte ni más débil una que la otra, ambas se complementan y ambas son igualmente poderosas ante Madre y Padre Dios. El hombre deberá eliminar su ego para poder escuchar de forma más clara a la Madre y al Padre. A cambio, esto le permitirá compartir el concepto de Dios y la mujer de forma igualitaria. El hombre y la mujer deben compartir paz, respeto, cooperación y armonía para crear un espacio en el que ni el hombre ni la mujer controle o mantenga el poder sobre el otro, esta es una Ley Universal. Mis queridas almas del género femenino, no se esfuercen demasiado en superar al hombre, ya que al hacerlo, estarán cometiendo el mismo error que ellos al actuar desde su ego. Vivan por la igualdad y creen un cambio en esta energía con amor y entendimiento, esa es la esencia y el poder de la Diosa de la energía femenina.

¿Por qué Hitler, Pol Pot, Stalin, Idi Amin y muchos otros alcanzaron tal poder que asesinaron a millones?

Deben saber que Dios no tuvo nada que ver con ello. Dios le dio al hombre libre albedrío para usar en la Tierra. Eso le da al hombre el derecho de amar y respetar a sus hermanos y hermanas, o de abusar de ellos y matarlos. Depende de ustedes convertir su hermoso planeta en un paraíso o en un infierno. Esos actos viles de muerte y tortura no fueron ejecutados por una sola persona. Fueron muchos individuos sin conocimiento de Dios, sin amor en sus vidas y sin amor por sí mismos los que influenciaron la vida de personas sin consciencia y con miedos para llevar a cabo tales atrocidades. Es muy fácil culpar a una persona porque de esa forma otros no tienen que hacerse responsables del papel que jugaron en esa situación. Así que díganme, ¿quién es peor? ¿El individuo que realizó los actos en contra de la humanidad o aquellos que se sentaron y no hicieron nada? Una vez más les digo: no se pregunten ¿por qué sucedió?, sino pregúntense ¿qué debo aprender de ese terrible holocausto? Cuando hayan aprendido la lección del respeto y el amor, escogerán mirar hacia el paraíso y no hacia el infierno.

¿Por qué Robert Mugabe se salió con la suya por lo que hizo en Zimbabue?

Mis niños amados, igual que muchos antes que él, fue influenciado y controlado por otros para amenazar a su gente por décadas y se le permitió salir impune ante tal acto. ¿Por qué? Porque su gente tenía miedo, estaba aterrorizada, era golpeada, violada y asesinada, no sólo por él, sino por todos sus seguidores; hombres y mujeres que seguían a ese hombre sin Dios, ciego, sin amor propio y sin un sentido de su propia persona. La gente de Zimbabue estaba atrapada por su propio MIEDO, lo que provocó que se quedaran sin poder para cambiar su propia situación. El resto del mundo se hace a un lado ante estos actos viles e inhumanos y por tal motivo, siguen sucediendo de forma cotidiana. El resto del mundo permitió que ese hombre asistiera a reuniones internacionales y diera pláticas sobre temas políticos. El mundo tenía conocimiento de los actos de crueldad que Mugabe ejercía sobre su gente y, por tal motivo, nada ha cambiado. Inclusive hoy en día en el mundo de ustedes con su tecnología avanzada, los medios de comunicación les muestran las injusticias que suceden y ustedes y sus líderes se hacen a un lado y no hacen nada. Así que no pregunten, ¿por qué se sale con la suya? Pregúntense ¿por qué YO lo dejo salirse con la suya y qué es lo que YO puedo hacer para cambiar esta situación? Nuevamente les digo: Dios deja en sus manos que reformen el mundo. Eso no quiere decir que Dios se ha alejado de ustedes, recuerden que Él los ama y les ayudará cuando pidan su ayuda. El dolor y el sufrimiento no son causados por Dios, sino por la falta de Dios.

¿Por qué muchos matrimonios se están rompiendo?

Mis queridas almas, el universo está pasando por una gran transformación de energía y muchos de los problemas emocionales de los humanos están emergiendo. Esto puede causar dificultades en relaciones que aparentemente fueron creadas en nombre del amor, pero en realidad fueron creadas con inseguridades y miedos por parte de los individuos.

Si te casas con la persona equivocada, ¿debes quedarte con ella para siempre por los votos que hicieron?

Nadie se casa con la persona equivocada. Nada en el universo sucede sin ningún objectivo. Ustedes son atraídos hacia la persona perfecta en cada situación para que aprendan más sobre ustedes mismos. Las relaciones les ayudan a preguntarse más sobre quiénes son y a encontrar la forma de crecer a través de sus experiencias. Si no conocen el Odio, ¿cómo van a conocer el Amor? Si no experimentan la Oscuridad, ¿cómo van a conocer la Luz? La vida es el aprendizaje, eso es el mundo, una gran escuela de aprendizaje, y eso es lo que sus almas deciden experimentar.

Las relaciones, de cualquier forma en que se presentan, son una invaluable oportunidad para aprender más sobre sus propias emociones, pero siempre recuerden que nada es permanente. Deben tener presente que siempre tienen la capacidad de decidir y elegir en todo lo que hacen, por lo tanto, no pueden culpar a los votos por su infelicidad. Deben tomar responsabilidad de sus vidas y elegir lo que es mejor para ustedes.

Chakras

Espero que esta información les proporcione mayor claridad y entendimiento sobre los chakras y la técnica de Curación con las Manos. Este es un material tomado de Dolores O'Reilley, el cual utilicé para preparar el curso llamado "Los Ángeles del Arcoíris y su Luz Sanadora".

La palabra *chakra* viene del sánscrito* y significa "rueda" o "disco". Y como todas las ruedas, los chakras deben moverse, rotar o girar. En tu cuerpo, tú cuentas con siete chakras principales: los chakras de la Raíz, Sacro, del Plexo Solar, del Corazón, la Garganta, del Tercer Ojo y de la Coronilla. Cada uno de ellos tiene un color específico. Hay más chakras, menores, pero por ahora sólo estudiaremos los siete principales.

Igual que el aire, no puedes verlos, pero sabes que están ahí. Cada chakra está relacionado con un aspecto emocional, mental y espiritual. Cuando los chakras están abiertos o despiertos, giran del lado de las manecillas del

Antiguo lenguaje Védico del Hinduismo y los Vedas. Lengua clásica literal de la India.

reloj. Los chakras pueden oscurecerse u opacarse, lo que significa que no están funcionando con todo su potencial.

El Chakra de la Coronilla está localizado en la cabeza. Es considerado como la conexión entre nosotros y nuestro Dios. Es tu energía Divina. Está conectado a la parte superior del cerebro y el ojo derecho. Su color es violeta.

El Tercer Ojo está ubicado en el centro de la frente, entre las dos cejas. Este chakra está conectado en el frente y la parte trasera de la cabeza. Está relacionado con la intuición. Está conectado con la parte inferior del cerebro, el ojo izquierdo, el sistema nervioso, los oídos y la nariz. Su color es índigo.

El Chakra de la Garganta está en la garganta, conectado a la parte frontal y la parte trasera del cuello. Relacionado con la libertad de expresarte y tus habilidades comunicativas. Este chakra está conectado al aparato respiratorio bronquial. Es el lugar de la comunicación, la creatividad, la expresión de la verdad. Su color es azul.

El Chakra del Corazón está localizado en el centro del pecho, por detrás y por la espalda. Está relacionado con las emociones de alegría, compasión, empatía, amor y cómo nos amamos a nosotros mismos y a otros. Está relacionado con la capacidad de expresar el verdadero amor. Físicamente relacionado con el corazón, los pulmones, y el sistema circulatorio. Su color es verde.

El Plexo Solar está ubicado justo arriba del ombligo, donde se concentran muchas emociones. Nuevamente, este chakra cubre el área frontal y trasera. Normalmente, este chakra requiere de mucha sanación. Se le conoce como el Lugar del Poder. Relacionado con el estómago, hígado, vesícula biliar y el bazo. Es el lugar de los pensamientos, las opiniones, el autoestima, el poder personal y la seguridad. Su color es amarillo.

El Chakra Sacro está ubicado debajo del ombligo, por detrás y por delante. Tiene que ver con nuestra sexualidad, con cómo nos sentimos en relación con otros y con nosotros mismos en el aspecto sexual. Es el lugar de la creatividad, la cual nos da confianza, libertad y placer. Conectado con el sistema reproductivo, el sistema linfático, los fluidos corporales y con nuestras emociones, sexualidad, placer y creatividad física. Su color es naranja.

El Chakra de la Raíz está ubicado desde la base de la espina dorsal, las piernas, los pies hasta el suelo. Este chakra está ligado con la supervivencia. Relacionado con la forma en que te sientes con tu vida, si estás contento con tus relaciones, dónde vives, dónde trabajas, etc. Está relacionado con los intestinos, la espina dorsal, los riñones y también con las sensaciones físicas, la conexión con la tierra y con la seguridad. Su color es rojo.

Si te gustan los finales felices...

Has llegado al final de este libro.

Antes de que lo pongas a un lado, por favor tómate un momento para pensar en las treinta y siete millones de personas en los países en vías de desarrollo que son ciegas.

Noventa por ciento de estos casos de ceguera son TOTALMENTE PREVENIBLES. En nuestro mundo, la ceguera es una discapacidad. En los países en vías de desarrollo es una sentencia de muerte.

Cada minuto, un niño queda ciego innecesariamente. Un minuto es el tiempo que te tomará leer esto. También es el tiempo que necesitarás para ingresar al sitio web www.righttosight.com.

Y ayudar a esa maravillosa organización a alcanzar su objetivo de erradicar la ceguera global prevenible. Ese sí que sería un final feliz. Y sólo te tomaría un minuto.

Aidan Storey apoya RIGHT TO SIGHT y le encantaría saber que tú también lo haces.

Sobre el autor

Aidan Storey creció en Dublín, Irlanda, y hasta hace muy poco vivió allí. Es considerado, tanto en Irlanda como internacionalmente, uno de los más importantes sanadores angelicales, maestros Reiki y terapeutas espirituales. Trabaja muy de cerca con víctimas de todo tipo de abuso, incluyendo a quienes han sufrido abuso sexual en su niñez. Su correo electrónico es aidanstorey@eircom.net.

Sobre la traductora

Yuri García O'Doherty de Taxco Guerrero, México, estudió Comunicación y Administración Empresarial con especialización en traducción e inglés en el Grupo Educativo Anglo Americano, S.C. en Cuernavaca. También obtuvo una licenciatura en enseñanza del Español, Historia y Literatura Latinoamericana en la Universidad Internacional.

Ha enseñado cursos de inglés en diversas universidades y corporaciones privadas. Actualmente vive con su esposo en Irlanda, donde imparte clases particulares y realiza traducciones.